Der Kulturraum Niederrhein

Von der Antike bis zum 18. Jahrhundert

herausgegeben von Dieter Geuenich

Der Kulturraum Niederrhein Band 1

Von der Antike bis zum 18. Jahrhundert

herausgegeben von Dieter Geuenich

Ringvorlesung vom 18. Januar bis 24. April 1996
veranstaltet von der Gerhard-Mercator-Universität GH Duisburg
und dem Kulturraum Niederrhein e.V.

Verlag Peter Pomp, Bottrop · Essen 1996

Mit Unterstützung durch die Gerhard-Mercator-Universität Gesamthochschule Duisburg und den Kulturraum Niederrhein e. V.

Die Deutsche Bibliothek - CIP-Einheitsaufnahme

Der **Kulturraum Niederrhein**: von der Antike bis zum 18. Jahrhundert / hrsg. von Dieter Geuenich. - Bottrop; Essen: Pomp.

NE: Geuenich, Dieter [Hrsg.]

Bd. 1. Ringvorlesung vom 18. Januar bis 24. April 1996 / veranst. von der Gerhard-Mercator-Universität GH Duisburg und dem Kulturraum Niederrhein e. V. - 1996
ISBN 3-89355-142-5

NE: Universität <Duisburg, 1980 ->

2. Auflage April 1998

Umschlaggestaltung:
Miriam Willnat, Bad Wildungen

Lithografie:
Repro Wuchert Computer Publishing GmbH, Bochum

Herstellung:
Druckerei und Verlag Peter Pomp GmbH, Bottrop

Buchbinderei:
Eickhoff GmbH & Co. KG, Dülmen

ISBN 3-89355-142-5

Den Beiträgen des vorliegenden Sammelbandes ist gemeinsam, daß sie sich mit der Geschichte der Niederrhein-Region und den Menschen befassen, die dort seit der Römerzeit lebten und wohnten. Doch wie der Niederrhein als Landschaft exakt zu begrenzen ist, was den Kulturraum Niederrhein ausmacht und was die Mentalität des Niederrheiners kennzeichnet, das sind Fragen, auf die bis heute kein wissenschaftliches Handbuch, kein Lexikon befriedigende Auskunft gibt. Nimmt man etwa das 1993 erschienene „Nordrheinwestfalen-Buch"[1] zur Hand, das im Auftrag des Kultusministeriums von den staatlichen Archiven des Landes herausgegeben wurde, immerhin über 500 Seiten stark ist und auf dem Titelblatt eine „Landesgeschichte im Lexikon" verspricht, so sucht man unter den mehr als 200 alphabetisch geordneten Artikeln das Stichwort „Niederrhein" vergebens. Mit „Niederrhein" beginnt lediglich das Stichwort „Niederrheinische Musikfeste"; der darunter abgedruckte Artikel bringt unsere Fragen aber keiner Beantwortung näher.

Schlägt man daraufhin das 650 Seiten starke, vom Ministerpräsidenten Johannes Rau eingeleitete Buch „Nordrhein-Westfalen in Europa" auf, das 1990 erschienen ist und den verheißungsvollen Obertitel: „Die Kraft der Region" trägt[2], so findet man darin eine ganze Reihe bedenkenswerter Einsichten, so etwa die: „Europa braucht die Kraft seiner Regionen, die für den Bürger einen wichtigen ‚Identifikationsraum' darstellen". Eine solche „regionale Identität" stehe keineswegs, so heißt es dort weiter, „in einem zwingenden Gegensatz zu der Idee eines vereinigten Europas. Eine sachangemessene Kompetenzerweiterung der politischen Gremien auf europäischer Ebene" müsse „sich keineswegs mit einer regionalen Vielfalt kultureller Identität und eigenständiger Entwicklung beißen".

In der Tat: Der Zentralisierung, die zwangsläufig mit der Europäischen Einheit verbunden ist, muß auf der anderen Seite eine Regionalisierung entsprechen, weil sonst die Einheit als nivellierende Zwangseinheit empfunden wird, Werte wie Bürgernähe, kulturelle Vielfalt usw. verlorenzugehen drohen und der Einzelne in Anonymität versinkt. Daß diese postulierten Untereinheiten unter dem gemeinsamen Dach Europa nicht die Nationen sein sollten, dürfte nach den leidvollen Erfahrungen der letzten Jahrhunderte einleuchten. Nur ob dies statt dessen, wie Wolfgang Clement im Schlußwort des erwähnten Buches postuliert, die Bundesländer sein werden, konkret hier für unseren Raum die mühsam geschaffene Verwaltungseinheit ‚Nordrhein-Westfalen', scheint keineswegs sicher. Ob die Identifikation der Menschen mit ihrem ‚Bindestrich-Land', wie es früher einmal abwertend genannt wurde, wirklich „stark gewachsen" ist und man heute von einem nordrhein-westfälischen „‚Wirgefühl' quer durch alle Bevölkerungsgruppen sprechen" kann, wie Clement behauptet[3], sei dahingestellt. Seiner Aussage, „Europa könne, ohne daß die Nationalstaaten sich zurücknehmen und die Länder und Regionen zur Geltung kommen, nicht werden"[4], wird man dagegen nachdrücklich zustimmen.

Was aber ist eine Region? Ist sie politisch zu definieren? Oder ist es ein Wirtschaftsraum, eine Verwaltungseinheit, wie der Landkreis, der Regierungsbezirk oder das Bundesland, also in unserem Falle Nordrhein-Westfalen? Würde man dagegen dem Kulturraum als Region eine Chance einräumen, so würde dieser gegenüber allen anderen Lösungen den großen Vorteil bieten, daß er – wie hier am Niederrhein – nationale Grenzen überschreiten könnte. Als Region am Oberrhein etwa hat sich seit einiger Zeit ein Zusammenschluß der Regierungsbezirke Basel, Straßburg und Freiburg etabliert, der durchaus eine historische Dimension bis zurück in die Zeit der Alemannen aufweisen kann. Sprachliche Gemeinsamkeiten in Baden, in der Nordschweiz und im Elsaß sind ebenso heute noch erkennbar wie solche im Brauchtum.

Mit Absicht wurde das Beispiel der Oberrhein-Region angeführt, weil die Frage, ob und wieweit die Niederrheinregion ein Kulturraum ist, nicht vorweg beantwortet werden soll. Kulturelle Gemeinsamkeiten und Charakteristika, die diese Region von den benachbarten Regionen, etwa von Westfalen oder auch vom Ruhrgebiet, unterscheiden, scheinen durchaus vorhanden. Aber diese Beispiele machen schon deutlich, daß die Frage nach der Abgrenzung der Region Niederrhein eine Frage ist, die man je nachdem, wie weit man in der Geschichte zurückgeht, anders beantworten wird. Mit anderen Worten: Der Kulturraum Niederrhein ist, soweit er sich wirklich heute als solcher zu erkennen gibt, historisch gewachsen – wie jeder Kulturraum! Gemeinsame Geschichte ist demnach eine erste Vorbedingung für einen Kulturraum. Weiterhin wird man den Aspekt der Verkehrsgemeinschaft, der Wirtschaftsgemeinschaft, der sprachlichen Gemeinsamkeit, der konfessionellen Einheitlichkeit ins Rennen bringen – sicher nicht zu Unrecht. Aber hier beginnen auch schon die Probleme, die uns zögern lassen, einschränkungslos vom Kulturraum Niederrhein zu sprechen. Und dies gilt erst recht, wenn wir die Mentalität oder das Naturell des Niederrheiners bestimmen wollten.

Claus Bussmann stellt in seinem Beitrag, der diesen Band beschließt, fest, daß niemand von sich sagen würde: „Ich bin ein Niederrheiner!“, wohingegen ein Süddeutscher, je nachdem, wo er herkommt, nicht zögern würde, zu sagen: „Ich bin ein Bayer!“ – „Ich bin ein Schwabe!“ usw. Ausschlaggebend oder doch zumindest nicht unerheblich für diese unterschiedliche Selbstbenennung dürfte sein, daß die Bezeichnung „Niederrheiner“ im Gegensatz zu den Bezeichnungen Bayer, Schwabe, Hesse, Sachse usw. nicht auf einen alten Volks- oder Stammesnamen zurückgeht, sondern eine geographische Kennzeichnung ist. Aber muß aus der Tatsache, daß die Menschen am Niederrhein sich nicht als eine ethnische Einheit definieren, zwangsläufig gefolgert werden, daß ihnen ein Zusammengehörigkeitsgefühl, ein Identitätsbewußtsein fehlt? Hat beziehungsweise hatte der geographische Raum am Niederrhein nicht die Kraft, das Selbstverständnis seiner Bewohner zu prägen?

In den Beiträgen dieses Bandes – mit Ausnahme des angesprochenen letzten – wurden diese Fragen zurückgestellt, um aus der Perspektive des Historikers zunächst der Frage nachzugehen, ob es in der Geschichte am Niederrhein Zeiten gegeben hat, in denen dieser Raum eine politische, sprachliche, religiöse, wirtschaftliche oder auch kulturelle Einheit gebildet oder zumindest Ansätze zu einer solchen Bildung gezeigt hat. Die bis in die Zeit der (Spät-)Antike zurückgreifenden Beiträge, die dieser Frage gewidmet sind, gehen auf einen Vortragszyklus zurück, der im Winter 1995/96 unter dem Thema „Der Kulturraum Niederrhein von der Antike bis zum 18. Jahrhundert" von der Gerhard-Mercator-Universität Gesamthochschule Duisburg in Zusammenarbeit mit dem Initiativkreis ‚Kulturraum Niederrhein e.V.' und den Volkshochschulen Gelderland, Kleve, Moers und Kreis Viersen durchgeführt wurde. Die Resonanz in den einzelnen Orten am Niederrhein, in denen diese Vorträge angeboten wurden, und die Bereitschaft, die Vortragsthemen zu diskutieren, waren so groß, daß die Veranstalter sich ermutigt sahen, einerseits die Vortragstexte zu veröffentlichen und andererseits den Zyklus ins 19. und 20. Jahrhundert hinein fortzusetzen.

Inzwischen sind die Vorbereitungen so weit gediehen, daß der vorliegende Band als der erste bezeichnet werden kann, dem in absehbarer Zeit ein zweiter folgen wird, dessen Beiträge den „Kulturraum Niederrhein im 19. und 20. Jahrhundert" in den Blick nehmen werden. Ein entsprechender zweiter Vortragszyklus ist für den Winter 1996/97 bereits angekündigt. Darüber hinaus besteht die begründete Hoffnung, daß die verschiedenartigen Aktivitäten zur Erforschung des Kulturraums Niederrhein künftig in einer Niederrhein-Akademie institutionalisiert und zusammengefaßt werden. Sollte dieser Plan eine entsprechende Resonanz und Unterstützung finden, so wäre eine Fortsetzung der Reihe auch über die ersten beiden Bände hinaus nicht ausgeschlossen.

Für das Zustandekommen des vorliegenden Bandes ist in erster Linie den Autorinnen und Autoren zu danken, die ihre Beiträge zur Verfügung stellten. Der Rektor der Gerhard-Mercator-Universität Gesamthochschule Duisburg, Prof. Dr. Walter Eberhard, stellte aus Mitteln der Hochschule einen Druckkostenzuschuß zur Verfügung, der die Drucklegung erst ermöglichte. Der Kulturraum Niederrhein e.V. und der Verein zur Erhaltung des Xantener Domes e.V. übernahmen einen Teil der Auflage für ihre Mitglieder. Herrn Ingo Runde ist für sachkundige Einrichtung der Manuskripte und dem Verlag Peter Pomp für fachmännische Beratung und gute Zusammenarbeit bei der Gestaltung des Buches zu danken. Ohne die in vielfacher Hinsicht erfolgreiche Kooperation zwischen dem Initiativkreis Kulturraum Niederrhein e.V. und dem Herausgeber wäre das Buch nicht entstanden.

November 1996 — Dieter Geuenich

Anmerkungen:

1 Nordrheinwestfalen-Buch, im Auftrag des Kultusministeriums hg. v. den Staatlichen Archiven des Landes NRW, Düsseldorf 1993.
2 Nordrhein-Westfalen in Europa. Die Kraft der Region, hg. v. Ulrich von Alemann / Rolf G. Heinze / Bodo Hombach, Bonn 1990.
3 Wolfgang Clement, Perspektiven der Länder der Bundesrepublik Deutschland im europäischen Integrationsprozeß, in: Nordrhein-Westfalen in Europa (wie Anm.2), S.640.
4 Clement, Perspektiven (wie Anm.3), S.644.

Rom und die Germanen am Niederrhein zur Zeit der Reichskrise des dritten Jahrhunderts n.Chr.

Von Ruprecht Ziegler

Nach der Eroberung Galliens durch Caesar war eine Expansion Roms über den Rhein hinweg in Richtung Osten und Nordosten in den Bereich der Möglichkeiten gerückt. Caesar selbst hatte den Rhein niemals als definitive Grenze angesehen. Das geht aus seinem Bericht über den Gallischen Krieg (Bellum Gallicum 4,16,4) explizit hervor. Kaiser Augustus setzte die expansive Außenpolitik seines Adoptivvaters Caesar im Nordwesten des Imperiums fort. Es darf als ziemlich sicher gelten, daß Augustus die Elbe als Grenze bis zuletzt im Auge gehabt hatte. Im Kapitel 26 seines Tatenberichts (den Res Gestae) schreibt er ausdrücklich: „Das Gebiet aller Provinzen des römischen Volkes, die Volksstämme zu Nachbarn hatten, die nicht unserem Befehle gehorchten, habe ich vergrößert. Die Provinzen Galliens und Spaniens ebenso Germanien habe ich befriedet, ein Gebiet, das den Ozean von Gades bis zur Mündung der Elbe umschließt."[1] Diese Fassung des Tatenberichts stammt aus Augustus' letztem Lebensjahr, also aus der Zeit nach der berühmten Niederlage des Varus von 9 n.Chr.[2]

Augustus' militärische Operationen gegen die Germanen setzen im vollen Umfang im Jahre 12 v.Chr. durch Drusus ein und wurden durch seinen Bruder Tiberius fortgesetzt. Ohne sonderliche Probleme konnten alle Germanenstämme zwischen Rhein und Elbe unterworfen werden. Entlang der Lippe wurden diverse Marsch- und Versorgungslager für die Legionen angelegt. Von einer flächendeckenden Besetzung des Raumes konnte aber keine Rede sein. Um die Zeitenwende überschritten die römischen Einheiten sogar die Elbe und schlossen Frieden mit den Germanen jenseits des Stromes. Bis dahin zeigte die römische Offensive also überzeugende Erfolge[3].

Im Jahre 9 n.Chr., unmittelbar nach der mühevollen Niederschlagung eines gefährlichen Aufstandes in Pannonien, wurde dann aber die verheerende Katastrophe des P. Quinctilius Varus in Rom bekannt. Drei Legionen, drei Reiteralen und sechs Kohorten, also etwa 20.000 Mann, waren unbedarft und leichtsinnig in einen Hinterhalt geraten und fanden bis auf den letzten Mann den Tod. Wie wir heute wissen, tobte diese berühmte Schlacht im antiken Teutoburger Wald in der Nähe des heutigen Bramsche bei Osnabrück[4]. Arminius, der den Aufstand vermutlich als römischer Offizier der germanischen Stammesverbände der Cherusker organisiert hatte, dürfte die Verwundbarkeit Roms während des Pannonischen Aufstandes erkannt und für sich nutzbar gemacht haben[5].

Die Folgen dieser Niederlage des Varus, die in Rom geradezu eine Panik erzeugte, waren beachtlich. Augustus versuchte zwar mit der

Entsendung des Drusus-Sohnes Germanicus im Jahre 13 n.Chr. das Gebiet zwischen Rhein und Elbe wieder unter Kontrolle zu bringen, doch auch Germanicus konnte keine entscheidenden Erfolge erzielen[6]. Der Nachfolger des Augustus, Kaiser Tiberius, der hier selbst einstmals große militärische Erfolge gefeiert hatte, berief drei Jahre später Germanicus wieder ab. Dieser Abzug war nicht von vorübergehender Natur. Das lehrt uns eine vor 12 Jahren publizierte Inschrift aus Spanien, die Tabula Siarensis. Sie nimmt auf einen römischen Senatsbeschluß aus dem Jahre 19 n.Chr. Bezug, der den Rhein als Grenze des Imperium Romanum anerkennt. Die Sicherung der Rheingrenze bedeutet danach die offizielle Sicherung Galliens. Die Ideologie der Elbegrenze wurde damit fallengelassen[7]. Von nun ab unternahmen die Römer, jedenfalls im Bereich des Niederrheins, keinen ernsthaften Versuch mehr, das Reich nach Nordwesten hin auszudehnen.

Nach diesen kurzen Bemerkungen zur Entstehung und Festigung der Rheingrenze in unserem Raum wollen wir nun ausführlicher auf die (aus römischer Sicht) gegebene Bedrohung dieser Grenzlinie eingehen, die im 3. Jh. einen vorläufigen Höhepunkt fand. Diese Bedrohung war sogar eine der zahlreichen Ursachen der berühmten Reichskrise, der bis dahin mit Abstand gravierendsten Krise, die das römische Reich in der Kaiserzeit erlebt hatte. Es ist hier nicht die Zeit, ausführlicher auf die facettenreichen Probleme einzugehen, mit denen Rom um die Mitte des 3. Jhs. konfrontiert wurde. Einige Notizen sind jedoch erforderlich, um die Zusammenhänge zu verstehen.

Schon seit dem späten 2. Jh. nahm der Druck auf die Reichsgrenze durch Nachbarvölker bedrohlich zu. Fast gleichzeitig mußten die Grenzen an Donau und Rhein sowie am Euphrat befestigt werden. Markomannen und andere Germanenstämme waren schon unter Marc Aurel über die Donau hinweg in Italien und Griechenland eingefallen. Der Kaiser konnte sie zurückdrängen. Sein Mitherrscher Lucius Verus war kurz zuvor gezwungen, einen Krieg gegen die Parther zu führen, die das römische Reich im Osten bedrohten. Auch ihm war ein Sieg gelungen[8]. Seine Soldaten schleppten jedoch eine Seuche ein. Wie groß der dadurch verursachte Bevölkerungsverlust war, ist unbekannt und in der Forschung umstritten[9]. Auch die Kriege forderten viele Menschenleben: Die Reichsbevölkerung nahm ab.

Die in der Folgezeit immer häufiger zu führenden Zweifrontenkriege gegen Germanen und Perser brachten für Rom größte Probleme mit sich. Die römischen Streitkräfte und die Militärführung waren überfordert, zumal sich sowohl im Perserreich als auch im germanischen Raum tiefgreifende Veränderungen abzuzeichnen begannen. In den zwanziger Jahren des 3. Jhs. setzte sich nach Bürgerkriegen im Partherreich eine neue Dynastie durch, die der Sasaniden. Die Sasanidenherrscher bedienten sich gegenüber Rom einer erheblich agressiveren Politik als die von ihnen bedrängten Parther. Auf die Gründe kann ich hier nicht eingehen. Die militärische Initiative ergriffen jedenfalls fast nur noch die Perser[10].

Eine ähnliche Entwicklung zeichnete sich bei den nordwestlichen Nachbarn des Reiches ab. Über die ethnischen Einheiten der taciteischen Beschreibung – in der Germania – schoben sich jetzt die Namen neuer dynastischer Großverbände. In dieser elementaren Veränderung spiegeln sich jene weitreichenden Bevölkerungsbewegungen, Vorstöße und Einfälle in das Imperium, die sich danach auf drei große Brennpunkte konzentrierten: den Balkanraum, den Raum am Oberrhein und an der oberen Donau und schließlich den Raum am Niederrhein. Auch in allen diesen Gebieten lag die militärische Initiative auf Seiten der Gegner Roms. Hier am Niederrhein waren es die Franken, die die römische Rheingrenze immer wieder in Form von Raubzügen überrannten[11].

Ein weiteres Problem stellte der Umstand dar, daß in der römischen Truppe erwartet wurde, der Kaiser persönlich würde sie im Kampf gegen einfallende Gegner anführen. Der Wunsch nach Kaisernähe war besonders in kritischen Situationen sehr ausgeprägt. Die Herrscher konnten jedoch nicht omnipräsent sein. Das brachte im 3. Jh. häufig die für die Stabilität des Reiches verheerende Folge mit sich, daß erfolgreiche Legionskommandeure von ihrer Truppe zu Gegenkaisern ausgerufen wurden, was fast notwendigerweise zu einem Bürgerkrieg führen mußte. Der im Kampf gegen äußere Gegner erprobte Usurpator mußte nämlich, um seine Ansprüche verwirklichen zu können, den in Rom anerkannten Kaiser aus dem Wege räumen. Freiwillig dankte niemand ab[12].

Solche Bürgerkriege häuften sich besonders seit den dreißiger Jahren des 3. Jhs. Kaum ein Kaiser starb eines natürlichen Todes, und die Regierungszeiten waren in der Regel sehr kurz. So regierte Maximinus Thrax, der für das jähe Ende seines Vorgängers Severus Alexander in Mainz verantwortlich war, gerade einmal drei Jahre, bevor er selbst umgebracht wurde. Seine Nachfolger, Gordian I., Gordian II., Balbinus und Pupienus, konnten sich insgesamt nur wenige Monate behaupten[13].

Damit haben wir auch einen kurzen Blick auf die politisch und militärisch brisante Situation um die Mitte des 3. Jhs. geworfen. Im folgenden möchte ich mich einem spezielleren Problem zuwenden: dem sog. Gallischen Sonderreich, einem Abschnitt wichtiger Lokalgeschichte auch und vor allem hier am Niederrhein.

Wir sind eben schon auf die zahlreichen Usurpationen zu sprechen gekommen. Solche häuften sich unter dem recht lange regierenden Kaiser Gallienus in auffallender Weise. Gallienus herrschte von 253 bis 260 zusammen mit seinem Vater Valerian, der in jenem Jahr in persischer Kriegsgefangenschaft starb. Danach regierte Gallienus bis 268 allein[14].

Im Jahre 257, nach Antritt des Konsulats mit seinem Vater Valerian, trat Gallienus von Rom aus die Reise an den Rhein an. Die Befestigung der Rheingrenze war wegen der Germanenbedrohung dringend nötig geworden, die längere Präsenz des Kaisers sollte sich stabilisierend auswirken. Die mangelhafte Grenzverteidigung bot

Abbildung 1: Wölbungssteine der Durchfahrt durch das römische Nordtor in Köln mit der ältesten Stadtinschrift.

den andrängenden Germanenscharen nämlich nur geringen Widerstand. So berichten die Quellen, daß es fränkischen Scharen gelungen war, tief nach Gallien vorzudringen[15]. Alamannen drangen bald darauf über Rätien ebenfalls nach Gallien und sogar bis nach Italien vor. Gallienus mußte ihnen entgegentreten. Bei Mailand konnte er sie schlagen[16]. Der gewaltige Germanensturm hielt den Kaiser vorerst in Italien fest. Als Vertreter der kaiserlichen Macht hatte Gallienus seinen Sohn Saloninus am Niederrhein gelassen. Er war schon 258 zum Caesar und damit zum präsumptiven Nachfolger ernannt worden. Als Berater war ihm wegen seiner Jugend ein gewisser Silvanus oder Albanus zur Seite gestellt[17]. Wichtigste Standquartiere waren Köln und Trier. Die Kölner Mauern wurden zu diesem Zwecke instand gesetzt. Dafür zeugt eine nicht vollständig eradierte Bauinschrift auf einem Kölner Stadttor – zu sehen im Römisch-Germanischen Museum. Die Stadt hatte dieser Inschrift zufolge sogar die ehrenden Beinamen Valeriana Gallieniana erhalten (Abbildung 1)[18]. Außerdem spricht einiges dafür, daß jetzt in Köln erstmals eine reguläre Reichsmünzstätte eingerichtet wurde. Die Münzstätte von Viminacium in Moesien war dafür aufgelöst worden[19]. Schon die ersten in der westlichen Prägestätte geschlagenen Münzen verherrlichen, nicht gerade realistisch, Gallienus als großen Germanenbezwinger (Abbildung 2)[20]. Mit all diesen Maßnahmen meinte Gallienus, nach seinem Weggang vom Rhein, dem Prinzen genügend Rückhalt verschafft zu haben, damit dieser die Herrschaft aufrechterhalten könne.

Abbildung 2: Gallienus, Antoninian 257/58 n. Chr., Münzstätte Köln?; Rückseite: VICT GERMANICA.

Doch der Kaiser irrte sich. Der kindliche Saloninus wurde im Laufe des Jahres 260 in Köln umgebracht.

Für die Ermordung des Saloninus ist letztlich ein Germaneneinfall, wahrscheinlich im Moselraum, verantwortlich zu machen. Postumus, vermutlich der Statthalter der Niederrheinischen Provinz (Germania Inferior), hatte die Germanenschar gestellt und ihr die reiche Beute abgenommen. Widerrechtlicherweise scheint er sie unter seinen Soldaten verteilt zu haben. Damit hatte er die Sympathien der schlecht bezahlten Truppe erworben. Als offiziellerseits die Rückgabe der Beutestücke verlangt wurde, wurde Postumus von seinen Soldaten zum Imperator akklamiert, mit anderen Worten, zum Gegenkaiser ausgerufen[21]. Damit stand dem jungen Caesar Saloninus, sehr zu dessen Ungunsten, ein vom Heer zum Kaiser, also zum Augustus, ausgerufener Gegenspieler entgegen. Die Antwort des Silvanus (bzw. Albanus) war gleichfalls die Usurpierung des Augustustitels – für Saloninus. Sie sollte im Sinne des Gallienus sein, da sie auch letztlich dessen Herrschaft sichern würde. Sofort wurden Münzen mit der neuen Titulatur des Gallienus-Sohnes in Umlauf gebracht[22]. Doch es gelang Postumus, Silvanus und Saloninus in Köln einzuschließen. Den Kölnern wurde für den Fall der Auslieferung der beiden Schonung zugesichert. Das Ende des Saloninus habe ich schon vorweg genommen. Postumus wurde nun von den restlichen am Rhein stationierten Truppen und schließlich auch von denen in Britannien als Kaiser anerkannt. Er kontrollierte damit große Teile der westlichen Imperiumshälfte: insbesondere Gallien, bis auf den äußersten Süden, Teile von Spanien, die beiden germanischen Provinzen, Raetien und Britannien[23]. Seine Herrschaft verdankte er aber letztlich den niederrheinischen Heeresverbänden.

Abbildung 3: Postumus, Antoninian, Münzstätte Köln; Rückseite: COL CL AGRIP COS .III; Aequitas mit Waage und Füllhorn.

Nach der Einnahme Kölns und der Beseitigung des Saloninus mußten die nächsten Schritte des Usurpators der Sicherung der eigenen Herrschaft und der Durchsetzung seines Herrschaftsanspruches gelten. Die Aufnahme der vollständigen Kaisertitulatur hatte Postumus automatisch zum politischen und militärischen Widersacher des Gallienus gestempelt (Abbildung 3). (Valerian war zu diesem Zeitpunkt bereits in persischer Gefangenschaft gestorben.[24]) Postumus unternahm jedoch vorerst keinen ernsthaften Versuch, auf Rom zu marschieren, um Gallienus zu stürzen[25]. Diese Tatsache sowie der Umstand, daß der spätrömische Historiker Eutrop (Brev. 9,9,3), bezugnehmend auf die Herrschaft des Victorinus (er war ein Nachfolger des Postumus am Rhein, auf den wir noch zu sprechen kommen werden), von imperium Galliarum spricht[26], hatte zu der These geführt, daß Postumus nie ernsthaft vorgehabt hätte, Kaiser des Gesamtreiches zu werden. Er hätte Kaiser des Gallischen Sonderreiches, eines Teilreiches also, sein wollen und damit einen mehr oder weniger beschränkten Separatismus angestrebt[27]. Es ist das Verdienst von Ingemar König, auf diese Schwachstelle in der Forschung aufmerksam gemacht zu haben und die Herrschaftsergreifung des Postumus als „normale" Usurpation entlarvt zu haben[28]. Nach König seien auch die Nachfolger des Postumus mit ihren Residenzen in Köln und wohl auch Trier, Laelianus, Marius, Victorinus und Tetricus, als „normale" Usurpatoren anzusprechen, nicht als Herrscher über ein Teilreich. Alle diese Herrscher seien wegen der andauernden Bedrohung durch die Germanen einfach nicht das Risiko eingegangen, den Marsch auf Rom zu unternehmen. Sie hätten in diesem Falle die Rheingrenze weitgehend von Truppen entblößen müssen. Nach König wäre es nämlich ihr vorzüglichstes Anliegen gewesen, die bedrohte Rheingrenze zu sichern. Weiters geht König davon aus, daß die ständige Bedrohung der Donaugrenze und der Euphratgrenze auch den Kaisern in Rom, insbesondere Gallienus, keine Möglichkeit gelassen hätte, die Usurpatoren am Rhein zu stürzen. Die Formulierung *imperium Galliarum* des Eutrop sei somit als unbestimmte Ortsangabe zu verstehen: Victorinus übernahm kurz nach Postumus die Gewalt über die Provinzen Galliens, übernahm eine Hausmacht innerhalb des Imperiums, ohne den Anspruch auf die Herrschaft über das Gesamtreich je aufzugeben. Das gleiche träfe auch auf Tetricus zu. Dafür legten unter anderem die Rom-orientierten Münzlegenden *Romae aeternae* von Postumus bis Tetricus Zeugnis ab (Abbildung 4)[29]. Erst im Jahre 274 wurden schließlich die Ansprüche des Tetricus durch Aurelians Marsch nach Gallien und die kampflose Kapitulation des letzten Gallischen Kaisers endgültig zu Grabe getragen[30]. Darauf werden wir noch zurückkommen.

So überzeugend die These Königs in weiten Teilen sein mag, so problematisch sind doch einige Schlußfolgerungen, die aus seinen „normalen" Usurpationen abgeleitet werden. Denn König bagatellisiert unverkennbare Entwicklungen in den 15 Jahren bis zur Kapitulation von 274.

Ich will im folgenden einige Charakteristika der Herrschaft der sogenannten Gallischen Gegenkaiser vorführen, die „normale" Usurpationen nicht aufweisen. Es gibt Hinweise dafür, daß sich in den Jahren 260 bis 274 nach und nach eine gewisse Verselbständigung des Reichsteils vollzog, so daß das sogenannte Gallische Sonderreich schließlich schon Merkmale eines Teilreiches aufwies. Diese Frage ist

Abbildung 4: Postumus, Aureus, Münzstätte Köln?; Rückseite: ROMAE AETERNAE.

insofern von einiger Bedeutung, als einige Jahrzehnte später mit der Reichsreform Diocletians Dezentralisierungstendenzen voll zum Tragen kamen. Die Entwicklungen am Rhein in den genannten Jahren könnten also eine wichtige Stufe in diesem Prozeß darstellen. Das betrifft auch den Aufschwung, den Trier nahm.

Es ist höchst bemerkenswert, daß kurz nach der erfolgreichen Usurpation des Postumus Jahr für Jahr Konsulpaare eingesetzt wurden. Fünf solcher Paare sind überliefert, Postumus selbst gehört nur zweimal dazu. Einmal wird er zusammen mit seinem späteren Nachfolger Victorinus genannt[31]. In welcher Form die Konsuln zu ihrem Amt kamen, ist nicht überliefert. Fest steht aber, daß damit in der Residenzstadt des Postumus, Köln oder Trier, Konsuln amtierten[32]. Bei früheren Usurpationen war es zwar schon vorgekommen, daß der in der Provinz ausgerufene Kaiser für sich sofort auch den Konsulat usurpierte, von einer Einsetzung von Konsulpaaren – der Konsulat war ein kollegiales Amt – ist jedoch in der Kaiserzeit bis dahin nie die Rede gewesen[33].

Für gewesene Konsuln bestand ein Anrecht auf einen Sitz im Senat. Ob Postumus damit in seiner Residenzstadt auch einen Senat einrichten ließ, muß letztlich jedoch offen bleiben. Die Sigle *SC* auf den Sesterzen und Doppelsesterzen, die bis in die 60er Jahre als Argument für einen Senat in Köln immer wieder herangezogen wurde, scheidet aus dieser Diskussion aus. Die zu *Senatus Consulto* aufzulösenden Buchstaben wurden, wie man heute weiß, fälschlicherweise mit „geprägt auf Senatsbeschluß" wiedergegeben. Man war unter dem Eindruck des großen Althistorikers Theodor Mommsen davon ausgegangen, daß der Senat ein eigenes Prägerecht hatte, eines für die Münzen aus unedlem Metall. Das *SC*, das seit Augustus auf Münzen aus unedlem Metall erscheint, bedeutet jedoch nur, daß auf Senatsbeschluß unter Augustus ein neues Nominalsystem entwickelt worden ist, das nach wie vor seine Gültigkeit hatte[34].

Als Argument für das Bestehen eines Senates in Köln bleibt aber ein meines Wissens bisher nicht beachtetes singuläres Phänomen bestehen: Der von 269 bis 271 wohl in Köln residierende Victorinus wurde nach seinem Tod divinisiert, d. h. zum Staatsgott erhoben (Abbildung 5)[35]. Der Herrschaftsübergang von Victorinus auf den Statthalter von Aquitanien, Tetricus, war ohne Militärrevolte friedlich erfolgt. Die Mutter des Victorinus, Victoria, scheint bei der Erhebung maßgeblich mitgewirkt zu haben[36]. Die Eingliederung eines verstorbenen Herrschers in die Reihe der *Divi*, also der Staatsgötter, erfolgte in Rom über einen Senatsbe-

Abbildung 5: Tetricus I. für Divus Victorinus, Antoninian, Trier? 271 n. Chr.; Vorderseite: DIVO VICTORINO, Rückseite: CONSACRATIO, Adler auf Globus.

schluß[37]. Sollte es also im Gallischen Sonderreich keinen Senat gegeben haben, so müßte man davon ausgehen, daß die Gallischen Kaiser diese zentrale Aufgabe des Senats in Anspruch genommen, also usurpiert hätten. Das ist möglich. Es wäre aber insofern bemerkenswert, als gerade Tetricus stets darauf Wert legte, dem *ordo senatorius* zu entstammen[38], was in dieser Zeit für einen Kaiser keine Selbstverständlichkeit mehr war. Auf jeden Fall förderte die Konsekration des Victorinus die Herrschaftslegitimation des Tetricus[39]. Dieser Legitimationsversuch konnte vor allem dann überzeugen, wenn die Divinisierung formal einigermaßen nach tradiertem Muster erfolgt war, sie durfte also nicht direkt auf ihn selbst zurückgehen. Vor dem Hintergrund der aufgezeigten Vorgänge und der Ansprüche des einflußreichen gallischen Adels, dem der Zugang zum Senat in Rom aus deren Sicht für unbestimmte Zeit versperrt blieb, wird man die Existenz eines Gegensenats ernstlich in Erwägung zu ziehen haben. Will man einen Senat im Gallischen Sonderreich dennoch nicht akzeptieren, so wird man doch zugestehen müssen, daß es neben dem Kaiser einen Rat, nicht nur einen Kölner Stadtrat, gegeben haben wird, der dem Gremium eines Senats nahegekommen sein muß[40].

Etwa ein Jahr nach der Herrschaftsübernahme des Tetricus wurde wohl 272 sein jugendlicher Sohn zum Caesar ernannt[41]. Er ist als Tetricus Caesar in die Geschichte eingegangen. Mit diesem Schritt beschrieb der Kaiser die klassische Form der Nachfolgepolitik. Er ging daran, eine eigene Dynastie zu gründen, so wie zuletzt noch Valerian und Gallienus in Rom (Abbildung 6). Auch dieser Schritt spricht meines Erachtens dafür, daß sich der Reichsteil immer mehr verselbständigte, auch wenn die Kaiser am Rhein noch davon geträumt haben mögen, dereinst in Rom zu residieren. Versuche, dies auf militärischem Wege möglich zu machen, waren unter Tetricus freilich schon längst nicht mehr unternommen worden.

Postumus schuf ferner nach stadtrömischem Vorbild zu seinem persönlichen Schutz eine Praetorianergarde. Sie ist der Inbegriff monarchischen Elements. Zeugnis für die Existenz dieser Garde legt eine in Trier gefundene Mosaikinschrift ab. Der spätere Kaiser Victorinus erscheint darin als *tribunus praetorianorum* (Abbildung 7)[42]. Dieser Beleg spricht dieselbe Sprache wie die bereits erörterten.

Doch damit nicht genug: Postumus scheint die Bevölkerung, vielleicht in der Residenzstadt Köln, in ähnlicher Weise beschenkt und versorgt zu haben, wie dies die Kaiser in Rom zu tun pflegten. Darauf deuten Münztypen hin. So wurden Aurei mit der Aufschrift *Liberalitas Aug(usti)* geprägt, die uns eine Geldverteilungs-

Abbildung 6: Tetricus I. und Tetricus Caesar, Aureus, Trier? 271 n. Chr.; Vorderseite: IMPP TETRICI AVGG, Rückseite: P M TRP COS III PP VOT X, Tetricus I. und Tetricus Caesar opfernd.

Abbildung 7: Mosaikinschrift des Tribunus Praetorianorum Victorinus aus Trier (Landesmuseum Trier).

szene zeigen, wie wir sie sonst nur für Rom kennen (Abbildung 8)[43]. Die stadtrömische Bevölkerung empfing vom Kaiser zu besonderen Anlässen, wie etwa Siegen, Geldgeschenke. Die kaiserliche Liberalitas hatte sich längst soweit institutionalisiert, daß die stadtrömische Plebs meinte, ein Anrecht auf solche Gaben zu haben[44]. Der Aureus des Postumus ist sogar mittlerweile aus seiner Isolation gerissen. Vor einem Jahrzehnt wurde im Kölner Münzhandel eine Münze versteigert, die genau diesen Münztyp auch für Victorinus belegt (Abbildung 9)[45].

Mindestens ebenso interessant ist schließlich ein weiterer Aureus des Postumus, der die Legende *Annona Aug(usti)* aufweist. Dargestellt ist die weibliche Personifikation der Annona mit Füllhorn und Getreideähren. Zu ihren Füßen steht ein Modius, also ein Getreidescheffel (Abbildung 10)[46]. Genau diese Münztypen charakterisieren sonst die kaiserliche *cura annonae* in Rom, die Fürsorge des Kaisers, daß die hauptstädtische Bevölkerung mit ausreichenden Getreidemengen versorgt würde, Getreide also in großen Mengen preisgünstig auf den Markt käme[47]. Da kaum anzunehmen ist, daß diese Münzreverse leere Worthülsen und leere Bildprogramme darstellen – sie hätten nur Ansprüche geweckt und wären damit politisch kontraproduktiv gewesen –, ist eine wie auch immer geartete Parallele zu Rom auch für das Gallische Sonderreich zu fordern. Postumus wollte mit diesen Münz-

Abbildung 8: Postumus, Aureus, Münzstätte Köln?; Rückseite: LIBERALITAS AVG.

Abbildung 9: Victorinus, Bronzeabschlag von einem Aureusstempel; Rückseite: LIBERALITAS AVG.

Abbildung 10: Postumus, Aureus, Münzstätte Köln?; Rückseite: ANNONA AVG, Annona mit Füllhorn vor Modius stehend.

typen offenbar seine Fürsorge im Bereich der Lebensmittelversorgung entweder in seinen Residenzstädten oder ganz allgemein in dem von ihm kontrollierten Gebiet zum Ausdruck bringen[48].

Alle vorgeführten Zeugnisse belegen also, das ist vorläufig festzuhalten, eine gewisse Verselbständigung dieses Reichsteils. Die Erfahrung wird die Gegenkaiser am Rhein zunehmend mehr gelehrt haben, daß auf absehbare Zeit hin ein Marsch auf Rom mit einer erfolgreichen Verteidigung der Rheingrenze unvereinbar war. Ohne in der Theorie den Anspruch auf die Herrschaft über das Gesamtreich ganz aufzugeben, richteten sich die Gegenkaiser auf einen längeren Aufenthalt am Rhein ein. Ein ursprünglich nur als Übergangslösung gedachter Zustand institutionalisierte sich nach und nach[49]. Die Machtbasis der Gegenkaiser schrumpfte freilich immer mehr zusammen. Gebietsverluste waren vor allem im Süden nicht mehr zu vermeiden[50]. Tetricus sah schließlich keine Möglichkeit mehr, sich gegen den seit 270 in Rom mit straffer Hand regierenden Kaiser Aurelian zu behaupten. Aurelian war etwa zwei Jahre nach der Beseitigung des sogenannten Palmyrenischen Sonderreichs und seiner Herrscherin Zenobia im Jahre 274 nach Gallien marschiert. In Erkennung der Übermacht ergab sich Tetricus seinem Gegner, noch ehe es auf den Katalaunischen Feldern zum Kampf kam. Damit war die Reichseinheit wieder hergestellt. Tetricus wurde aber nicht hingerichtet. Er scheint sich in Süditalien als Grundbesitzer niedergelassen zu haben[51].

Köln und Trier hatten damit ihre zentrale Position verloren, die Münzstätten wurden (nacheinander oder gleichzeitig) aufgelöst und schließlich ins Zentrum der drei gallischen Provinzen nach Lugdunum, dem heutigen Lyon, verlegt[52]. Erst Jahrzehnte später sollte zumindest Trier den Status als Residenzstadt wiedererhalten. Es wurde auch wieder Reichsmünzstätte.

Schon bald nach Aurelians Rückkehr nach Rom zeigten sich wieder überdeutlich die Schwächen des zentral regierten Reiches. Die Gegenkaiser am Rhein waren vor Ort gewesen und konnten somit bei germanischen Vorstößen rasch und entschlossen reagieren. Die Truppen konnten im Ernstfall zügig von ihrem Kaiser den Feinden entgegengeworfen werden. Aus diesem Grund hatten sich römische Klientelkönigreiche schon in der frühen Kaiserzeit bewährt, waren gelegentlich eigens dazu eingerichtet worden.

Die Rheingrenze war, wie schon hervorgehoben wurde, unter den Gallischen Gegenkaisern immer wieder bedroht. Eine Feinchronologie der Germaneneinfälle in das römische Reich erstellen zu wollen, ist deshalb schwierig, wenn nicht gar unmöglich.

Wegen der für die zweite Hälfte des 3. Jhs. bescheidenen bis fehlerhaften Nachrichten aus literarischen Quellen gewinnt die Interpretation von Münzschatzfunden sehr an Bedeutung. Dazu einige Worte:

Barschaften größeren und kleineren Wertes wurden, seitdem es Münzen gibt, bei Gefahr verborgen, meist vergraben. Nur der Eigentümer kannte das Versteck. Konnte dieser, sei es, daß er getötet, oder sei es, daß er verschleppt wurde, seine Wertgegenstände nicht mehr heben, so blieben sie verschwunden und gerieten in Vergessenheit. Der Wissenschaft liefern solche Funde aber wichtige Aufschlüsse. Die Masse des vergrabenen Geldes war nämlich abrupt aus der Zirkulation genommen worden. Die innere Struktur von Funden, die etwa gleichzeitig in die Erde gekommen sind, ähnelt sich somit sehr. Vor allem weisen solche Funde ähnliche Schlußmünzen auf (so werden die jüngsten Münzen eines jeweiligen Fundes genannt). Kartiert man solche Funde mit gleicher oder ähnlicher Schlußmünze, so lassen sich aus der Fundverteilung gelegentlich erstaunliche Schlüsse ableiten. Aus großen Funddichten lassen sich unter Berücksichtigung der Siedlungsdichte sogenannte Katastrophenhorizonte erschließen. Mit anderen Worten: Wurden in einem bestimmten Raum zu einer bestimmten Zeit viele Münzschätze verborgen und nicht wieder gehoben, so deutet das auf kriegerische Ereignisse hin. Der Raum kann von einem Bürgerkrieg betroffen gewesen sein, er kann aber auch von einer feindlichen Invasionsarmee heimgesucht worden sein[53].

Für die Regierung des Postumus hat etwa der Belgier van Gansbeke schon 1952 einen solchen Katastrophenhorizont auszumachen versucht. Die im Nordwesten des Sonderreichs zu beobachtende Funddichte gibt Aufschlüsse über Einfälle der Franken. Die Funde konzentrieren sich auf die nördlichsten Straßen, die von Nordosten nach Südwesten, vom Rhein in Richtung Gallien, führten. Im Gegensatz dazu sind für den viel dichter besiedelten Süden Galliens kaum Schatzfunde zu registrieren[55].

Der Hauptansturm von Germanenstämmen über den Rhein erfolgte hingegen erst nach dem Ende des Gallischen Sonderreiches in den Jahren 275 und später. Dafür legen Schatzfunde, gelegentlich Brandhorizonte, die bei Grabungen festgestellt worden sind, aber auch vereinzelte literarische Quellen Zeugnis ab. Die Invasionen erfolgten überwiegend etwas weiter südlich, am Mittel- und Oberrhein.

Aufgrund der zahlreichen Vorstöße germanischer Verbände über den Rhein, aber auch etwa durch Piratenüberfälle an der Kanal- und Atlantikküste, kamen Wirtschaft und Handel in den bedrohten Gebieten fast zum Erliegen. Villen und Städte wurden geplündert und zerstört, Anbauflächen verwüstet, Transporte bedroht. Wegen der dauernden Unsicherheit waren die Münzstätten, wie bereits erwähnt, auf das zentral liegende Lyon konzentriert worden. Geldtransporte waren jedoch in weiten Teilen Galliens und in den germanischen Provinzen unmöglich geworden. Da in der Wirtschafts-

Abbildung 11: Verwilderter Doppelsesterz, überprägt auf einem Sesterz des Traian (98-117 n. Chr.).

Abbildung 12: Verwilderter Doppelsesterz, überprägt auf einem Sesterz der Faustina d.Ä., Frau des Antoninus Pius (138-161 n. Chr.).

krise des gesamten Römischen Reichs, insbesondere seit etwa 270 n.Chr., wegen der rapiden Geldverschlechterung selbst die nicht mehr hochwertigen Silbermünzen aus der Zirkulation genommen worden waren, wurde gerade im Nordwesten Galliens und in Niedergermanien neues Geld benötigt. Das gute alte Silbergeld hatte man nicht mehr oder wollte es nicht ausgeben. Zusätzlich war das alte Kleingeld aus unedlem Metall aus dem Umlauf verschwunden. Der inhärente Wert etwa der alten Sesterzen lag nämlich mittlerweile über dem der Denare und Antoniniane, die den vier- bzw. achtfachen Nennwert hatten. Aus dieser Notsituation heraus griffen die Wirtschaftssubjekte, die Handeltreibenden, am Mittel- und Niederrhein sowie in Nordwestgallien zur Selbsthilfe. Sie prägten, zwar nicht legal, jedoch offenbar geduldet, eigene Antoniniane außerhalb der offiziellen Münzstätten. Die Stempel wurden von einfachen Handwerkern überwiegend nach Vorbildern von Münzen der Gallischen Gegenkaiser geschnitten. Die Schrötlinge wurden weit unterhalb des Normgewichts und in der Regel ganz ohne Beimengungen von Silber hergestellt. Solche an ihrem verwilderten Stil in viel zu niedrigem Gewicht und ohne Silber ausgebrachte Pseudosilbermünzen werden immer wieder zu Tausenden gefunden. Sie sind ein Charakteristikum dieser Zeit und dieses Raumes[56]. Vor einigen Jahren ist es sogar gelungen, im Hambacher Forst, in der Nähe von Düren, im Keller einer römischen Villa eine solche private Prägewerkstätte freizulegen. Stempel wurden leider keine entdeckt. Es wurden jedoch Schrötlinge in unterschliedlichem Fertigungszustand, Altmetall, das zum Einschmelzen bereitlag, und sogar geprägte stempelidentische Münzen gefunden[57]. Die gewaltige Menge minderwertigen Geldes muß sich verheerend auf die Geldwirtschaft ausgewirkt haben. Leider wissen wir über den Preisanstieg in dieser Zeit denkbar wenig. Er dürfte aber beachtlich gewesen sein.

Auf einen leichten Preisanstieg schon unter Postumus deuten Veränderungen am Kleingeld hin. So wurden alte abgegriffene Sesterzen vor allem aus dem 2. Jh. mit dem Porträt des Postumus mit Strahlenkrone notdürftig überprägt (Abbildung 11/12)[58]. Der Sesterz war damit zum Doppelsesterz geworden. Denn die Strahlenkrone auf dem Kopf des Kaisers symbolisiert beim römischen Geld schon seit dem 1. Jh. n.Chr. einen Doppelwert. So wurden die Kaiser seit Nero auf Dupondien, seit Caracalla auf Antoninianen und seit Decius auf Doppelsesterzen mit Strahlenkrone gezeigt[59]. Unter Postumus bemühte man sich aber zumeist noch weniger, Sesterzen in Doppelsesterzen zu verwandeln. Statt der Überprägung griff man zum Mittel der Einritzung oder Einpunzung einer lediglich angedeuteten Strahlenkrone über dem kaiserlichen Hinterkopf. Davon waren nicht nur alte Sesterzen betroffen, sondern auch recht neue, sogar solche des Postumus (Abbildung 13-16)[60]. Der wahrscheinliche Grund: Während der knapp zehnjährigen Regierung dieses Gegenkaisers hatten auch die offiziellen Antoniniane viel von ihrem Silbergehalt eingebüßt, sie wurden schrittweise in schlechteren Legierungen ausgebracht[61]. Die von privater Hand vorgenommene Nennwertveränderung offizieller Sesterzen zu Doppelsesterzen war natürlich rechtlich nicht zulässig. Denn gemäß dem römischen Recht basierte beim Geldverkehr der Wert des Geldes auf dem von der Währungsordnung zugewiesenen Nennwert, nicht auf dem Materialwert[62]. In der Praxis scheint man sich in dieser Krisenzeit in unserem Raum jedoch nicht daran gehalten zu haben. Den einfachen Einpunzungen, Einritzungen und Überprägungen ist nämlich nur dann Verständnis abzugewinnen, wenn man davon ausgeht, daß die umlaufenden alten Sesterzen und sogar die recht neuen des Postumus gegen Ende seiner Herrschaft auch ohne äußere Veränderungen auf dem Markt als im Prinzip gleichwertig mit den umlaufenden, im Gewicht reduzierten Doppelsesterzen angesehen wurden, die Markierungen also nur größere Klarheit schufen. Es ist nämlich schlechterdings nicht vorstellbar, daß man mit nur drei oder vier gezielten Hieben oder Ritzungen eine Münze um 100 % aufwerten konnte[63].

Abbildung 13: Postumus, Sesterz; Rückseite: VICTORIAE AVG SC.

Abbildung 14: Postumus, Doppelsesterz; Rückseite: LAETITIA AVG SC, Schiff mit Feldzeichen.

Abbildung 15: Postumus, Sesterz, mit eingravierter Strahlenkrone.

Abbildung 16: Postumus, Sesterz, mit eingehauener Strahlenkrone.

Diocletians grundlegende Münzreformen waren (nach Reformversuchen Aurelians) schließlich eine Folge der hier aufgezeigten Entwicklungen. Besonders negativ wirkten sich die rapiden Münzverschlechterungen durch private Initiativen aus, von denen unser Raum besonders betroffen war.

So werden wir abschließend folgendes festhalten können: Aus einer für das 3. Jh. „normalen" Usurpation des Postumus entwickelte sich ein weitgehend selbständiger Reichsteil, der zumindest anfangs die germanischen Provinzen, weite Teile Galliens, Britannien und Teile Spaniens umfaßte. Wichtigste Residenzstadt war wohl Köln. Wegen der laufenden Bedrohung durch germanische Stammesverbände war es weder Postumus noch einem seiner Nachfolger am Rhein möglich, den Marsch auf Rom zu wagen, um den jeweils dort regierenden Kaiser zu stürzen. Doch auch der Romkaiser sah sich wegen der ständigen Bedrohung der Reichsgrenzen außerstande, den sich selbstständig gemachten Reichsteil zurückzuerobern. Erst nach 15 Jahren gelang es Kaiser Aurelian im Jahre 274 n.Chr., den letzten Gegenkaiser am Rhein, Tetricus, zur Kapitulation zu zwingen.

Durch die häufigen Germaneneinfälle, aber auch durch das Räuberunwesen kamen Handel und Transporte im Nordwesten Galliens und in den germanischen Provinzen insbesondere nach Auflösung des Sonderreiches fast völlig zum Erliegen. Die Münzsstätten waren in das sichere Hinterland verlegt worden. Um zu neuem Geld zu kommen, griffen die Wirtschaftssubjekte zur Selbsthilfe und prägten in Eigeninitiative minderwertiges Pseudosilbergeld, das katastrophale Folgen für die Geldwirtschaft hatte. Ansätze dazu hatte es schon unter Postumus gegeben. Das Vertrauen in die Währung war nachhaltig geschädigt. Diocletians Währungsreformen waren eine Folge dieser Schädigung.

Die Verselbständigung der nordwestlichen Provinzen des römischen Reiches und die offensichtlichen Erfolge der Kaiser am Rhein bei der Germanenbekämpfung zeigen deutlich, daß Rom der Krise nur bei stärkerer Dezentralisierung der Macht Herr werden konnte. Die Reformen Diocletians gingen denn auch in diese Richtung. Die Entstehung des sogenannten Gallischen Sonderreiches sowie des Palmyrenischen Sonderreiches hatten die Schwächen der Zentralgewalt in Rom überdeutlich aufgezeigt.

Anmerkungen:

1 Übers. von M. Giebel, Stuttgart 1975 (*Omnium provinciarum populi Romani, quibus finitimae fuerunt gentes quae non parerent imperio nostro, fines auxi. Gallias et Hispanias provincias, item Germaniam qua includit Oceanus a Gadibus ad ostium Albis fluminis pacavi.*).

2 Res Gestae 35.
3 D. Kienast, Augustus. Prinzeps und Monarch, Darmstadt [2]1992, S.297ff.
4 Zu dieser Frage ist in jüngster Zeit viel geschrieben worden. Siehe z.B. W. Schlüter u.a., Archäologische Zeugnisse zur Varusschlacht? Die Untersuchungen in der Kalkrieser-Niewedder Senke bei Osnabrück, Germania 70, 1992, S.307ff.
5 D. Kienast (wie Anm.3), S.306f.
6 Ebd., S.308.
7 G.A. Lehmann, Das Ende der römischen Herrschaft über das „westelbische" Germanien: von der Varus-Katastrophe zur Abberufung des Germanicus Caesar 16/17 n.Chr., Zeitschrift für Papyrologie und Epigraphik 86, 1991, S.79ff.
8 K. Christ, Geschichte der römischen Kaiserzeit, München [3]1995, S.334ff.
9 K. Christ (wie Anm.8), S.334-336; J. F. Gilliam, The Plague under Marcus Aurelius, American Journal of Philology 82, 1961, S.225ff.; F. Millar, A Study of Cassius Dio, Oxford 1964,13 Anm.4. Zu anderen Aspekten des Bevölkerungsrückganges siehe L. Wierschowski, Die historische Demographie – ein Schlüssel zur Geschichte? Bevölkerungsrückgang und Krise des Römischen Reiches im 3. Jh.n.Chr., Klio 76, 1994, S.355ff.
10 E. Winter, Die sassanidisch-römischen Friedensverträge des 3. Jahrhunderts n.Chr. Ein Beitrag zum Verständnis der außenpolitischen Beziehungen zwischen beiden Großmächten, Frankfurt a.M., Bern, New York, Paris, 1988, S.26ff.
11 K. Christ (wie Anm.8), S.640ff.
12 Ebd., S.650ff.; F. Hartmann, Herrscherwechsel und Reichskrise, Frankfurt a.M. 1982, passim.
13 Zur Chronologie siehe jetzt D. Kienast, Römische Kaisertabelle. Grundzüge einer römischen Kaiserchronologie, Darmstadt [2]1996, S.183ff.
14 D. Kienast (wie Anm.3), S.218ff.
15 Aurelius Victor, Caes. 33,1; vgl. Eutrop 9,8. Dazu etwa I. König, Die gallischen Usurpatoren von Postumus bis Tetricus, München 1981, S.36f.
16 Eutrop 9,7f.; Zonaras 12,24; I. König (wie Anm.15), S.38ff.; J.F. Drinkwater, The Gallic Empire. Seperatism and Continuity in the North-Western Provinces of the Roman Empire. A.D. 260-264, Stuttgart 1987, S.21ff.
17 I. König (wie Anm.15), S.42; 46f.; J.F. Drinkwater (wie Anm.16), S.22ff.; 88f.; D. Kienast (wie Anm.3), S.221f.
18 Corpus Inscriptionum Latinarum XIII 8261; I. König (wie Anm.15), S.37.
19 I. König (wie Anm.15); J.F. Drinkwater (wie Anm.16), S.98; 1138ff. geht hingegen abweichend von der älteren Forschung davon aus, daß Hauptquartier und Hauptmünzstätte des Gallienus und des Saloninus in Trier lagen, Köln nur als Nebenmünzstätte gedient hätte. Erst später unter Postumus hätte Köln als Münzstätte an Bedeutung gewonnen.
20 G. Elmer, Die Münzprägung der gallischen Kaiser in Köln, Trier und Mailand, Bonner Jahrbücher 146, 1941, S.19, Nr.20 etc.
21 I. König (wie Anm.15), S.48ff.;53; vgl. J.F. Drinkwater (wie Anm.16), S.24ff.; D. Kienast (wie Anm.3), S.243ff.
22 Elmer (wie Anm.20), S.108f.; 113f.; I. König (wie Anm.15), S.49; D. Kienast (wie Anm.3), S.221.
23 I. König (wie Anm.15), S.50f.; 53ff.; L. Bakker, Raetien unter Postumus – Das Siegesdenkmal einer Juthungenschlacht im Jahre 260 n.Chr. aus Augsburg, Germania 71, 1993, S.369ff., bes. S.381ff.
24 Zur Chronologie und zur Titulatur des Postumus siehe jetzt D. Kienast (wie Anm.3), S.243f.
25 I. König (wie Anm.15), S.100ff.; J.F. Drinkwater (wie Anm.16), S.27ff.
26 Die Formulierung *imperium Galliarum* greift auch Tacitus in seinen Historien (4,75.1) im Zusammenhang mit dem Bataveraufstand auf. Julius Civilis hatte in den Jahren 68/9 ein eigenes von Rom losgelöstes Reich, das ebenfalls im wesentlichen die gallischen Provinzen umfaßte, angestrebt.
27 Siehe etwa M. Besnier, L' Empire romain de l' avènement des Sévères au concile de Nicée, Paris 1937,208; vgl. S. Mazzarino, La rivolta di Vindice e il problema del „Separatismo" Gallico, in: Atti del colloquio sul tema „La Gallia Romana", Roma 10-11 maggio 1971; Accademia Nationale dei Lincei 370, 1973, S.49ff.
28 I. König (wie Anm.15), S.182ff.
29 Z.B. Elmer (wie Anm.20), S.366ff. = Abbildung 4.
30 I. König (wie Anm.15), S.182ff.; vgl. 67; 170f.; D. Kienast (wie Anm.3), S.247f.
31 I. König (wie Anm.15), S.67ff.; 203ff., Nr.54f.; 61 (*Censor* und *Lepidus*); Nr.56 (*Dialis* und *Bassus*); Nr.57 (Apr[...] und Ruf [...]); Nr.58 (*Postumus* und *Victorinus*); L. Bakker (wie Anm.23), S.175, Zeile 15 (*Postumus* und *Honoratianus*). Die neue von Bakker publizierte Inschrift belegt, daß Postumus schon in seinem ersten Regierungsjahr einen Kollegen im Amt hatte (ebd., S.378).
32 J.F. Drinkwater (wie Anm.16), S.28f.; 249f.

33 Von einem Pseudo-Senat spricht allerdings schon Sueton in seiner Galba-Biographie 10,2; vgl. J.F. Drinkwater (wie Anm.16), S.29; H. Volkmann, Römische Kaiser in Köln, Gymnasium 74,1967,131.

34 Zur *SC*-Diskussion siehe etwa D. Kienast (wie Anm.3), S.326ff.; zum *SC* auf den Münzen des Postumus siehe J.F. Drinkwater (wie Anm.16), S.159f.; R. Ziegler, Bonner Jahrbücher 186, 1986, S.872f. (gegen I. König (wie Anm.15), S.73ff.).

35 Elmer (wie Anm.20), S.785 = Abbildung 5; Zur Divinisierung des Victorinus siehe etwa J.F. Drinkwater (wie Anm.16), S.39.

36 I. König (wie Anm.15), S.158ff. (zu Historia-Augusta-gläubig); J.F. Drinkwater (wie Anm.16), S.39f.

37 Siehe dazu v.a. den Beitrag von W. Kierdorf, *Funus* und *consecratio*. Zur Terminologie und Ablauf der römischen Kaiserapotheose, Chiron 16, 1986, S.43ff.

38 Eutrop 9,10; HA,Tyr.trig. 24,1; HA Aurel. 34,4; Aurel.Vic., Caes. 33,14; dazu I. König (wie Anm.15), S.159f.; J.F. Drinkwater (wie Anm.16), S.39.

39 I. König (wie Anm.15), S.161.

40 Vgl. J.F. Drinkwater (wie Anm.16), S.28f.

41 J.F. Drinkwater (wie Anm.16), S.106ff.; 186f.; R. Ziegler, Der Schatzfund von Brauweiler. Untersuchungen zur Münzprägung und zum Geldumlauf im gallischen Sonderreich, Köln, Bonn 1983,42.

42 Dessau ILS 563 = Corpus Inscriptionum Latinarum XIII 3679; dazu I. König (wie Anm.15), S.72; 141f.; J.F. Drinkwater (wie Anm.16), S.130.

43 Elmer (wie Anm.20), S.302 = B. Schulte, Die Goldprägung der gallischen Kaiser von Postumus bis Tetricus, Aarau, Frankfurt, Salzburg 1983, S.92, Nr.73 = Abbildung 8.

44 Siehe zu diesem Komplex H. Kloft, Liberalitas Principis. Herkunft und Bedeutung, Köln, Wien 1970, passim. Zum Münztyp ebd. S.100; 138.

45 Kölner Münzkabinett 42, 1986, Nr.582 = H.H. Gilljam, Neue Abschläge der gallischen Kaiser aus einer Kölner Sammlung, Numismatisches Nachrichtenblatt 36, 1987, S.68f. = Abbildung 9.

46 Elmer (wie Anm.20), S.376 = B. Schulte (wie Anm.43), S.99, Nr.98 = Abbildung 10.

47 Siehe z.B. RIC IV 2,81, Nr.131ff. (Severus Alexander). Zur *cura annonae* vgl. etwa K. Christ (wie Anm. 8), S.106f.

48 I. König (wie Anm.15), S.80 vermutet, vielleicht mit Recht, eine außerordentliche Getreideverteilung.

49 J.F. Drinkwater (wie Anm.16), S.239ff.; R. Ziegler, Bonner Jahrbücher 186, 1986, S.873. Durch die neue von L. Bakker (wie Anm.23) veröffentlichte Inschrift gewinnt das Fragment 165 des Petrus Patricius an Gewicht, demzufolge Postumus dem Gallienus während der militärischen Auseinandersetzung um 265 untersagt habe, die Alpen zu überqueren (ebd., S.381). Von I. König (wie Anm.15), S.106f. wurde das Zeugnis als unglaubwürdig zurückgewiesen.

50 J.F. Drinkwater (wie Anm.16), S.123f.

51 Dazu I. König (wie Anm.15), S.175ff. J.F. Drinkwater (wie Anm.16), S.41ff.; D. Kienast (wie Anm. 13), S.247f.

52 Siehe vor allem J.F. Drinkwater (wie Anm.16) bes. S.141ff.

53 Vgl. etwa M.R.-Alföldi, Antike Numismatik, Mainz 1978, S.57ff.; R. Göbl, Antike Numismatik, München 1978, Bd.1, S.224f.

54 P. van Gansbeke, Les invasions germaniques en Gaule sous le règne de Postume, RBN 1952, S:5ff.; vgl. die kritischen Korrekturen von J.F. Drinkwater (wie Anm.16), S.195ff.

55 R. Ziegler (wie Anm. 41), S.82ff. (mit Karte im Anhang).

56 R. Ziegler (wie Anm.41), S.74ff.

57 V. Zedelius, Tetricus Typ Ha 56 – Lokale Münzprägung des 3. Jahrh. im Hambacher Forst, in: Ausgrabungen im Rheinland '78. Das Rheinische Landesmuseum Bonn. Sonderheft 1979, S.113ff.; vgl. schon K. Kraft, Münzfund von Battenberg/Pfalz, in: Gesammelte Aufsätze zur antiken Geldgeschichte und Numismatik, Bd.1, hg. von H. Castritius und D. Kienast, Darmstadt 1978, S.66ff.

58 P. Bastien, Le Monnayage de Bronze de Postume, Wetteren 1967, S.223ff., Nr.322ff. (Abbildung Tafel LXIIff.)

59 R. Göbl (wie Anm.53), Bd.1, S.162; Bd.2, Tafel 88f.

60 P. Bastien (wie Anm.58), S.123, Nr.33c (Tafel IV); S.125, Nr.41a (Abbildung Tafel V); S.142, Nr.85d (Abbildung Tafel XVI); S.148f., Nr.100c1 (Abbildung Tafel XX); W. Weiser, Die Münzreform Aurelians, Zeitschrift für Papyrologie und Epigraphik 53, 1983, S.286 Anm.19 (AbbildungTafel VII 3)

61 Siehe J.-P. Callu, La politique monetaire des empereurs romains de 238 à 311, Paris 1969, S.247; R. Ziegler (wie Anm.41), S.31.

62 Paulus, Dig 18,1,1.

63 Siehe dazu R. Ziegler, Kaiser, Heer und städtisches Geld. Untersuchungen zur Münzprägung von Anazarbos und anderer ostkilikischer Städte, Wien 1993, S.52ff., bes. S.53f. Anm.92; S.155.

Die sprachliche Situation am Niederrhein im 16. bis 18. Jahrhundert.

Von Helmut Tervooren

Wenn ich zu Ihnen über historisches Sprachverhalten am Niederrhein[1] spreche, muß ich mit zwei Schwierigkeiten fertig werden. Die erste liegt in der Sache: Der Niederrhein ist ein Randgebiet, gleichgültig, woher ich schaue, aus Berlin oder Köln, aus Brüssel oder Amsterdam. Dazu gleich einige Bemerkungen. Die zweite Schwierigkeit orte ich bei Ihnen, meinen Zuhörern. Sie sind durch Schule, Lektüre und Fernsehen konditioniert, von einer normierten Hochsprache her zu denken. Die Hochsprache ist zudem zugleich eine Nationalsprache, nämlich das Deutsche. Die historischen Verhältnisse des Niederrheins lassen aber eine solch einfache Betrachtung nicht zu, da sie sich lange Zeit weder mit dem Begriff ‚Nationalsprache' noch mit dem der ‚Hochsprache' beschreiben lassen. Auch auf diesen Punkt komme ich noch einmal zurück.

Doch zunächst ein kurzer einführender Abriß[2]. Ein wichtiges Datum in der niederrheinischen Sprachgeschichte ist das erste Drittel des 19. Jahrhunderts. Nachdem nämlich der niedere Klerus des (ehemaligen) Archidiakonats Xanten und der preußischen Teile des Bistums Roermond das Hochdeutsche als Sprache der Predigt und Katechese mehr oder weniger freiwillig akzeptiert hatte, hatte die letzte, im Hinblick auf den Multiplikationseffekt wohl auch wichtigste Gruppe den Übergang von der niederländischen Landessprache zum Hochdeutschen vollzogen, einen Übergang, den andere Institutionen wie Presse, Verwaltung, evangelische Kirche und Literatur schon längst hinter sich hatten. Von nun an lebt das Niederfränkische dieses Raumes nur noch als Grundsprache und muß linguistisch als Dialekt beschrieben werden. Der preußische Niederrhein ist damit aus dem niederländischen Sprachverband ausgeschieden und ein Teil des deutschen geworden. Dies ist allerdings das Ergebnis eines Prozesses, der sich über 500 Jahre erstreckte und der in seinen Ansätzen schon zu Beginn des 14. Jahrhunderts zu beobachten war. Seine eigentümliche Ausprägung bekommt er durch die geographische Lage des Niederrheins: die Randlage in Hinblick auf den niederländischen Sprachraum und die Zwischenstellung zwischen dem deutschen und dem niederländischen Raum. Hier lagen die Schnittpunkte der Kreise, die sich um zwei Kulturzentren legten: das blühende Geistesleben Kölns im Süden und das niederländisch-flämische bzw. später das niederländisch-holländische im Nordwesten und Norden. Diese Lage im 15. und 16. Jahrhundert verhinderte den Ausbau eines eigenen größeren Kulturzentrums (und was für die Entwicklung einer großräumigeren Schriftsprache vielleicht noch wichtiger war: den

Ausbau eigener Druckorte). Andererseits bot sie den Bewohnern dieser Gebiete auch Chancen: Sie förderte den kulturellen und wirtschaftlichen Austausch, der sich sprachlich in mannigfachen Interferenzen niederschlug, und stellte ihnen neben der Grundsprache grundsätzlich zwei verschiedene hochsprachliche Systeme zur Verfügung, das Niederländische und das Deutsche und, worauf ich sehr starken Wert lege, eine dritte Varietät, die ich als Mischsprache bezeichne. Das ist in den politischen Wirren des 16. bis 18. Jahrhunderts nicht ohne Belang. Die Auseinandersetzungen zwischen Spanien und den Niederlanden, der Dreißigjährige Krieg und der Spanische Erbfolgekrieg schaffen immer neue Konstellationen. Wechselnde Herrschaften aber erfordern wechselndes Sprachverhalten. Zwei- bzw. Dreisprachigkeit kann in solchen Zeiten politische Notwendigkeit sein.

Ich beginne meine spezielleren Ausführungen mit einer kurzen Feststellung: Hätte man um 1500 am Niederrhein eine Sprachumfrage gemacht und wissen wollen, welche Sprache Gelderner, Klever oder Moerser sprächen, hätten sie mit Sicherheit *duits* oder auch *nederduits*[3] geantwortet, aber mit Sicherheit das gemeint, was in heutiger Terminologie ‚Niederländisch' ist. Die Bewohner dieser Landstriche zählten sich nämlich ganz verständlich zum niederfränkischen Sprachblock. Dies erläutert sehr schön eine Spottstrophe aus dem 16. Jahrhundert, die zeigt, daß der erlebbare Raum eines Niederrheiners sich zwischen Köln und Seeland, zwischen Flandern und Kleve erstreckte.

	Coelsche		*bloeder*
	Gellersche		*hoverdiger*
	Cleffsche		*gyriger:*
	Luydeker		*wreder*
Dye	*Braebender*	*wye alder wye*	*gecker*
	Hynnegouwer		*wyser:*
	Flemynger		*onschamelicker*
	Zeelander		*kloicker*
	Hollender		*leckere*
	Utrichsche		*bedriegender.*[4] –

Und – was noch wichtiger ist – Klever und Gelderner wurden auch dazu gezählt. Das bezeugen zeitgenössische Grammatiker aus den Niederlanden, etwa der Grammatiker de Heuiter (1581), wenn er schreibt: *aldus heb ic mijn Nederlands over vijfentwintih jaren gesmeet uit Brabants, Flaems, Hollants, Gelders en Cleefs*[5].

Ich beschreibe diesen Raum kurz anhand einer Sprachkarte.

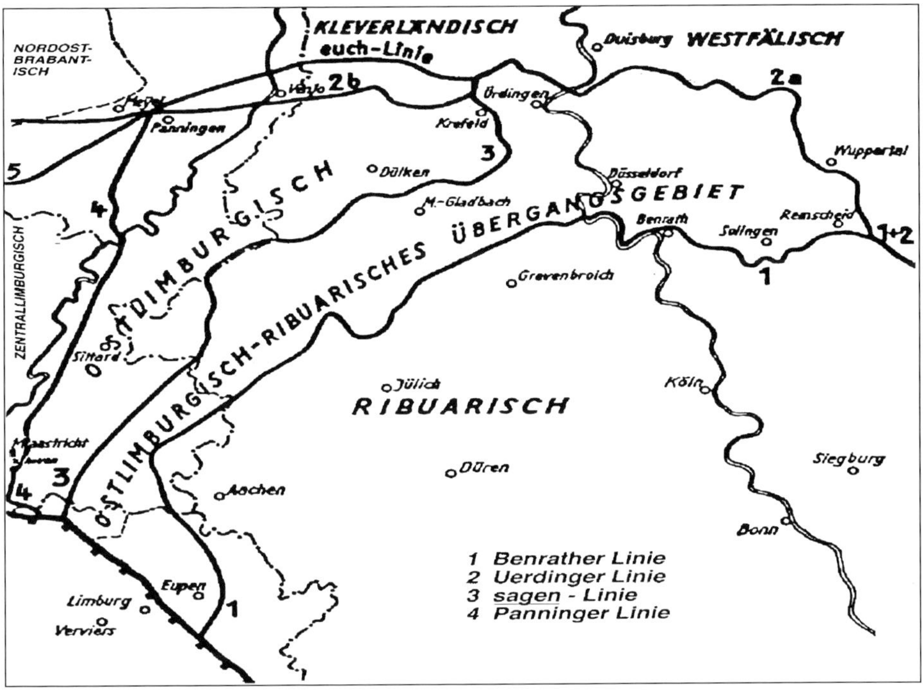

Abbildung 17: J. Goossens, Die Gliederung des Südniederfränkischen.

Im Westen ist dieses Gebiet durch den romanischen Sprachraum und im Norden durch die Nordsee begrenzt. Auch zum Süden gibt es eine Sprachgrenze, die jedoch nicht ganz so eindeutig ist, sondern als sprachliche Staffellandschaft betrachtet werden muß. Die markanten Linien sind hier die Benrather und Uerdinger Linie. Schwach ausgebildet ist die Ostgrenze, aber durch einige sprachliche Erscheinungen doch markierbar. Dieser umschriebene Raum muß – von Köln einmal abgesehen – ab dem 16. Jahrhundert zunächst einmal als Raum der w e r d e n d e n Nationalsprache ‚Niederländisch' gesehen und – wenn man zu heutigen nationalen Bezeichnungen greifen will – zum niederländischen Sprachraum gezählt werden.

Vergleiche ich nun die Sprachkarte mit einer Karte der politischen Territorien, so zeigt sich, daß die politischen Einheiten die Sprachgrenzen nicht respektieren: Der Sprachraum und die politischen Räume sind nicht deckungsgleich.

Auffallend – und daher einer besonderen Analyse würdig – sind speziell für den Niederrhein:

- Köln (und damit die Sprache der Stadt, das Ripuarische) ist überall präsent; als Territorialmacht in Rheinberg und Kempen („Kurköln"), als geistliche Macht besonders stark im sogenannten Archidiakonat Xanten.

Abbildung 18

– Geldern hat eine ausgeprägte Nord-Südachse. Es reicht von der Zuidersee bis Maastricht. Es ist im niederländischen Raum verankert, überspringt aber auch Sprachgrenzen zum Ripuarischen, d.h. zum Mitteldeutschen, besonders im 15. Jahrhundert, als im Herzogtum Geldern Jülicher regieren.
– Kleve überspringt die heutigen politischen Grenzen nach Norden hin kaum, hat aber im Laufe seiner Entwicklung starke Bezüge zur Mark und zu Berg, und das sind Herrschaften im mitteldeutschen Raum.

Durch Köln reicht also das Hochdeutsche in die politischen Räume des Niederrheins hinein und übt zunächst in der Form des Ripuarischen, gestützt auf das politische, kulturelle und wirtschaftliche Zentrum Köln, starken Einfluß aus. Weitere Kräfte kommen hinzu, die den Raum sprachlich gestalten, etwa dynastische Verbindungen – und die liegen für die niederrheinischen Herzogtümer meist im Westen-Nordwesten, seltener im Süden oder Südosten. Damit kommen auch neue Einflüsse ins Spiel: Flandern, Brabant, Hennegau. Sie sind niederländisch, aber auch französisch geprägt. Wir wissen längst, daß politische Einflüsse auch sprachliche sind, besonders in einer nicht alphabetisierten Welt, in der die Masse der Bevölkerung einen kleinräumigen Dialekt spricht und nur eine sehr kleine Oberschicht politischen, kulturellen und letztlich auch sprachlichen Einflüssen ausgesetzt ist. Je kleiner der Kreis ist, desto einfacher ist es, sprachliche Moden durchzusetzen; Moden, die sich etwa in literarischen Erzeugnissen dieser Schichten dokumentieren lassen. (Das werde ich weiter unten tun.) Dies gilt in besonderem Maße, seit das Latein als *lingua franca* zurücktritt und in vielen sprachlichen Bereichen den konkurrierenden Volkssprachen Platz macht.

Die aus der oben geschilderten politischen und kulturellen Situation erwachsende Gemengelage bietet einen geradezu idealen Nährboden für sprachliche Ausgleichserscheinungen und Interferenzen[6], die die Grundsprache verändern; kurz: für Mischsprachen. Der Niederrhein ist dafür ein ideales Untersuchungsgebiet.

Mischsprachen und ihre Bedingungen zu beschreiben heißt – und das ist der Umkehrschluß zu dem, was ich oben sagte – politische und kulturelle Einflüsse zu benennen. Damit bin ich bei einem zentralen Punkt, dem Punkt, der mich veranlaßte, von „Sprache u n d S p r a c h e n" am Niederrhein. zu sprechen. Ich fasse aber zunächst noch einmal kurz zusammen:

- Die Basissprache des Raumes ist (süd)niederfränkisch. Sie wird gestützt durch Einflüsse aus dem Westen und Norden.
- Das Hochdeutsche dringt von Süden in Form des Ripuarischen vor.
- Aus dieser sprachlichen Konkurrenzsituation erwachsen Ausgleichserscheinungen, die Mischsprachen entstehen lassen.

Diese dritte Varietät des Raumes, die Mischsprache, wird jetzt breiteren Raum in meinen Ausführungen einnehmen. Ich beginne mit Beobachtungen zum heutigen Sprachgebrauch, um Sie dann allmählich in die Vergangenheit zurückzuführen. Zunächst ein Zitat:

„Dat nich', aber manchma' gewinnt man ja auch ma' wat. Un wenn man dat mitrechnet. Ich sach' et Ihnen!" – „Und wo spielt der?" – „Meist in Holland inne Spielbank, aber er tut sich auch gern dicke mit Pokerrunde in Duisburg un' so. Gen Tänd in de mull, mar ‚La Paloma' fleute. Lauter feine Herrn, sacht er, mit denen er da spielt. Mögen Sie Oliven?"

Ich zitierte aus einem kürzlich erschienenen Niederrhein-Krimi, aus ‚Königsschießen' von Leenders-Bay-Leenders[7], und zwar die Sätze eines Mannes, der von den Autoren folgendermaßen charakterisiert worden ist:

Ackermann war eigentlich unmöglich, immer zu laut, zu witzig, zu kumpelhaft. Er war wahrhaftig nicht mit großen Geistesgaben gesegnet, aber er war ein zuverlässiger und unentwegter Arbeiter. Als solchen schätzte ihn Toppe, und er hielt ihn auch, im Gegensatz zu den anderen vom 1. K. für erfrischend bodenständig und normal. Es war typisch, daß er als echter Niederrheiner – worauf er überaus stolz war – schon aus Heimweh einfach anrief, um ein Schwätzchen zu halten.

Dieses Sprachporträt trifft zu: Mit stilistischen Erscheinungen dieser Art (d. h. mit einer Mischung von Hochsprache und Mundart) werden heute halbgebildete Figuren charakterisiert, Aufsteiger, Neureiche, Parvenüs. Immer sind sie komisch. Ihr literarischer Platz ist die kleinstädtische Komödie, der erzählte oder gespielte Schwank, kurz: Karneval und Volkstheater. Aus einer soziologischen Sicht hat eine solche Figur aber weder einen Platz in den unteren sozialen Schichten (sie würden platt sprechen) noch in den städtischen Eliten, die Hochdeutsch sprächen. Das Ganze ist ein Spiel, das der Autor augenzwinkernd mit dem Leser spielt, denn beide wissen von der sprachlichen Unzulänglichkeit der Figur.

Ich gehe 150 Jahre zurück und betrachte eine Handwerkerrechnung, die 1831 in Geldern geschrieben wurde.

1831	J:P: Steymans wie folgt	Th.	Sg	P
Nomb 19	ein neu fane stanck gemacht Kost	–	6	0
dito 26	ich 4 Kertzen lücht*ers* aus gebessert			
	die bei der sarck ste neue Oben			
	Däk*els* auf gemacht und gefarbt			
	zusame Verdient	–	16	–
	und 2 neue Kertzen lüchters auf			
	den *örgell* gemacht Kosten	–	8	–
	und schalle an die *düre* gemacht			
	und *in die* Kirch gearbeit verdient	–	7	–
decemb 31	die *Gemeine* Benck aus gebessert			
1832	da mit nägels und arbeits *loon*	–	12	–
Aprill 21	eine *Offer*stock und gemeine Benck			
	aus gebessert Verdient	–	6	–
Mei 19	die sarck aus gebessert und in die			
	Kirch gearbeit Verdient	–	8	–
Juni 9	ich das Hauß auf den Kirchhoff			
	an das Dach 2 1/2 *dag* gearbeit per			
	dag Verdient 11 grosse 6 pfennig	–	28	9
	das Holß Vor die *Kapböm* und leisten			
	Bei gedan Kost	–	20	–
dito 30	eine neue dach *Ram* mit flügels			
	gemacht und gesest da an arbeits loon	–	24	–
	und das Holß Vor den *Ram* und			
	die bretter da bei ge*dan* Kostes	1	5	–
Juli 14	an den Lifrauen Thron gearbeit			
	und gemeine benck aus gebessert da			
	mit nägels Verdient	–	8	–
August 4	in die Kirch *gestöft* und gearbeit an			
	düere leisten und *scheldereien*			
	da zusame 1 3/4 dag an gearbeit per			
	dag 11 grosse 6 pfennig[8]			

Ich kann aus Zeitgründen keine präzise sprachliche Analyse des Dokumentes vortragen. Die können Sie bei Georg Cornelissen nachlesen, zudem habe ich die wichtigsten Interferenzen im Text markiert. Nur so viel: Die Interferenzen sind in der Hauptsache solche zwischen Hochsprache und Mundart, aber auch die alte niederländische Hochsprache wirkt noch nach. Wichtiger ist: Hier handelt es sich nicht wie oben um ein Sprachspiel, die Mischung ist vielmehr Ausdruck einer noch nicht voll gelungenen Alphabetisierung kleinbürgerlicher Schichten (Handwerker) in einem sprachlich sich umschichtenden Spannungsfeld. Ihre soziale Position wird nicht literarisch charakterisiert, sondern die soziale Position ist Grund für die Interferenzen. Kurz: Es fehlt den Handwerkern eine gute Ausbildung in der deutschen Sprache, und daraus erwächst ein individuelles schriftsprachliches Unvermögen. Es sind Interferenzen zwischen Hochsprache und Mundart, gelegentlich auch zwischen zwei konkurrierenden Hochsprachen (Niederländisch-Deutsch). Niederländisch als Hochsprache ist um diese Zeit am Niederrhein noch im Schwange, wie schriftliche Zeugnisse, ja auch Grammatiken des Niederländischen, die am Niederrhein gedruckt wurden, beweisen. Daß der Schreiber in der Rechnung deutsch schreiben wollte, ist evident: Er benutzt die Sütterlin-Schrift als das zum Deutschen gehörige Schriftsystem. Zeitgenössische niederländische Schreiber benutzen dagegen die lateinische Schrift.

Ich gehe in meiner Zeitreise nochmals 100 Jahre zurück und zitiere Aufzeichnungen des reformierten Predigers Cramer aus Emmerich um 1730:

> Unter *die entkommene* waeren viele, die sich als die *voiralders* in Sassen und hernach *tho* an den rin in Westphalen sich *begaeven*. Bey diese *waer oick* einen Noël, der umb *die* verfolgung wille sinnen nahme in Neij *of beter* Noij *heft* geandert: *diens* nachkommenschaft hier *tho* Embrick *gewoont* und by *Oeprichtung* unser gemeinte *oick lidmaet gewest*, und *tot hulf der kerke* viel *heft aa*ngewandt. Diesen ist verwandt geworden an Wittens familie die hernach in regiment der Stad gekommen sind[9].

Auch bei diesem Text fällt die Mischsprache ins Auge – auch sie will ich nicht im einzelnen beschreiben, die einschlägigen Stellen sind durch Kursivierung markiert, aber es versagen die beiden Erklärungsmodelle, die ich oben versuchte. Es sind weder Sprachspiele noch Ergebnisse unvollkommener Alphabetisierung. Denn man darf mit Fug und Recht annehmen, daß der Schreiber ein akademisch gebildeter Mensch war und wahrscheinlich Niederländisch und Deutsch sprach. Wir haben es also mit einer Mischsprache zu tun, die nicht auf Bildungsdefiziten beruht, sondern auf bewußter oder unbewußter Wahl. Man könnte zunächst vermuten, es handle sich um Privatsprachen. Eine solche Erklärung griffe jedoch mit Sicherheit zu kurz, da sich offizielle und offiziöse Schriftstücke bis hin zu Bekanntmachungen der Regierung finden, die in dieser Mischsprache verfaßt sind. Die Mischsprache der Belege – dies ein erster Hinweis – mag darum politisch als historisches Zeugnis eines sprachlichen Wettbewerbs zwischen den werdenden Nationalstaaten Niederlande und Deutschland gewertet werden. Soziologisch dokumentiert sie im Einzelfall die Spannung zwischen

Mundart und Hochsprache, und geographisch ist die Mischsprache in jedem Fall ein positives Charakteristikum eines Übergangslandes. Ich komme später auf diese Punkte noch zurück. Ich wollte mit meiner Zeitreise zweierlei erreichen: Sie sollten einmal einen Eindruck davon bekommen, was ich unter Mischsprache verstehe, zum anderen wollte ich zeigen, daß diese Sprache eine gewisse historische Kontinuität hat und bis in die frühe Neuzeit, ja – wie wir nachher sehen – in das Spätmittelalter zurückreicht.

Nach den bisherigen Beschreibungen mag man den Eindruck haben, daß diese Mischsprache die Funktion einer Übergangssprache hat, einer Sprache also, die den allmählichen Übergang von der niederländisch geprägten Schriftlichkeit zur hochdeutschen dokumentiert. Daran ist sicherlich etwas richtig. Nur eines muß man wissen: Die Mischsprache ist am Niederrhein und auch jenseits der heutigen niederländischen Grenze (etwa im Nijmegener Raum) über mehrere Jahrhunderte in fast allen Bereichen der Schriftlichkeit verwendet worden. Einer sprachlichen Varietät aber, die über Jahrhunderte existierte, nur den Status des Übergangs zubilligen zu wollen, strapaziert den Begriff ‚Übergang' doch allzu stark.

Ich muß auch noch wiederholend betonen: Wir gingen von der Frage nach der sprachlichen Situation am Niederrhein um 1500 aus. Wir müssen jetzt konstatieren, daß um diese Zeit schon ein starker hochdeutscher Einfluß bemerkbar ist. Ich kann den Einfluß noch weiter zurückverfolgen. Ich führe darum nur noch ein Zeugnis ganz besonderer Art an und komplementiere dieses durch ein weiteres: Ich meine zwei Liederbücher des Raumes aus der Mitte des 16. Jahrhunderts: das Darfelder und das Zutphener Liederbuch[10]. Das sogenannte ‚Darfelder Liederbuch' ist wie ein Poesiealbum angelegt. Wie in einem solchen Album ist denen, die sich dort eintragen, die Text- und Sprachwahl freigestellt. In diesem Liederbuch, das zwischen 1546 und 1565 im niederrheinischen Raum geschrieben worden ist, finden sich neben hochdeutschen und niederländischen Texten 64 Lieder in der Mischsprache, daneben einige französische und lateinische Stammbuchverse. Es spiegelt also sehr schön das sprachliche Spannungsfeld der Zeit. Ich stelle Ihnen kurz einen Text vor:

VI. Ich sthae in mines frondes sin,
dath dureth *thwe uren* lanck;
sso sprechse: frondth far henne
du bist *uith* minen sinne.
so habe ich minen danck.

VII. So will se fan mir scheidenn,
daer sla der *duvell tho.*
der *duvel moethe* se geleden,
ich will nicht lenger nach se beiden:
adde, se far dar hein. (Darfelder Liederbuch, Nr. 56)

Bewegen wir uns mit dem ‚Darfelder Liederbuch' in Adelskreisen – gute Namen aus der Gelderschen und Klevischen Geschichte tragen sich als Schreiber in diese Handschrift ein: Brederode, Bronckhorst, Battenburg, Botzelaer, Merode, Renesse, Raesfeld und viele andere –, so weist das etwa gleichzeitig entstandene Liederbuch aus der Geldrischen Stadt Zutphen auf ein Stadtbürgertum hin. Es zeigt in fast allen Liedern ebendiese Mischsprache, allerdings – was bei der geographischen Lage der Stadt nicht verwundert – bei stärkerer Beibehaltung der nordost-mittelniederländischen Basissprache und weniger eindeutigem hochdeutschen bzw. westfälischen Einfluß.

Diese Mischsprache hat also auch in hochartifiziellen Texten, in der Lyrik eine gewisse soziale und geographische Repräsentativität: Sie wird – zumindest in der schreibsprachlichen Kommunikation – in Adels- und in stadtbürgerlichen Kreisen des Geldrischen und Klever Landes verwendet. Da es sich zumindest beim ‚Darfelder Liederbuch' um einen Text handelt, der für den Gebrauch und nicht zur Archivierung bestimmt war, darf man auch annehmen, daß Hörer und Leser keine Verständnisschwierigkeiten hatten. Dennoch wird man nach Erklärungen für diese eigentümliche Sprache suchen müssen, und das sind, schaut man in die Forschung, zunächst geographische und philologische. Man führt – wie wir es oben auch getan haben – die geographische Lage des Raumes als Erklärung an oder bemüht philologische Kriterien, unter anderem Übersetzungsprobleme, denn die aufgezeichneten Lieder sind ja in der Regel keine Originale, sondern es sind Texte, die aus verschiedenen Landschaften, und damit aus verschiedenen Sprachen, an den Niederrhein kamen. Erklärungen dieser Art spielen zweifellos eine Rolle in einem Übergangsland, wie es der Niederrhein ist. Aber sie rekurrieren letztlich auf negativen Faktoren, auf Unsicherheiten im sprachlichen Umgang, wie sie in Kontaktzonen entstehen können, oder auf fehlende Sprachkompetenz von Übersetzern. Für einen Sprachtyp, der über so viele Jahrhunderte in Geltung war, erscheint mir das allerdings zu wenig zu sein. Man wird sich auch nach positiven Erklärungsfaktoren umsehen müssen, nach Faktoren, bei denen der Sprechende nicht nur Objekt eines sprachlichen Vorgangs ist, sondern auch gestaltendes Subjekt. Solche Faktoren zeigt eine Handschrift, die ungefähr 100 Jahre früher entstanden ist, die berühmte Minnesanghandschrift aus Den Haag, die sogenannte ‚Haager Liederhandschrift'[11]. Auch in ihr haben wir wieder in nicht wenigen Liedern die bekannte Mischsprache. Hier hat sie mit großer Wahrscheinlichkeit weniger kommunikative als poetische Funktionen, d. h. der Autor solcher Texte will einen stilistischen Effekt erreichen[12]. Die hochdeutschen Einsprengsel müssen demnach als Stilfigur betrachtet werden und haben den Zweck, die Atmosphäre des bewunderten hochdeutschen Minnesangs hervorzurufen. Sie signalisieren also das Prestige einer lyrischen Gattung, die an eine Sprache, hier an die hochdeutsche, gebunden war. Die ‚Haager Liederhandschrift' bringt aber auch den historischen Aspekt des Problems deutlicher in den Blick. Viele Erklärungsversuche sehen in der Sprachmischung eine Erscheinung des 15. Jahrhunderts[13]. Die Handschrift aus Den Haag zeigt aber, daß dieses stilistische Phänomen schon für das 14., vielleicht auch schon für das 13. Jahrhundert gilt – und zwar am Niederrhein und in den nördlicheren Gebieten. Soweit die Beobachtungen zur Verbreitung und Funktion der Mischsprache in literarischen Texten, die gleichzeitig auch einen weiteren Blick auf kulturelle Vorgänge des Raumes erlaubten.

Ich wiederhole noch einmal: Mischsprachen am Niederrhein entstehen durch den Kontakt mit dem Hochdeutschen. Wenn wir uns jetzt der Frage zuwenden, wie kommt es, daß der niederländisch geprägte Niederrhein zu einer deutschen Sprachlandschaft wurde, müssen wir uns mit der Geschichte des Hochdeutschen am Niederrhein befassen. Einiges hatte ich angedeutet, etwa die Rolle des hochdeutschen Köln oder die Heiratsverbindungen der Klever und Gelderner, besonders die Verbindung mit Jülich. Ich darf auch noch einmal auf die kulturellen Einflüsse hinweisen, die das ganze Mittelalter hindurch durch deutsche Dichtung sich ergaben. Entscheidender sind aber Faktoren, die im 16. bzw. zu Beginn des 17. Jahrhunderts zu wirken beginnen: Reformation und Preußen.

Ein Einfallstor der deutschen Sprache war die Reformation; deutsch heißt am Niederrhein lange evangelisch[14]. Allerdings ist das eine sehr undifferenzierte Aussage. Der wirkliche Prozeß ist viel komplexer. In enger Verbindung mit der deutschen Sprache tritt eigentlich nur das Luthertum auf. Deutsch sind Luthers Bibelübersetzung, sein Katechismus und seine Lieder, also die zentralen Texte für Verkündigung, Katechese und Kultus. Aber das Luthertum hat am Niederrhein wenig Anhänger. Der geringe Erfolg, den die Lutheraner erringen konnten, ist nicht zuletzt auf ihre wenig flexible Sprachpolitik zurückzuführen. Im offiziellen Schrifttum des evangelischen Wesel beobachtet man in der Mitte des 16. Jahrhunderts eine Zeitlang deutsche Formen, die aber schnell wieder abklingen.

Weit elastischer verhalten sich die Reformierten, deren theologische Zentren in verschiedenen Ländern lagen und deren religiöses Schrifttum in verschiedenen Sprachen kam: aus Genf in der französischen Sprache, aus Heidelberg in deutscher Sprache und aus Leiden mit niederländischer Sprache. Wesel mit seinen Fremdgemeinden (d. h. mit Gemeinden, die französisch, niederländisch oder deutsch sprachen), ist offensichtlich ein Zentrum. Die kirchliche Führungsschicht ist sicher mehrsprachig, und gerade einzelne Theologen arbeiten als Übersetzer zwischen den Sprachen. Man kann aber trotz dieser potentiellen Mehrsprachigkeit beobachten, daß auch in den reformierten Gemeinden das Hochdeutsche Fuß faßt. Es ist ein auf den ersten Blick verwunderlicher Vorgang, da die reformierten (niederländischen) Generalstaaten, die eigentliche politische Macht am unteren Niederrhein im 17. Jahrhundert, eine bis dahin nicht gekannte kulturelle und wirtschaftliche Blütezeit erlebten. Dazu werde ich unten noch einige Bemerkungen machen.

Ich unterstütze meine Bemerkungen mit einigen Belegen: Bis 1579 sind die Weseler Synodalprotokolle (das sind die Protokolle, die auf der jährlichen Zusammenkunft der evangelischen Synode aufgezeichnet werden) niederländisch, dann treten die ersten hochdeutschen bzw. in der Mischsprache geschriebenen Protokolle auf, ab 1590 ist dann das Hochdeutsche in diesen Schriften vorherrschend. Bei den Klever Classis-Protokollen wiederholt sich zeitversetzt dieser Vorgang: Bis 1611 sind sie niederländisch abgefaßt, dann setzt die hochdeutsche Sprache ein, obwohl das Hochdeutsche zu dieser Zeit mit Sicherheit nicht die Sprache Kleves ist. Zur gleichen Zeit schreibt etwa Johannes Turck, Registrator und Sekretär der klevischen Kanzlei, die Klevische Chronik in der niederländisch-hochdeutschen Mischsprache[15].

Dieses Nebeneinander der Sprachen, wie ich es Ihnen in mehreren Textsorten vorgestellt habe, ist symptomatisch für die sprachliche Situation am Niederrhein. Ich formuliere es einmal plakativ und allgemein: Jede Institution, ja jede Person, hatte nicht nur ihren Stil, sondern auch ihre Sprache, besser ihre Sprachen. Welche sie verwendete, hing von der Kommunikationssituation ab, hing davon ab, ob sie sprach oder schrieb. Die Sprache der städtischen Behörden mußte nicht die der herzoglichen Kammer sein. Ein Brief an den Erzbischof von Köln mußte nicht in derselben Sprache abgefaßt sein wie eine Eingabe an die Domänenkammer in Kleve. Man könnte das lateinische Sprichwort abwandeln und sagen: *Quot scriptores, tot linguae*, d. h. ‚wie viele Schreiber, so viele Sprachen'. Die Spannbreite der Sprachen reicht soziologisch vom Dialekt bis zur Hochsprache, sprachgeographisch vom Niederländischen bis zum Deutschen – und das ist das Wesentliche: Alle Mischungen sind möglich und sind (wie oben angedeutet) auch anzutreffen. Interferenzen zwischen den Mundarten, zwischen den beiden Hochsprachen, zwischen Mundarten und Hochsprachen. Es ist darum leicht vorstellbar, daß die sprachliche Entwicklung instabil ist und Prozesse umkehrbar sind[16]. Ich bleibe, um auch dieses an zwei Beispielen zu erläutern, im Bereich des Sprachverhaltens der evangelischen Kirche. In der 2. Hälfte des 17. Jahrhunderts kehrt etwa das Niederländische in die Moerser Synodalprotokolle zurück. Der Grund: Die Grafschaft Moers ist oranisch geworden, und damit ist Niederländisch die Sprache der Obrigkeit. Ein anderes Beispiel: In Kleve hatte sich im 17. Jahrhundert in allen Bereichen der evangelischen Kirchen das Deutsche durchgesetzt. Zwischen 1751 und 1758 aber werden Kirchenbücher dort plötzlich wieder niederländisch geführt. Die Erklärung ist einfach: Pfarrer in Kleve ist zu dieser Zeit Abdias Vellingius, ein bekannter Mann, der zunächst Professor und Prediger in 's-Hertogenbosch war und später Prediger in Bergen op Zoom, ein Niederländer also.

Ein Fazit: Am Niederrhein herrschen über Jahrhunderte labile Sprachzustände: Politische und persönliche Umstände, etwa Religions- oder Herrscherwechsel können Tendenzen umkehren. Ich stelle nun noch einmal die Frage: Was bewirkte, daß das Hochdeutsche zur einzigen offiziellen Sprache am Niederrhein wurde (eine der möglichen Sprachen war sie ja immer schon, wie ich oben ausgeführt habe)? Zwei Faktoren scheinen es zu sein, politische Ereignisse, die aber starke kulturelle Auswirkungen für den Niederrhein hatten:

1. Die allmähliche wirtschaftliche und politische Erholung des Reiches und das Aufblühen literarisch-wissenschaftlicher Zentren in Mitteldeutschland. Als Komplementärerscheinung ist die stärkere Orientierung der niederländischen Politik auf den Aufbau des Kolonialreiches und der allmähliche militärische Rückzug aus den niederrheinischen Gebieten in Rechnung zu stellen. Für die Generalstaaten wird der Niederrhein (übrigens ebenso wie das katholische Limburg und Brabant) zu einem Randgebiet.
2. Die brandenburgischen Kurfürsten sitzen seit 1609 in Kleve, aber sie lockern die Bindungen ihres klevischen Besitzes an die Niederlande zunächst nicht, sondern verstärken sie eher. Dies war bei der wirtschaftlichen, politischen und kulturellen Macht der damaligen reformierten Generalstaaten, deren Truppen über Jahrzehnte noch den eigentlichen Machtfaktor im Klevischen darstellten, ein notwendiger, aber auch natürlicher Schritt für eine ebenfalls reformierte, aber auch binnendeutsche Macht, die noch nicht in der Lage war, das weit abliegende niederrheinische Erbe allein nach ihren Vorstellungen zu regieren. Auf die intellektuelle (calvinistische) Oberschicht in den Städten Kleve, Wesel, Duisburg, Moers üben zudem die niederländischen Universitäten, an ihrer Spitze Leiden, eine größere Anziehungskraft aus als die orthodox-katholisch exponierten traditionellen Ausbildungsorte des Niederrheins, nämlich Köln und Löwen[17]. Das calvinistische Preußen stützt damit zunächst einmal die niederländische Sprache in ihrer klevischen Enklave. Zu Anfang des 18. Jahrhunderts übernehmen die Brandenburger aber auch noch die Grafschaft Moers und Teile von Spanisch-Geldern, so daß der gesamte untere Niederrhein, abgesehen von einigen kölnischen Enklaven, in der Hand einer ständig mächtiger werdenden und zentral regierten binnendeutschen Macht ist. Das sind die politischen Voraussetzungen für den Durchbruch.

Die sprachlichen Auswirkungen dieser politischen Verschiebungen bleiben nicht aus. Zwar treibt Preußen im 17. und auch noch im 18. Jahrhundert keine aktive Sprachpolitik, aber Gründungen wie die Universität Duisburg[18], administrative Anweisungen, nach denen die Landeskinder an Landesuniversitäten zu studieren haben oder der Schriftverkehr mit Berlin nicht mehr in der niederländischen Sprache abgewickelt werden soll, sind als mittelbare Faktoren im Sprachprozeß zu berücksichtigen. In diesem Prozeß wird dann aber immer mehr die bürgerliche deutsche B i l d u n g s sprache zu einem entscheidenden Faktor. Deutlich beobachtet man in der sich damals entwickelnden Medienlandschaft die wachsende Attraktivität des Hochdeutschen, vor allem in der Traktatliteratur, die im Sinne einer pietistisch-religiösen Erneuerung wirken soll, und in ihrem weltlichen Gegenstück, den moralischen Wochenschriften. Beide suchen größere Volksschichten zu erfassen, die Sprachwahl war darum für sie sehr genau zu bedenken[19].

Für die Verbreitung religiöser Erneuerungsschriften ist der Duisburger Verleger Andreas Luppius (1684-1692 in Duisburg) von größter Bedeutung. Er beginnt sein verlegerisches Werk in den Niederlanden, kommt dann über Wesel nach Duisburg und verlegt dort wichtige pietistische Programmschriften. Von den 141 Schriften, die sich für seinen Verlag nachweisen lassen, sind nur 6 in niederländischer Sprache abgefaßt, die anderen sind (abgesehen von 3 in französischer und 9 in lateinischer Sprache) deutsch verfaßt. Ähnliches gilt für den Duisburger Verleger Johann Georg Bötticher (1722-1753 in Duisburg), der vor allem die Schriften des Mülheimer Pietisten und Kirchenlieddichters Gerhard Tersteegen verlegt. Von 40 Büchern aus seinem Programm sind 10 lateinisch und 30 deutsch, niederländische fehlen dagegen. Bei Verlegern und Buchdruckern in Kleve und Wesel sieht es nicht anders aus.

Natürlich bedeutet das nicht, daß es fortan am Niederrhein keine Bücher in niederländischer Sprache mehr gab, dazu sind bis zum Ende des 18. Jahrhunderts die wirtschaftlichen, verkehrsmäßigen und auch familiären Beziehungen zwischen den Niederlanden und dem Niederrhein zu eng. Aber es bleibt schon bemerkenswert, daß der Pietismus, „der in den Niederlanden und in Deutschland eine Sacheinheit ist“[20] und der wichtige Quellen in den Niederlanden hatte, am Niederrhein nicht in der angestammten Landessprache, sondern in hochdeutscher Sprache verbreitet wird. Zu ähnlichen Ergebnissen kommt man, wenn man das Zeitungswesen des 18. Jahrhunderts untersucht. Die Zeitungsgründungen in Kleve, Wesel, Duisburg sind im 18. Jahrhundert in der Regel deutschsprachig, nur in Kleve findet man vereinzelt auch niederländischsprachige Zeitungen.

Noch einmal: Alles das bedeutete nicht das Ende des Niederländischen in der Region, aber es bewirkte, daß die niederländische Sprache sich aus den kulturgestaltenden und progressiven Strömungen zurückzog, zur Sprache kleinstädtischer ortsgebundener Honoratioren wurde und die lebendige Verbindung zu ihrem Hinterland verlor. Ihr geistiges Zentrum ist der ebenfalls provinziell gewordene Katholizismus im Klever, aber vor allem im Geldener Land. Die Sprecher sind die örtlichen Geistlichen, Honoratioren, Gilden und Bruderschaften, Mitglieder geschlossener sozialer und sprachlicher Netze, die um Privilegien fürchten, die durch das Indigenitätsprinzip (Geldern wurde im Vertrag von Venlo durch Karl V. das Recht auf die eigene Sprache zugestanden) mit der heimischen Sprache verbunden sind. Dies ist ein wichtiger Grund, warum sie streng daran festhalten. Aus den Reihen der örtlichen Honoratioren kommt denn auch der Widerstand gegen das Hochdeutsche, den man gelegentlich beobachten kann[21]. Wie im 16. und 17. Jahrhundert evangelisch deutsch hieß, so bedeutet jetzt, zumindest im Gelderland, niederländisch katholisch.

Daß sich das Verhältnis der Niederrheiner zur niederländischen Sprache im 18. Jahrhundert geändert hat, scheint auch den preußischen Behörden nicht entgangen zu sein. Während noch 1782 in halboffiziellen Mitteilungen zu lesen ist, in dem Gebiet herrsche die niederländische Sprache, spricht die Düsseldorfer (d. h. preußische) Regierung 1827 in einem Schreiben an den Bischof von Münster von der „in jenen Gegenden üblichen halbholländischen Mundart“[22]. Diese Veränderung dokumentiert sich auch im Sprachwert des Niederländischen. In der zweiten Hälfte des 18. Jahrhunderts kommen Sprachwerturteile auf, die das Niederländische in die Nähe einer Mundart rücken. Wohlwollende Urteile sprechen von der „soliden Bäuerlichkeit des Holländischen“, weniger wohlwollende meinen, das Niederländische klinge „wie unsere Sprache im Munde des niedrigsten Pöbels“[23]. Solche Urteile werden umso wirkungsvoller, je stärker die Faszination des goldenen Zeitalters in den Niederlanden verblaßt und je mehr sich die deutsche Literatur und Kultur etabliert. Sie setzen sich allmählich fest und bestimmen bis heute die Sprachauffassung der Grenzlandbewohner. Für den Sprachwert des Niederländischen am Niederrhein ist diese Einschätzung verhängnisvoll und weitreichend. Nicht allein, daß der Sprache das Signum des Katholischen, Rückständigen, Provinziellen anhaftet, sie wird auch noch sozial deklassiert, so daß sie in der Vorstellung der deutschen Grenzgegenden Substandardcharakter bekommt, d. h. daß auch die niederländische Hochsprache als Dialekt behandelt wird und daß das Vertrauen in ihre Schreibsprachenfähigkeit abnimmt.

Damit aber ist das Spannungsfeld zwischen Deutsch und Niederländisch, das für Jahrhunderte das sprachliche Geschehen am Niederrhein bestimmte, aufgehoben. Das Sprachwertsystem der Bewohner ist auf das Hochdeutsche zentriert, sein Zentrum liegt jetzt ebenso wie das politische Zentrum in Deutschland und nicht mehr in Brüssel, Amsterdam oder Leiden. Die staatliche Durchorganisierung des Rheinlandes durch Preußen zu Beginn des 19. Jahrhunderts trug ihren Teil dazu bei. Die Sprache des Militärs und die Sprache der Schule, Organisationen, mit denen jeder irgendwie im Laufe seines Lebens in Berührung kommt, ist deutsch, und so wird die komplexe Situation, die ich oben geschildert habe, allmählich abgebaut. Letztlich ist das natürlich die Antwort auf die geänderten politischen Zustände. Der (preußische) Niederrhein ist nunmehr Randgebiet und nicht weiter Durchgangsland d. h. vermittelnde Landschaft zwischen Kulturen – und da ist Mehrsprachigkeit nicht mehr erforderlich. Der sprachliche Prozeß selbst ist komplex, und es würde mich nicht verwundern, wenn Sie etwas verwirrt sind. Das ist verständlich, denn Sie kommen von einem völlig anderen Verhältnis zur Sprache her. Sie sind aufgewachsen in einer Situation, in der

- Sprachgrenzen Staatsgrenzen sind.
- Andere Hochsprachen als das Deutsche in der Regel in der Schule gelernt werden und nicht im täglichen Umgang.
- Die sprachliche Sozialisation in e i n e r Hochsprache geschieht und
- Interferenzen zwischen Mundart und Hochsprache durch schulische Übung aufgehoben werden.

Keiner dieser Faktoren hatte für den Niederrhein des späten Mittelalters und der frühen Neuzeit Geltung. Wir sprechen am Niederrhein inzwischen ein einigermaßen korrektes Hochdeutsch, aber wir haben etwas verloren: die Anbindung an unsere ursprüngliche Muttersprache, an das Niederfränkische, und die Fähigkeit, zwischen mehreren Sprachen und Sprachsystemen zu wechseln, wie es die Situation erfordert. Aber wir sind auch nicht mehr Durchgangsland für Kulturen, sondern Randgebiet der deutschen Kulturnation. Das muß jedoch nicht so bleiben: Die Euregio ist ein Anfang, ein guter Anfang. Vielleicht zieht als Folge solcher Organisationen Internationalität und Mehrsprachigkeit wieder in unsere Region ein.

Anmerkungen:

1 Ich bezeichne als Niederrhein das niederfränkische Dialektgebiet auf jetzt deutschem Territorium, also die alten Herzogtümer Kleve, Moers, Preußisch-Geldern. Ich bin mir bewußt, daß ‚Niederrhein' auch anders definiert werden kann.

2 Die wichtigsten Arbeiten, die diesen Prozeß untersuchen und dokumentieren: Georg Cornelissen, Das Niederländische im preußischen Gelderland und seine Ablösung durch das Deutsche. Bonn 1986 (Rheinisches Archiv 119); Josef K. Chr. Merges, Der untere Niederrhein. Studien zu seiner sprachlichen Entwicklung. Diss. Bonn 1977; Helmut Tervooren, Sprache und Sprachen am Niederrhein (1550-1900), in: Arend Mihm, Sprache an Rhein und Ruhr. Stuttgart 1985 (Zeitschrift für Dialektologie und Linguistik. Beiheft 50), S.30-47. Klaus Egert, Zur Geschichte der Schreibsprachen in Stadt und Amt Erkelenz vom 16.-19. Jahrhundert-Erkelenz 1994 (= Schriften des Heimatvereins der Erkelenzer Lande 14). In diesen Arbeiten findet sich die ältere Sekundärliteratur.

3 Die Sprachbezeichnungen sind lange Zeit nicht fest, vgl. dazu etwa Gilbert A. R. de Smet, Die Bezeichnung der niederländischen Sprache im Laufe ihrer Geschichte, in: Rheinische Vierteljahrsblätter 37 (1973), S.315-327 und Wilhelm Breuer, ‚Dietsch' und ‚duutsch' in der niederländischen Literatur, ebd., S.328-347.

4 Dieser Text ist in einer Handschrift überliefert, die heute in Brüssel liegt und um 1550 am Niederrhein geschrieben ist, s. Robert Priebsch, Aus deutschen Hss. der königlichen Bibliothek zu Brüssel, in: Zeitschrift für deutsche Philologie 38 (1906), S.307.

5 Zitiert nach A. A. Weijnen, Het Algemeen Beschaafd Nederlands historisch beschouwd. Assen 1974, S.4.

6 Zu diesen Erscheinungen vgl. etwa U. Weinreich, Sprachen im Kontakt. Ergebnisse und Probleme der Zweisprachigkeitsforschung. München 1976.

7 Grafit-Verlag Dortmund 1992, S.100 und S.62.

8 Cornelissen (wie Anm. 2), S.285.

9 Quelle: Theologische Arbeiten aus dem rheinisch-wissenschaftlichen Predigerverein. Hg. von F. Ebertsbusch, Bd. 7, Bonn 1886. S.91f., weitere Beispiele für die Mischsprache vgl. Tervooren (wie Anm. 2), S.45-47.

10 Rolf Wilh. Brednich (Hg.), Die Darfelder Liederhandschrift 1546-1565, Münster 1976, Nr. 56; H. J. Leloux (Hg.), Het Zutphens Liedboek. Ms. Weimar oct. 146, Zutphen 1985.

11 E. F. Kossmann (Hg.), Die Haager Liederhandschrift. Faksimile des Originals mit Einleitung und Transkription. 2 Bde. Den Haag 1940. Diese Handschrift wird seit kurzem auch mit dem Gelderner Hof zusammengebracht, d. h. näher an unser Gebiet herangerückt. Vgl. dazu G. Jungmann, Het Haags Liederenhandschrift een Gelders poëzie-album? in: Millennium 4 (1990), S.107-120. Vgl. dazu auch H. Beckers, Literatur am klevischen Hof von 1174-1542: Zeugnisse, Spuren, Mutmaßungen, in: Zeitschrift für deutsche Philologie 112 (1993), S.426-434, der auf eine Lyriksammlung der Gräfin Mechthild von Geldern, Gemahlin des Klever Grafen Johann, aufmerksam macht (S.430f.).

12 W. P. Gerritsen und B. Schludermann, Deutsch-niederländische Literaturbeziehungen im Mittelalter. in: Akten des internationalen Germanistenkongresses Cambridge 1975, herausgegeben von L. Forster u. H.-G. Roloff. Heft 2. Bern 1976, S.329-339 (= Jahrbuch für internationale Germanistik Reihe A, Bd. 2).

13 Vgl. etwa L. E. Schmitt, Untersuchungen zur Entstehung und Struktur der „neuhochdeutschen Schriftsprache". Bd. 1. Köln/Wien 1982, S.101 (= Mitteldeutsche Forschungen 36/I).

14 Ausführlich zu diesem Thema: Elmar Neuß, Zur sprachlichen Bestimmung niederrheinischer Synodalprotokolle, in: Monatshefte für evangelische Kirchengeschichte des Rheinlands 22 (1973), S.1-37. Helmut Tervooren, Boes Teutsch, boes evangelisch. Beobachtungen zum Sprachverhalten ev. Gemeinden am Niederrhein, in: Zeitschrift für deutsche Philologie 98 (1979), Sonderheft S.173-192.

15 Veröffentlicht in den Annalen des historischen Vereins für den Niederrhein 58 (1894).

16 Walter Hoffmann charakterisiert die rheinischen Sprachverhältnisse folgendermaßen: „Die rheinischen Sprachverhältnisse [...] sind [...] nicht stabil, nicht wohlgeordnet, nicht dauerhaft, nicht statisch [...]" (Rheinische Sprachverhältnisse im 16. Jahrhundert, in: Rheinische Vierteljahrsblätter 57 [1993], S.137-157, hier S.137). Für den niederrheinischen Raum gilt alles in erhöhtem Maße.

17 Vgl. hierzu H. Schneppen, Niederländische Universitäten und deutsches Geistesleben. Münster 1960 (= Neue Münstersche Beiträge 2. Geschichtsforschung 6).

18 G. v. Roden – H. Jedin, Die Universität Duisburg. Duisburg 1968 (= Duisburger Forschungen 12).

19 Zum folgenden vgl. P. J. Mennenöh, Duisburg in der Geschichte des niederrheinischen Buchdrucks und Buchhandels bis zum Ende der alten Duisburger Universität. Duisburg 1970 (= Duisburger Forschungen 13).

20 H. Faulenbach, Die Anfänge des Pietismus bei den Reformierten in Deutschland, in: Pietismus und Neuzeit 4 (1977/78), S.190 – 234, hier S.233.

21 Gern zitiert wird hier u. a. der Straelener Pfarrer Tilmans zu Beginn des 19. Jahrhunderts. Man wird diese Affäre allerdings zurückhaltend beurteilen müssen, vgl. Cornelissen (wie Anm.2), S.172-177 und Merges (wie Anm.2), S.179-187.

22 Die Nachweise bei Tervooren (wie Anm.2), S.41.

23 Diese Sprachwert-Diskussion wird auch stark durch das Hollandbild der Deutschen bestimmt, das öfter untersucht wurde, siehe mit Literatur Tervooren (wie Anm.2), S.36ff. Eine Arbeit neueren Datums W. Dolderer, Nachbarn im Zerrspiegel. Das deutsche Flandernbild seit 1830, in: Nachbarsprache Niederländisch 10 (1995), S.135-154.

Große Schiffe, kleine Fässer: Der Niederrhein als Schiffahrtsweg im Spätmittelalter.

Von Klaus van Eickels

Bis heute bildet der Rhein eine der wichtigsten Verkehrsachsen Nordwesteuropas. Dies war bereits im Mittelalter der Fall, und man kann sogar sagen, daß er als Schiffahrtsweg damals weitaus bedeutender war als heute, zwar nicht absolut (d. h. gemessen an der Menge der transportierten Güter), wohl aber relativ (d. h. im Verhältnis zu den anderen Verkehrswegen, die dem mittelalterlichen Handel im Nordwesten des Reiches zur Verfügung standen)[1].

Dazu ein Beispiel. Wenn ein Koblenzer Winzer heute aus Flandern eine Bestellung über eine größere Menge Wein erhielte, würde er wohl kaum auf den Gedanken kommen, den Transport der Weinfässer auf dem Wasserweg über Köln, Rotterdam und Antwerpen abzuwickeln. Dies war im Mittelalter durchaus anders, wie sich am Beispiel des Deutschen Ordens anschaulich zeigen läßt: Die Koblenzer Niederlassung des Deutschen Ordens belieferte am Ende des 13. Jahrhunderts die Grafen von Flandern mit großen Mengen Wein[2]; auch sonst verkaufte sie ihre Weine überwiegend in den flandrisch-brabantischen Städten. Verantwortlich für den Verkauf des Weins aber war nicht etwa, wie man erwarten könnte, der Kellermeister der Kommende, sondern ihr Schiffsmeister, und die in großer Zahl erhaltenen Zollprivilegien lassen erkennen, daß der Wasserweg für die Deutschordensbrüder in jedem Falle die bevorzugte Lösung des Transportproblems war[3]. Woran lag das?

a) Die Straßen waren bis zum Ausgang des Mittelalters und darüber hinaus trotz aller seit dem 12. und 13. Jahrhundert einsetzenden Verbesserungen schlecht und ganz überwiegend kaum befestigt[4]. Links des Rheins gab es zwar noch Reste der alten, mit steinernem Belag versehenen Römerstraßen, doch war deren Netz weitmaschig und allenfalls in Bruchstücken erhalten[5], denn mit der römischen Provinzialverwaltung war in der Völkerwanderungszeit auch die zentrale Autorität untergegangen, die die regelmäßige Instandhaltung dieser Meisterwerke römischer Ingenieurskunst hatte durchsetzen können[6]. Der von zwei bis vier Ochsen oder Pferden gezogene Karren konnte auch im späteren Mittelalter kaum mehr als 1 1/2 Tonnen Nutzlast bewältigen[7], und die Konstruktion wesentlich leistungsfähigerer Gespanne war angesichts der Straßenverhältnisse kaum sinnvoll. Bei aller Unterschiedlichkeit mittelalterlicher Maßsysteme finden wir daher vielerorts als größte Maßeinheit für Gewichte das Fuder von etwa einer Tonne Gewicht[8] – sowohl das deutsche Wort *Fuder* als auch die lateinische Bezeichnung *carrata* lassen die Herleitung dieser Einheit von der Last, die ein durchschnittlicher Karren bei einer Fuhre bewegen konnte, deutlich erken-

Abbildung 19: Getreideltes Schiff (Detail aus dem sogenannten Kleinen Ursula-Zyklus, Köln 1450-60).

nen. Angesichts dieser Transportkapazitäten waren die Möglichkeiten des Handels mit Massengütern wie Wein oder Getreide auf dem Landweg begrenzt. Zwar existierten durchaus weiträumige Handelsverbindungen auch über Land – z. B. der von Duisburg über Dortmund nach Paderborn führende Hellweg, um nur die bekannteste zu nennen[9]; wo aber Flüsse zur Verfügung standen, waren sie in der Regel als Transportwege weit überlegen.

Die Kosten für den Landtransport betrugen das sieben- bis achtfache, oft auch mehr als das zehnfache der vergleichbaren Kosten für Transporte auf Flußschiffen[10]. Zudem war der Flußweg zumindest bei der Talfahrt nicht nur kostengünstiger, sondern auch weitaus schneller. Ein Lastkarren erreichte im Frankreich des 15. Jahrhunderts eine Tagesleistung von 30 bis 40 km[11]. Schon Karl der Große dagegen konnte trotz der schwierigen Schiffahrtsverhältnisse am Mittelrhein die 80 km zwischen Ingelheim bei Mainz und Koblenz in nur einem Tag zurücklegen[12]. Friedrich Barbarossa reiste nach seiner Wahl zum König in ein bis anderthalb Tagen von Frankfurt bis Sinzig, d. h. 135 km[13]. Lastschiffe waren natürlich langsamer; sie konnten jedoch, wenn nicht Eisgang, Niedrigwasser oder kriegerische Auseinandersetzungen die Schiffahrt gänzlich zum Erliegen brachten, auch unter sehr ungünstigen Bedingungen die für den Landverkehr typische Tagesleistung von 30 bis 40 km ohne weiteres erreichen: Die Steintransporte für den Utrechter Dom benötigten selbst im Januar, d. h. bei sehr kurzer Tageslänge, nur vier Tage von Köln bis Emmerich; bedenkt man außerdem, daß ein großer Teil der Zeit sicherlich bei den langwierigen Verhandlungen an den zahlreichen Zollstätten verlorenging, wird deutlich, daß diese Lastschiffe, die im übrigen einfachster Bauart waren, damit keineswegs die Grenze ihrer Möglichkeiten erreicht hatten[14].

In welchem Maße der Wasserweg dem Landweg technisch überlegen war, zeigt sich am deutlichsten, wenn man sich vergegenwärtigt, welche Nachteile inkaufgenommen und welche

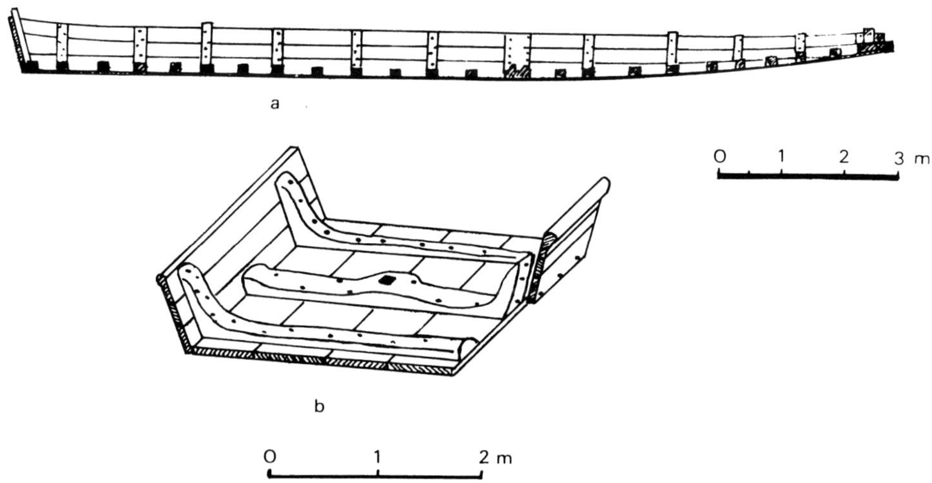

Abbildung 20: Längs- und Querschnitt des 1972 bei Krefeld gehobenen spätmittelalterlichen Lastkahns.

Schwierigkeiten überwunden wurden, um einen Landtransport zu vermeiden:

- Selbst kleine Flüsse, die heute kaum mehr als schiffbar gelten, wurden für den Warentransport mit Booten und kleinen Schiffen genutzt und ausgebaut. Dies geschah teilweise mit abenteuerlich wirkenden Konstruktionen, z. B. durch die Anlage von Staubecken, die nach einer gewissen Zeit plötzlich geleert wurden, damit die Schiffe auf der entstehenden Flutwelle zu Tal fahren konnten[15].
- Zum anderen wurde auf allen schiffbaren Flüssen, großen wie kleinen, die wesentlich aufwendigere und langsamere Bergfahrt in erheblichem, manchmal in fast demselben Umfang betrieben wie die Talfahrt. Dies war keineswegs eine Notwendigkeit, denn die Alternative zur Bergfahrt bestand darin, das Transportfahrzeug am Zielort auseinanderzunehmen und als Holz zu verkaufen[16]. Aber sogar auf der Rhone, die aufgrund ihrer extrem hohen Strömungsgeschwindigkeit von bis zu 3 m/sec sehr ungünstige Voraussetzungen für die Bergfahrt bot, wurde das Treideln großer Schiffe im 15. Jahrhundert zu einer festen Einrichtung. Obwohl man für die gut 200 km von Avignon nach Lyon etwa einen Monat benötigte, lohnte es sich offensichtlich, das in den Salinen der Camargue gewonnene Salz auf Lastkähne zu verladen, die vom Ufer aus von Menschen und später auch von Lasttieren gezogen wurden[17].

Der Niederrhein war im Vergleich zu solchen Widrigkeiten geradezu besonders begünstigt. Bis Köln konnte wegen der verhältnismäßig geringen Fließgeschwindigkeit des Rheins und seiner großen Breite zumeist gesegelt werden[18]. Dabei scheinen teilweise erstaunliche Geschwindigkeiten erreicht worden zu sein: Kaiser Friedrich Barbarossa feierte 1158 Ostern in Utrecht, urkundete jedoch bereits zwei Tage später in Kaiserswerth[19].

b) Der Bedeutung des Rheins, und des Niederrheins insbesondere, kam überdies zugute, daß die Wasserwege im Bereich der heutigen Niederlande im Mittelalter wesentlich anders verliefen als heute. Hauptstrecke war der Lek, nicht die Waal, die erst im 17. Jahrhundert zum Hauptarm des Rheins wurde[20]. Vom Lek aus war über die IJssel Kampen zu erreichen, einer der wichtigsten Umschlaghäfen für den Handel mit dem Ostseeraum. Der Haupthandelsstrom dagegen lief südlich an Utrecht vorbei nach Dordrecht, der wichtigsten Stadt der Grafen von Holland. Hier wäre, modern gesprochen, die Rheinmündung anzusetzen, doch war der südholländischen Küste eine derartige Vielzahl kleinerer und größerer Inseln vorgelagert, daß die Flußschiffe zwischen diesen hindurch weiter nach Süden fahren konnten, wo sie bei Antwerpen die Mündung der Schelde und damit den Anschluß an das Wasserstraßennetz der südlichen Niederlande, d. h. des heutigen Belgien, erreichten[21]. Der Niederrhein war damit Teil eines Binnenwasserstraßensystems, das die großen städtischen Zentren des Rheinlandes (insbesondere Köln) mit Flandern und Brabant, d. h. mit der am weitesten entwickelten und am stärksten urbanisierten Region Westeuropas, verband. Überdies hatte dieses Wasserstraßennetz Anschluß an die wichtigsten nordeuropäischen Seehandelslinien, den von Dordrecht, Antwerpen und Brügge ausgehenden Englandhandel einerseits und den seit dem 13. Jahrhundert zunehmend an Bedeutung gewinnenden Ostseehandel andererseits.

c) Ein Indiz für die Bedeutung des Rheins als konkurrenzlos Transportachse ist auch die hohe Belastung des Rheinhandels mit Zöllen[22]. Die Erhebung von Zoll und anderen Verkehrsabgaben – zu nennen ist hier insbesondere das Geleit – gehörte im Mittelalter zu den Regalien, d. h. zu den Rechten, die nur vom König selbst oder aufgrund königlicher Verleihung ausgeübt werden durften. Schon hier zeigt sich die hohe Bedeutung, die die Zeitgenossen den Zolleinnahmen beimaßen. Zollstellen konnten an allen Verkehrswegen errichtet werden, besonders hoch aber war ihre Dichte am Rhein. Die ältere Forschung hat, darin ganz der modernen Kontroverse zwischen liberaler Freihandelspolitik und staatlichem Protektionis-

Abbildung 21: Die im Mittelalter gebräuchlichste Steuertechnik: das seitlich befestigte Senkruder (Miniatur im Codex Bald. Trev., 1. Hälfte des 14. Jahrhunderts, LHA Koblenz).

Abbildung 22: Technische Neuerung am Niederrhein im ausgehenden Mittelalter: das feste Heckruder (Detail aus dem Kölner Stadtprospekt des Andreas Woensam von 1531).

mus verpflichtet, die Rheinzölle vielfach als Handelshemmnisse interpretiert. Eine solche Intention lag jedoch den mittelalterlichen Zollherren gänzlich fern. Sowohl der König als auch die rheinischen Landesherren, in deren Hand die Zollrechte seit dem 12. Jahrhundert fast vollständig übergingen, betrachteten die Zölle ausschließlich als fiskalische Einnahmequellen[23]. Viele von ihnen finanzierten einen großen Teil, manche sogar die Hälfte ihrer Ausgaben und mehr durch ihre Zolleinnahmen[24]. Jegliche Behinderung des Handels mußte ihren Interessen zuwiderlaufen. Es ging den Zollherren vielmehr darum, die Preisdifferenz zwischen Wasser- und Landtransport abzuschöpfen – und diese Differenz war offenbar erheblich. Besonders hoch war die Dichte der Zollstellen am Mittelrhein, wo der Handel aufgrund des ungünstigen Reliefs kaum eine Möglichkeit hatte, auf die Landstraße auszuweichen. Auch der Niederrhein jedoch wies nicht wenige Zollstellen auf. Die Erzbischöfe von Köln erhoben während des gesamten Spätmittelalters Zoll in Andernach (1366-1475 in Linz[25]) und Neuss (ab 1372 in Zons), daneben zeitweise auch in Bonn, Rheinberg, Worringen und Uerdingen[26]. Auch den Reichszoll von Kaiserswerth[27] konnten sie 1273 vorübergehend und

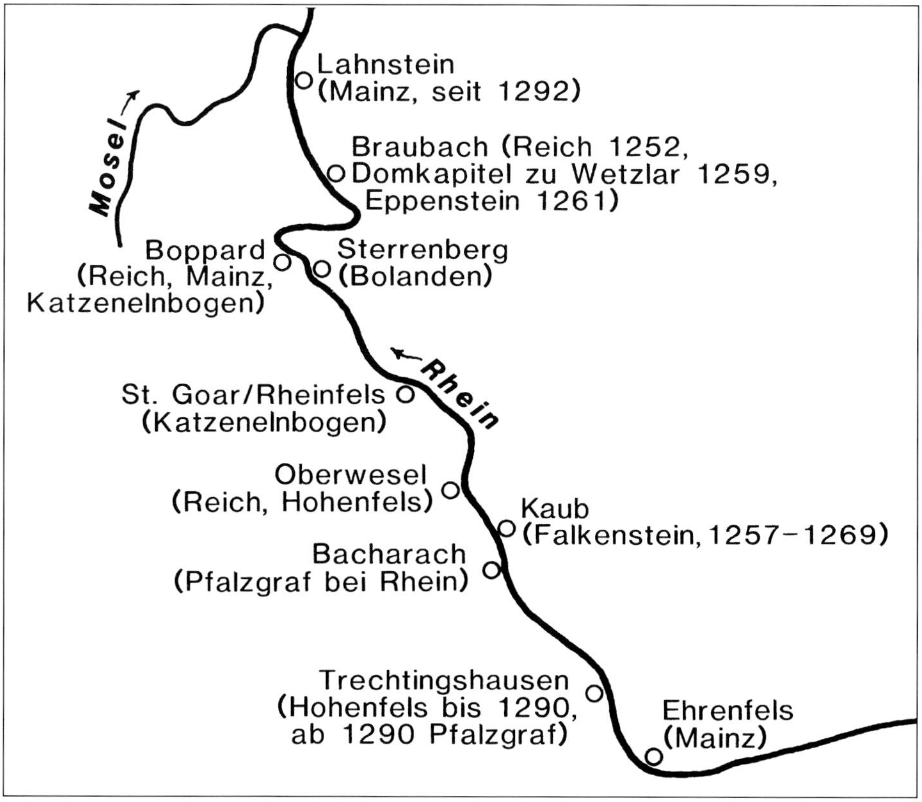

Abbildung 23: Mittelrheinische Zollstellen und ihre Inhaber im 13. Jahrhundert.

schließlich nach zahlreichen Besitzwechseln im 15. Jahrhundert endgültig in ihren Besitz bringen. Die Grafen von Kleve besaßen im 13. Jahrhundert Durchgangszölle in Orsoy (bei Rheinberg), Nimwegen und Huissen (bei Arnheim), außerdem zeitweise in Schmithausen (bei Kleve). Gegen Ende des 13. Jahrhunderts entstanden weiterere klevische Rheinzölle in Büderich (bei Wesel) und in Ruhrort (bei Duisburg)[28]. Bereits im 12. Jahrhundert besaß das Utrechter Marienstift einen Rheinzoll in Schmithausen bei Kleve[29]. Der älteste Rheinzoll der Grafen von Geldern war der Zoll zu Lobith, der mit Genehmigung Friedrichs II. 1222 von Arnheim dorthin verlegt worden war[30]; später erhob Geldern zeitweise auch Zoll an der Waal in Nimwegen, Tiel und Zaltbommel[31].

Auf ihrer Fahrt zur Rheinmündung passierten die Handelsschiffe, sofern sie die Lekstrecke wählten, unterhalb von Arnheim die Zölle der Bischöfe von Utrecht[32]. Im Mündungsgebiet des Rheins schließlich bildeten die Zollstellen Ammers (am Lek), Niemansvriend (an der Waal bzw. Merwede) und Geervliet (unterhalb von Dordrecht) ein geschlossenes System, das es den Grafen von Holland erlaubte, den gesamten Verkehr auf den verschiedenen Mündungsarmen des Rheins zu kontrollieren[33].

Zusätzlich versuchten einzelne Städte erfolgreich an der Abgabenbelastung des Rheinhandels zu partizipieren. Ebenso wie am Mittelrhein Mainz beanspruchten am Niederrhein Köln[34] und Dordrecht[35] das Stapelrecht. Handelsschiffe, die der Stapelpflicht unterlagen, mußten ihre Ladung löschen und einem einheimischen Kaufmann zum Verkauf anbieten. Dieser konnte die Waren dann entweder auf den städtischen Markt bringen oder sie an einen weiterfahrenden einheimischen oder auswärtigen Kaufmann weiterverkaufen. Die durch das Umladen und den Zwischenhandel verursachten zusätzlichen Kosten sind im einzelnen kaum abschätzbar; sie dürfen jedoch gegenüber den Zollbelastungen sicherlich nicht vernachlässigt werden. Hinzu kam, daß durch die Stapelrechte der beiden wichtigsten Transitstädte die eigentlich durchgehend befahrbare Rheinstrecke von Koblenz bis nach Flandern-Brabant für den nicht privilegierten Handel segmentiert wurde, vor allem seit Dordrecht und Köln im 14. und vor allem im 15. Jahrhundert daran gingen ihre Stapelprivilegien in vollem Umfang durchzusetzen.

Doch zurück zur Frage der Zölle. Wie hoch die Zollbelastung der Rheinschiffe sein konnte, hing im wesentlichen von den Transportkosten der konkurrierenden Landverbindungen ab. Landstraßen zwischen Köln und den flandrisch-brabantischen Städten existierten durchaus, doch war ihre Benutzung für den Transport großer Warenmengen im Fernverkehr, wie wir gesehen hatten, unter normalen Bedingungen aufgrund der hohen Kosten nicht rentabel. Nur wenn die Zollherren am Rhein die Abgabenlast zu sehr erhöhten, war es für den Handel interessant, auf den Landweg auszuweichen. Dies geschah z. B. 1279, als der Erzbischof von Köln im Vorfeld des Limburgischen Erbfolgekrieges neue Zölle einrichtete, um seine eigenen Einnahmen zu erhöhen und zugleich die ihm feindliche Stadt Köln zu treffen. Der Deutsche Orden, dessen Beispiel uns noch mehrfach begegnen wird, reagierte prompt und verschaffte sich 1282 Befreiung vom Wegegeld in Maastricht. Wohl zur selben Zeit verfälschten die Deutschordensbrüder außerdem ein Zollprivileg, das eigentlich nur für die Hafengewässer von Antwerpen galt, jedoch durch eine geringfügige Änderung des Wortlautes zu einer Befreiung von sämtlichen „Abgaben zu Wasser und zu Lande im gesamten Herzogtum Brabant“ wurde. Der Landweg nach Brabant als interessante Alternative zur Rheinschiffahrt blieb jedoch die Ausnahme: Als der Kölner Erzbischof nach seiner Niederlage in der Schlacht bei Worringen 1288 seine 1279 errichteten Zölle aufheben mußte, verlor der Orden das Interesse an seinen Zollbefreiungen für den Landweg rasch wieder[36].

In der Regel verstanden es die Zollherren durchaus, flexibel auf die Verlagerung von Warenströmen zu reagieren. So einigten sich 1399 die rheinischen Kurfürsten darauf, das Zollfuder am Mittelrhein einheitlich zu 10 Ohm, am Niederrhein dagegen zu 12 Ohm zu rechnen[37], d. h. im Flachland, wo der Landtransport preisgünstiger war, für den gleichen Zoll eine größere Menge Wein passieren zu

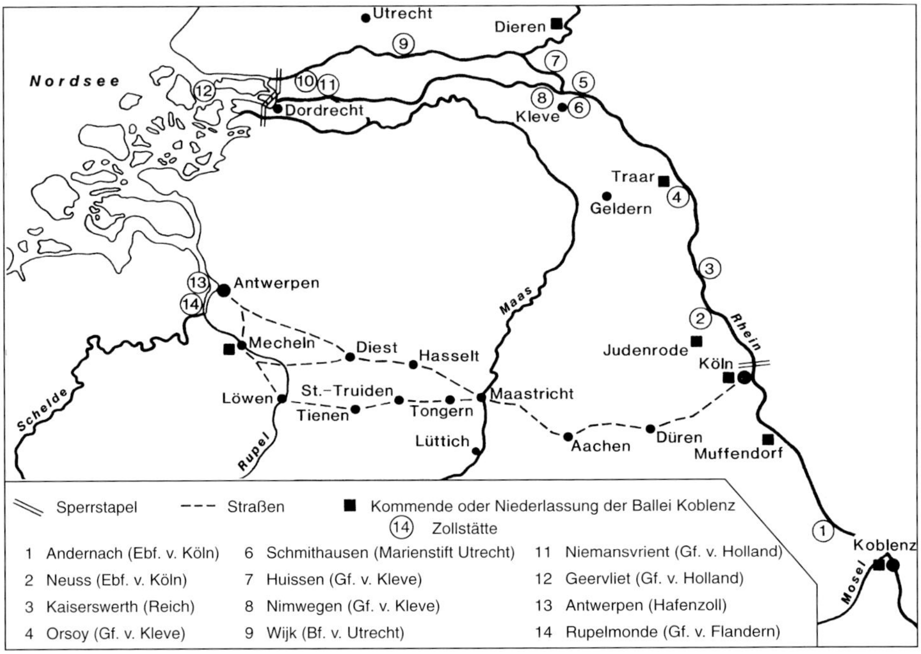

Abbildung 24: Zollprivilegien der Deutschordensballei Koblenz am Niederrhein und in Flandern/Brabant.

lassen[38]. 1486 sprach sich der klevische Herzog auf Anregung seiner Zollbediensteten in Lobith gegenüber dem Erzbischof von Köln dafür aus, man solle dem *koipman wat gnaden doen*, also den Zoll ermäßigen. Wenn man außerdem *ein manier vunde, warby dem landvoirman die straet wat onbehegelich gemact* würde, dann werde der Kaufmann rasch wieder auf den Strom zurückkehren[39]. Zusammenfassend läßt sich festhalten, daß sich zwar im 15. Jahrhundert die Klagen darüber mehren, daß der Handel den Rhein verlasse und auf den Landweg ausweiche, dies aber kein sicheres Indiz dafür ist, daß die nun besser ausgebauten Landverbindungen nach Flandern und Brabant den Rhein als Hauptverkehrsweg für den Transport von Massengütern abgelöst hätten[40]. Sie zeigen allenfalls, wie genau sich die Zollherren des ausgehenden Mittelalters an die Belastbarkeitsgrenze des Rheinhandels heranzutasten verstanden.

Die Frage nach den technischen Voraussetzungen für die spätmittelalterliche Rheinschiffahrt ist also keineswegs eine marginale Frage der mittelalterlichen Wirtschafts- und Verfassungsgeschichte. Die Größe und technische Leistungsfähigkeit der Schiffe und Hafenanlagen war entscheidend für das Ausmaß, in dem der Wasser- dem Landweg überlegen war. Die Kostendifferenz zwischen Straßentransport und Flußschiffahrt bestimmte zum einen den Verlauf der Handelswege und entschied über die Entwicklungschancen ganzer Regionen, modern gesprochen über ihre zentrale oder periphere Lage im Wirtschaftsgefüge Westeuropas. Zum anderen war sie ein wichtiger Faktor, von dem die Zolleinnahmen abhingen, auf die gestützt die rheinischen Landesherren ihre Territorien im 14. und 15. Jahrhundert zu den modernsten im Reich ausbauen konnten.

Wenn ich mich nun der Frage zuwende, welche technischen Mittel den Kaufleuten des späten Mittelalters zur Verfügung standen, um die gewaltigen zwischen Köln und den flandrisch-brabantischen Städten ausgetauschten Warenmengen zu transportieren, so scheint dies gleichwohl zunächst ein Problem zu sein, das eher den Technikhistoriker oder Schiffsarchäologen als den Wirtschaftshistoriker oder Allgemeinmediaevisten betrifft.

Schon eine oberflächliche Sichtung der Literatur läßt allerdings erkennen, daß die Entwicklung der Binnenschiffahrt weder in der Technikgeschichte noch in der Archäologie des Mittelalters ein der Seeschiffahrt vergleichbares Interesse gefunden hat[41]. So werden im Lexikon des Mittelalters unter dem soeben erschienenen Stichwort „Schiff" ausschließlich seegängige Schiffe abgehandelt; zum Stichwort „Schiffahrt" findet sich gar nur ein Verweis auf den Artikel „Seefahrt", und es bleibt der Findigkeit des suchenden Benutzers überlassen, den knappen Artikel „Binnenschiffahrt" im bereits 1981 erschienenen zweiten Band desselben Werkes aufzuschlagen[42].

Obwohl die Binnenschiffahrt nicht im Mittelpunkt des Forschungsinteresses ihrer Disziplinen stand, haben sowohl Technikhistoriker als auch Archäologen in den letzten Jahrzehnten interessante Einzeluntersuchungen geliefert. Allerdings ist der Weg von der Beschreibung und Befundsicherung zur Rekonstruktion und übergreifenden Gesamtdarstellung durch die Quellenlage erschwert. Hinweise auf Schiffstypen und -größen in Urkunden und Zollrechnungen sind spärlich und meist so wenig deutlich, daß sie sich kaum sicher mit den oft stilisierten bildlichen Darstellungen auf Altargemälden, Stadtansichten oder Siegeln einerseits und den wenigen archäologischen Funden andererseits vergleichen lassen. Was also ist der Forschungsstand?

Aus technikgeschichtlicher Sicht muß immer noch die 1928 erschienene Abhandlung über die „Typenentwicklung des Rheinschiffs bis zum 19. Jahrhundert" von Kurt Schwarz als nicht überholtes Standardwerk gelten. Er verwendet jedoch nur ganze sechs von über hundert Seiten auf die mittelalterliche Rheinschiffahrt[43]. Ausgehend von dem sorgfältigen Vergleich bildlicher und schriftlicher Quellen kommt er zu dem Ergebnis, daß der Niederrhein aufgrund seiner Nähe zur See seit dem Ende des 14. Jahrhunderts eine wichtige Rolle bei der Vermittlung technischer Fortschritte von der See- zur Binnenschiffahrt spielte. So wurde das seit dem 13. Jahrhundert in der Seeschiffahrt nachweisbare feste Heckruder anstelle des nicht fest verankerten seitlichen Steuerruders schon im frühen 15. Jahrhundert zur Standardausstattung großer Niederrheinschiffe[44]. Keine Glaubwürdigkeit dagegen mißt Schwarz vereinzelten mittelalterlichen Quellen bei, die Schiffsgrößen von deutlich mehr als 80 bis 100 Tonnen voraussetzen. Solche Schiffe seien mit der

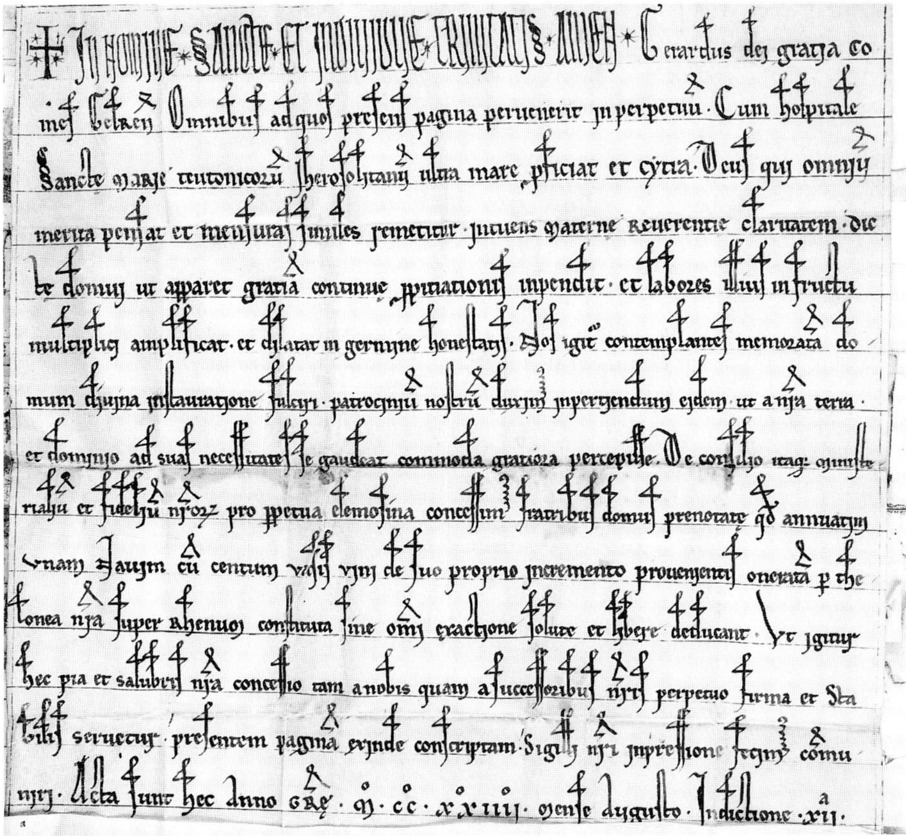

Abbildung 25: 1224 Aug. (acta sunt hec anno gratie M° CC° XX° IIII°, mense augusto, indictione XIIa): Gerhard, Gf. v. Geldern u. Zutphen (1207-1229), verleiht dem Deutschen Orden das Recht, jährlich ein mit 100 Fässern Wein aus eigenem Anbau beladenes Schiff an seinen Rheinzöllen zollfrei vorbeizuführen (Z. 9-11: quod annuatim unam navim cum centum vasis vini de suo proprio incremento provenientis oneratam per thelonea nostra super Rhenum constituta sine omni exactione solute et libere deducant). – Or.: LHA Koblenz, Best. 55 A 2, Nr. 3 (abgebildet) – Abschr.: DOZA Wien, Abt. Urkunden, 1308 März 4 (Vidimus des Kölner Weihbischofs Bruder Heinrich, Bf. v. Rodesto) – Reg.: Die Urkunden des Deutsch-Ordens-Centralarchivs zu Wien, hg. v. E.G. Pettenegg, Prag/Leipzig 1887, S. 29.

Steuertechnik des Mittelalters auf dem Rhein nicht sicher zu führen gewesen und erst lange nach Einführung des Heckruders gebräuchlich geworden[45].

Diese Annahme wird zumindest auf den ersten Blick gestützt durch die wenigen archäologischen Schiffsfunde aus dem Niederrheingebiet, unter denen sich kein einziges größeres Schiff befindet[46]. Gleichwohl lassen diese Funde wichtige Rückschlüsse auf die Konstruktionsweise der Rheinschiffe zu, die durchaus auf größere Schiffe übertragbar sind. Gemeinsames Merkmal der meisten am Niederrhein, in den Niederlanden und in Belgien ausgegrabenen Binnenschiffe ist der flache Boden[47], der einen geringen Tiefgang bei hoher Tragfähigkeit ermöglicht. Besonders deutlich wird die

Konstruktionsweise dieser Schiffe am Beispiel des 1972 bei der Erweiterung des Krefelder Rheinhafens gefundenen Lastkahns aus dem 13./14. Jahrhundert; allerdings kann angesichts der insgesamt geringen Zahl aussagekräftiger Funde nichts über die tatsächliche Verbreitung der im folgenden beschriebenen Einzelmerkmale gesagt werden.

Kennzeichnend für den 1972 in Krefeld ausgegrabenen Typ ist die offene Bugpforte. Der Schiffsboden ist vorne so weit hochgezogen, daß er ein Stück über der Wasseroberfläche endet. Das Boot konnte also mit dem offenen Bug auf einem flach auslaufenden Ufer oder einer eigens dafür hergerichteten Rampe auflaufen und dann ohne besondere Verladeeinrichtung wie eine Fähre be- und entladen werden. Auch große Fässer konnte man ohne besondere Hilfsmittel an und von Bord rollen. Bei einer Länge von 15 m und einer Breite von bis zu 3,36 m bot der Lastkahn Platz für 6 bis 7 Fässer von 1 t Gewicht. Er war jedoch so ausgeklügelt gebaut, daß das Heck bei zunehmender Beladung weiter einsank, die Bugpforte dagegen stets mit gleicher Belastung auf dem Ufer lag, unabhängig davon ob das Boot mit Schwergut beladen oder leer war. Trotz der schweren Fracht konnte es nach dem Beladen mit der gleichen Leichtigkeit ablegen, mit der es angelandet war[48].

Diese Beobachtungen lassen erkennen, welchen technischen Entwicklungsstand der Schiffbau am Rhein im späteren Mittelalter erreicht hatte. Dagegen bleibt die wirtschaftsgeschichtlich so wichtige Frage ungelöst, welche Tragfähigkeit die spätmittelalterlichen Rheinschiffe erreichten. Daß durch archäologische Funde in der Regel kleine Schiffe und Boote zu Tage gefördert werden, ist unmittelbar einsichtig, denn große Schiffe sinken in der Regel nicht vollständig, sondern sie zerbrechen und ihr Holz wird geborgen[49]. Der Annahme, daß die eigentlichen Frachtschiffe auf dem Rhein wesentlich größer waren als der Krefelder Lastkahn und die übrigen am Rhein gefunden Schiffe, stehen die archäologischen Befunde also nicht entgegen. Auch die Annahme von Schwarz, die Steuertechnik habe die Größe der Schiffe auf maximal 80 bis 100 t begrenzt, ist eine bloße Vermutung und muß sich an der schriftlichen Überlieferung messen lassen.

Welche Quellen sind dies? Da sich die geschäftliche Korrespondenz und die Rechnungsbücher der im Fernhandel tätigen Kaufleute kaum erhalten haben, verdanken wir unsere Kenntnis der mittelalterlichen Handelsströme im wesentlichen der Urkunden- und Aktenproduktion der Zollherren, denn sie waren naturgemäß an einer möglichst vollständigen Erfassung des gesamten zollpflichtigen Handels interessiert. Hier sind an erster Stelle die Zolltarife und vor allem die Zollrechnungen zu nennen[50]. Allerdings sind erstere nur vereinzelt und letztere überhaupt erst seit dem 14. Jahrhundert in nennenswerten Fragmenten erhalten. In großer Zahl dagegen sind schon aus dem 12. und 13. Jahrhundert Zollprivilegien auf uns gekommen, d. h. Urkunden, die eine bestimmte Person, Personengruppe oder Institution von der Zollzahlung an bestimmten Zollstätten befreite. Klöster und andere geistliche Institutionen erhielten solche Zollbefreiungen oft als Stiftungen; Städte dagegen, die ihren Kaufleuten die umständliche und nicht selten von der Willkür der Zollbediensteten abhängige Zahlung des Zolls an jeder einzelnen Zollstätte ersparen wollten, erkauften sich entsprechende Privilegien gegen die Zahlung hoher Pauschalsummen, die sie dann durch den Verkauf von Zollzeichen auf diejenigen Kaufleute umlegten, die die Zollbefreiung in Anspruch nahmen[51].

Auch der Deutsche Orden erhielt für seine auf den Weinbau ausgerichtete Koblenzer Niederlassung 1224 Zollprivilegien von allen wichtigen niederrheinischen Zollherren. Hervorgegangen aus einer 1190 während der Belagerung von Akkon auf dem dritten Kreuzzug entstandenen Hospitalbruderschaft, war der Deutsche Orden ein Neuling unter den geistlichen Institutionen des Rheinlandes; erst wenige Jahre zuvor hatte er seine ersten Niederlassungen in Koblenz und Köln gründen können. Eine günstige Gelegenheit, die niederrheinischen Zollherren um Zollbefreiung für ihren Weinhandel anzugehen, bot sich den Deutschordensbrüdern, als im August 1224 der König von Jerusalem in Begleitung eines päpstlichen Legaten persönlich nach Köln kam, um unter den hier versammelten Adligen um Unterstützung für die Kreuzfahrerstaaten zu werben. Es überrascht daher nicht, daß alle diese Privilegien fast wörtlich übereinstimmen. Gleichlautend bestimmen sie, daß der Deutsche Orden einmal im Jahr ein mit 100 Fässern Wein beladenes Schiff zollfrei den Rhein hinab führen dürfe[52].

Die Deutschordensbrüder und die Aussteller der Urkunden gingen offensichtlich davon aus, daß ein Niederrheinschiff deutlich mehr als 100 Fässer Wein laden konnte, denn sonst wäre diese Bestimmung ja entbehrlich gewesen[53]. Die Zollprivilegien von 1224 sind im Original erhalten, so daß kein Zweifel an der Richtigkeit des Wortlautes besteht. Zudem wurden sie im Laufe des 13. und 14. Jahrhunderts von den einzelnen Zollherren immer wieder unabhängig voneinander bestätigt und dabei teilweise in anderen Punkten auch sachlich korrigiert; damit scheidet auch die Annahme aus, es liege hier ein sachlicher Irrtum in den Privilegien von 1224 vor. Die Einschränkung der Zollfreiheit auf „ein Schiff mit 100 Fässern Wein" war auch keine bloße Formel ohne praktische Bedeutung, denn im frühen 14. Jahrhundert kam es mehrfach zu Auseinandersetzungen über den genauen Umfang der Zollprivilegien.

Wie groß aber war ein Faß Wein? Einen Anhaltspunkt für die Beantwortung dieser Frage geben zwei gleichlautende geldrische Urkunden des 14. Jahrhunderts: 1317 bestätigte Graf Rainald I. – ebenso 1331 sein Sohn Rainald II. – der Kommende Koblenz, daß in den älteren Zollprivilegien des Ordens das Faß zu 12 Ohm zu rechnen sei[54]. Um die Interpretation des Zollprivilegs von 1224 war es zu Streitigkeiten gekommen, da zur Zeit der Gewährung der Zollfreiheit (*tempore dicte concessionis*) Wein üblicherweise in großen Fässern mit einem Fassungsvermögen von 12 Ohm und gelegentlich mehr transportiert wurde (*consue-*

Abbildung 26: Schiffskran in Köln (Detail aus dem Kölner Stadtprospekt des Andreas Woensam von 1531).

verint deduci vasa vini magna continentia duodecim amas in quolibet vase et quandoque amplius), inzwischen aber kleinere Fässer mit einem geringeren Fassungsvermögen gebräuchlich geworden waren (*nunc vasa minora minus capientia sunt in usu*), die in der Regel 6 Ohm faßten[55]. Der Graf von Geldern ging

Abbildung 27: Der Brügger Hafenkran beim Verladen von Weinfässern im 16. Jahrhundert (Miniatur in einem Fragment eines lateinischen Gebetsbuches [Bayerische Staatsbibliothek München, Clm 23638, f. 11v], Simon Benning [1483-1561] zugeschrieben).

auf diesen Einwand der Deutschordensbrüder ein und bestätigte ihnen, daß ihre Zollfreiheit künftig für 200 Fässer zu 6 Ohm gelten solle.

Wie groß aber war ein Ohm? Eine Umrechnung mittelalterlicher Maße in metrische Einheiten ist oft schwierig, da die einzigen zuverlässigen Umrechnungen der örtlich gebräuchlichen Maße aus der napoleonischen Zeit stammen. Ein Vergleich der damals ermittelten Ohm-Maße zeigt jedoch, daß das Ohm zu Beginn des 19. Jahrhunderts mit geringen Abweichungen fast überall im Rheinland ein Volumen von etwa 135 oder 150 l hatte. Diese auf den ersten Blick erstaunliche Einheitlichkeit der Ohmmaße ist sehr wahrscheinlich mit der Entstehung des Ohms aus der Saumlast zu erklären, d. h. aus der Ladung, die ein einzelnes Pferd als Tragtier bewältigen konnte. Diese Last liegt tatsächlich bei 135 kg, d. h. gut 135 l Wein oder etwa 150 l Öl[56]. Da sich das Ohm an einer für das Transportwesen grundlegenden natürlichen Konstante orientierte, dürfen wir die zu Beginn des 19. Jahrhunderts ermittelte Größe von 135 oder 150 l auch für das Mittelalter voraussetzen. Die im 13. Jahrhundert gebräuchlichen Weinfässer faßten demnach etwa 1620 (oder 1800) l, was einem Durchmesser von etwa 120 cm entspricht.

Warum aber wurden die am Niederrhein gebräuchlichen Fässer zu Beginn des 14. Jahrhunderts kleiner? Große Fässer boten ein hohes Fassungsvermögen bei relativ geringem Verbrauch an Holz, waren jedoch beim Transport, insbesondere bei der Verladung, unhandlich. Im 13. Jahrhundert scheint dieser Nachteil keine Rolle gespielt zu haben. Dies könnte ein Indiz für die Verbreitung von Schiffen mit offener Bugpforte sein, die – wie wir gesehen haben – die problemlose Verladung auch großer Fässer erlaubten. Als sich jedoch in den ersten Jahrzehnten des 14. Jahrhunderts auch am Rhein der Kran als leistungsfähige Verladeeinrichtung durchsetzte, beschränkte dies zwangsläufig die Größe der Fässer. Die Hebefähigkeit der meisten Krananlagen war, soweit die Kranordnungen dies erkennen lassen, auf Fässer von maximal 6-8 Ohm ausgelegt; Fässer von deutlich mehr als 1,2 t Gewicht konnten zwar gehoben werden, jedoch nur auf Risiko des Auftraggebers[57].

Die Verringerung der durchschnittlichen Faßgröße verbesserte zugleich die Möglichkeiten des kombinierten Wasser-Land-Transportes. Fässer zu 12 Ohm waren von einem durchschnittlichen Karren nicht zu bewältigen, dagegen entsprachen Fässer von 6-8 Ohm genau den Anforderungen des Fernhandels über Land und konnten mit einem Kran unmittelbar vom Schiff auf einen Wagen umgeladen werden. Die Auswirkungen dieser Umstellung dürften nicht auf den Weinhandel beschränkt geblieben sein, denn als universaler Transportcontainer wurde das Faß im Mittelalter nicht nur für Flüssigkeiten, sondern auch für alle möglichen anderen Güter eingesetzt, die einen ungeschützten Transport nicht vertrugen.

Die scheinbar belanglose Halbierung der Größennorm für Weinfässer in der Rheinschiffahrt erweist sich damit als Teil eines umfassenden Umstrukturierungsprozesses des spätmittelalterlichen Transportwesens: Der technische Fortschritt bei den Verladeeinrichtungen und die im Verlauf des 14. und 15. Jahrhunderts allmählich besser werdenden Straßenverhältisse ermöglichten eine reibungslosere Kooperation von Wasser- und Landtransport und schufen so die Voraussetzungen für die Entstehung eines effizienten, flächendeckenden Transportsystems, das die Regionen Nordwesteuropas stärker als zuvor zu einem Wirtschaftsraum zusammenschloß.

Doch zurück zur Frage nach der Größe der Rheinschiffe. Die Zollprivilegien des Deutschen Ordens gehen, wie wir gesehen haben, davon aus, daß ein großes Niederrheinschiff im 13. und 14. Jahrhundert mehr als 100 Fässer mit jeweils 1620-1800 l Wein transportieren konnte. Hinzuzurechnen ist das Leergewicht der Fässer, so daß sich eine Tragfähigkeit von 180 bis 200 t ergibt, was der Tonnage großer mittelalterlicher Seeschiffe entspricht[58]. Ist das möglich? Daß der Niederrhein auch vor den Ausbaumaßnahmen des 19. und 20. Jahrhunderts die Voraussetzungen für den Verkehr solcher Schiffe bot, zeigen die seit dem 17. Jahrhundert den Verkehr zwischen Köln und der Rheinmündung beherrschenden „Samoreusen", die es bei vergleichbarer Tonnage auf eine Länge von ca. 35 m, eine Breite von knapp 5 m und einen Tiefgang von fast 2 m brachten[59]. Es ist jedoch nicht unwahrscheinlich, daß die mittelalterlichen Schiffe einen geringeren Tiefgang und größere Außenmaße hatten.

Jedenfalls gewinnen angesichts der Tatsache, daß in der frühen Neuzeit Tonnagen von 200 t und mehr durchaus erreicht wurden, die in dieselbe Richtung weisenden mittelalterlichen Belege an Glaubwürdigkeit. Dabei ist zu berücksichtigen, daß die Zollprivilegien für den Deutschen Orden keineswegs alleine stehen. Ganz ähnlich wie die Deutschordensballei Koblenz verschaffte sich auch das elsässische Zisterzienserkloster Neuburg bei Hagenau 1222 ein kaiserliches Privileg, das ihrem Schiff einmal jährlich Zollfreiheit für die Berg- und Talfahrt auf dem Rhein zusagte. Trotz der auf dem Ober- und Mittelrhein eher ungünstigen Schiffahrtsbedingungen gelang es den Brüdern der Abtei, ihr Schiff so groß zu bauen, daß sie schließlich im 14. Jahrhundert jährlich 150 Fuder Wein oder Getreide zollfrei transportieren konnten[60]. 1339 verlieh der Mainzer Erzbischof dem Kloster Eberbach Zollfreiheit für Schiffe mit 150 Fudern Wein[61]. Sogar auf der Seine, die sicherlich keine günstigeren Vorausetzungen für die Schiffahrt bot als der Niederrhein, sind in der zweiten Hälfte des 14. Jahrhunderts Schiffe mit einer Fracht von bis zu 180 t nachweisbar[62].

Daß Schiffe dieser Größenordnung im Spätmittelalter auf dem Niederrhein verkehrten, ist also durchaus denkbar und wurde offensichtlich auch von den Zeitgenossen für möglich gehalten. Wie aber verhalten sich die Aussagen der Zollrechnungen zu dieser Annahme? Nehmen wir als Beispiel den geldrischen Zoll zu Lobith[63], ergibt sich auf den ersten Blick ein gänzlich anderes Bild. Die hier 1407/08 nach Aussage der Rechnungen verzollten Mengen bewegen sich zumeist im Bereich von fünf bis fünfzehn Fuder je Kaufmann und gehen kaum über 30 Fuder hinaus.

Es ist zwar anzunehmen, daß einzelne große Schiffe Waren mehrerer Kaufleute an Bord hatten, so daß vielleicht einige der Eintragungen zusammenzufassen und auf ein Schiff zu beziehen sind. Gleichwohl drängt sich der Eindruck auf, der Verkehr auf dem Rhein sei von relativ kleinen Fahrzeugen geprägt gewesen. Sicher richtig ist die Annahme, daß die Masse der Rheinschiffe im Spätmittelalter wie in der frühen Neuzeit Schiffe kleinerer und mittlerer Bauart von weniger als 50 t Tragfähigkeit waren; solche Schiffe und Lastkähne dominierten, was die Zahl der Fahrzeuge angeht, auch auf der Seine, wo wir aus den erhaltenen Notariatsarchiven sehr viel genauere Informationen über die spätmittelalterliche Handelsschiffahrt haben[64]. Gleichwohl konnten dort die großen Schiffe von mehr als 100 t Tragfähigkeit einen erheblichen Teil des Frachtaufkommens auf sich ziehen, und wir dürfen nach unseren bisherigen Überlegungen davon ausgehen, daß dies auch am Niederrhein so war.

Warum aber erscheinen die großen Schiffe dann nicht in den Zollrechnungen? Die Antwort liegt in der Zweckbestimmung und Zielsetzung dieser Rechnungslegungen. Die Zollrechnungen dienten nicht der vollständigen Erfassung des Schiffsverkehrs auf dem Rhein, sondern der korrekten Verbuchung der Zolleinnahmen. Die Zöllner verzeichneten daher nur die Warenmengen, die sie tatsächlich als zollpflichtig veranschlagt hatten. Hatten sie dagegen aufgrund vorgelegter Privilegien und/oder gegen ein entsprechendes Trinkgeld einen Teil der Ladung zollfrei passieren lassen, erscheinen diese Mengen nicht in ihrer Rechnungslegung. Geistliche Institutionen, Städte und einzelne Großkaufleute konnten sich zudem vollständige Befreiung vom Zoll und anderen Abgaben erkaufen, indem sie die geschuldete Summe für eine bestimmte Zeit im voraus pauschal an die Zollherren selbst zahlten oder, was bei Klöstern die Regel war, ihnen entsprechende geistliche Gegenleistungen boten. Gerade geistliche Institutionen und Großkaufleute aber, für die sich der mit der Beschaffung der Zollbefreiungsurkunden verbundene Aufwand lohnte, kommen auch als Eigner großer Schiffe infrage. Es ist daher nicht erstaunlich, daß gerade sie in den Zollrechnungen fehlen. Die Annahme, Schiffe von deutlich mehr als 100 t Tragfähigkeit hätten bereits im Mittelalter eine bedeutende Rolle in der Rheinschiffahrt gespielt, wird also von den Zollrechnungen zwar nicht bestätigt, aber auch nicht widerlegt.

Fassen wir die Ergebnisse unserer Beobachtungen und Überlegungen zusammen, ergibt sich ein doppeltes Fazit:

a) Die Rheinschiffe des Spätmittelalters waren vermutlich leistungsfähiger und größer, als bislang angenommen wurde. Wie auf anderen großen Flüssen Westeuropas verkehrten auch auf dem Niederrhein Schiffe, deren Tragfähigkeit 200 t erreichte, vielleicht sogar überstieg.

b) Als Hauptverkehrsachse Nordwesteuropas verband der Rhein im Spätmittelalter Köln, die größte Stadt des Rheinlands, mit Flandern und Brabant, dem wirtschaftlichen Zentrum der gesamten Region. Der Niederrhein wurde so zum Transitraum mit allen Chancen und Nachteilen: Die kleineren Städte rechts und links des Rheins waren angebunden an die großen kontinentalen Handelsverbindungen, doch zog der Verkehr oft mehr an ihnen vorbei, als daß sie ihn auf sich ziehen konnten.

Diese Stellung des Raumes zwischen Duisburg und Arnheim hat sich bis heute nicht wesentlich geändert, wenngleich die relative Bedeutung des Rheins als Verkehrsweg durch die Entstehung des Eisenbahnnetzes im 19. Jahrhundert und den Straßenbau der letzten Jahrzehnte deutlich zurückgegangen ist. Geblieben ist dem Niederrhein jedoch seine Bedeutung als Bindeglied zwischen dem Rheinland und den Niederlanden – und insofern hat auch das hier vorgestellte Stück mittelalterlicher Verkehrsgeschichte seinen Platz im Rahmen eines Sammelbandes, dessen Ziel es ist, den „Kulturraum Niederrhein" in seiner historischen Entwicklung zu erfassen.

Anmerkungen:

1 Einen immer noch nützlichen Überblick über die verkehrs- und wirtschaftsgeographische Entwicklung des Niederrheins bietet B. Kuske, Grundzüge der Wirtschaftsentwicklung am Niederrhein vom Mittelalter bis zur Gegenwart, in: Annalen des Historischen Vereins für den Niederrhein 115 (1929), S.38-60.

2 Daß die Grafen von Flandern im ausgehenden 13. Jahrhundert auch sonst Wein auf dem Wasserweg über den Rhein bezogen, zeigt das Schreiben Graf Eberhards von der Mark von 1288 Mai 9, in dem dieser dem Grafen von Flandern mitteilt, daß am klevischen Zoll von Büderich bereits von ihm bezahlte Weine als Feindgut beschlagnahmt worden sind; Scholz-Babisch, Quellen (wie Anm. 28), S.26 f., Nr. 45.

3 Zum Weinhandel der Deutschordensballei Koblenz vgl. K. van Eickels, Die Deutschordensballei Koblenz und ihre wirtschaftliche Entwicklung im Spätmittelalter, Marburg 1995, S.127-167. Einen ausführlichen Forschungsüberblick zum Thema Weinbau und Weinhandel bietet O. Volk, Weinbau und Weinabsatz im späten Mittelalter. Forschungsstand und Forschungsprobleme, in: Weinbau, Weinhandel und Weinkultur, hg. v. A. Gerlich, Stuttgart 1993, S.50-163.

4 Zur Konkurrenz von Landtransport und Flußschiffahrt vgl. T. Sommerlad, Verkehrswesen im deutschen Mittelalter, in: Handwörterbuch der Staatswissenschaften, Jena 31911, S.194-209; Cambridge Economic History of Europe, Bd. 2, Cambridge 1952, S.143-155; R. S. Lopez, The evolution of land transport in the Middle Ages, in: Past and Present 1956, S.17-29; A History of Technology. Bd. 2, hg. v. C. Singer u.a., Oxford 1956, S.493-588; J. Hubert, Les routes du Moyen Age, in: Les routes de France depuis les origines jusqu'à nos jours (Colloques. Cahiers de civilisation publiés par l'Association pour la diffusion de la pensée française), Paris 1959, S.25-56; W.J. Alberts, Beitrag zur Wirtschaftsgeschichte des Rheins in Zusammenhang mit der spätmittelalterlichen Wirtschaftsentwicklung der Niederlande, in: Rheinische Vierteljahrsblätter 26 (1961), S.297-322, insbesondere 319 f.; J. Heers, Rivalité ou collaboration de la terre et de l'eau? Position générale des problèmes, in: Les grandes voies maritimes dans le monde XVe-XIXe siècle, Paris 1965, S.13-63; H. Kellenbenz, Landverkehr, Fluß- und Seeschiffahrt im europäischen Handel (Spätmittelalter-Anfang des 19. Jahrhunderts), in: Les grandes voies maritimes dans le monde XVe-XIXe siècle, Paris 1965,

S.65-174; A. Leighton, Transport and communication in early medieval Europe. AD 500-1000, New Abbot 1972, insbesondere S.153-157; A. Derville, La première révolution des transports continentaux (c. 1000 – c. 1300), in: Les transports au Moyen Age. Actes du VIIe congrès des médiévistes de l'enseignement superieur. Rennes. Juin 1976 = Annales de Bretagne 85 (1978), Heft 2, S.181-205; H. Dubois, Techniques et couts des transports terrestres dans l'espace Bourguignon aux XIVe et XVe siècle, in: Annales de Bourgogne 52 (1980), S.65-82; D. Denecke, Straße und Weg im Mittelalter als Lebensraum und Vermittler zwischen entfernten Orten, in: Mensch und Umwelt im Mittelalter, hg. v. B. Herrmann, S.207-223, insbesondere 216 f.; R. Gömmel, Technischer Fortschritt im Verkehrswesen während des Spätmittelalters und der frühen Neuzeit, in: Hochfinanz. Wirtschaftsräume. Innovationen. Festschrift für Wolfgang von Stromer, hg. v. U. Bestmann/F. Irsigler/J. Schneider, Trier 1987, Bd. 3, S.1039-1062; R. Bautier, La circulation fluviale dans la France médiévale, in: Actes du 112e Congrès National des Sociétés Savantes (Lyon 1987). Section d'histoire médiévale et de philologie. Recherches sur l'économie de la France médiévale, Paris 1989, S.7-36, insbesondere 27-36. Einen deutschsprachigen Überblick mit weiterführenden bibliographischen Angaben bietet die Propyläen-Geschichte der Technik, hg. v. W. König, Bd. 3, Metalle und Macht, Berlin 1992, S.144-167 und 605; zur Situation an der Wende vom Früh- zum Hochmittelalter vgl. jetzt außerdem Adam (wie Anm. 22), S.70-100.

5 Zum frühmittelalterlichen Straßennetz im Rheinland vgl. J. Ramackers, Die rheinischen Aufmarschstraßen in den Sachsenkriegen Karls des Großen, in: Annalen des Historischen Vereins für den Niederrhein 142/143 (1943), S.1-27, allgemein auch Adam (wie Anm. 22), S.74-78.

6 Allerdings weist Leighton zurecht darauf hin, daß die römischen Straßen vor allem militärischen Zwecken dienten und durch ihre oft starken Steigungen und ihre Zugtieren wenig Halt bietende Oberfläche für schwere Transportfahrzeuge, wie sie der Handel benötigte, nicht ausgelegt waren: „It was an outstanding failure of Rome that she was unable to bring land transport charges into a reasonable relationship with the costs of water transport. The Roman roads, solid, substantial, and expensive to build, were primarily military in purpose and did not provide surfaces or gradients congenial to land transport. They certainly did not succeed in making land-transport cheap“; Leighton (wie Anm. 4), S.161; vgl. auch ebenda, S.74 f. und H. Polge, L'amélioration de l'attelage, a-t-elle réellement fait reculer le servage?, in: Journal des savants 1967, S.5-42, hier, S.28-34). Ob die Infrastruktur für den Warentransport über Land in römischer Zeit wirklich wesentlich günstiger war als im Mittelalter, ist also eine durchaus offene Frage. – Zur Frage des Warentransports in römischer Zeit allgemein vgl. jetzt zusammenfassend H. Bender, Verkehrs- und Transportwesen der römischen Kaiserzeit, in: Untersuchungen zu Handel und Verkehr der vor- und frühgeschichtlichen Zeit in Mittel- und Nordeuropa. Teil V, Der Verkehr, hg. v. H. Jankuhn/W. Kimmig/E. Ebel, Göttingen 1989, S.108-154; zum Verhältnis von Land- und Wassertransport im römischen Germanien J. Kunow, Der römische Import in der Germania libera bis zu den Markomannenkriegen, Neumünster 1983, S.54.

7 Aus burgundischen Quellen des 15. Jahrhunderts errechnete Dubois eine durchschnittliche Nutzlast von 665 kg für zweirädrige und 1200 kg für vierrädrige Karren; vgl. Dubois (wie Anm. 4), S.68 und 71. Ein Pferd ohne Karren konnte eine Last von maximal 195 kg, auf längeren Strecken jedoch deutlich weniger bewältigen; vgl. Dubois (wie Anm. 4), S.66; H. Ziegler, Metrologische Normen im Mittelalter. Die Saumlast als zwangsmäßiger Standard für Flüssigkeitsmaße, in: Acta Metrologiae Historicae, hg. v. G. Otruba, Linz 1985, S.262-297. – Zur Entwicklung des Wagens im Mittelalter vgl. zusammenfassend H. Haupt, Der Wagen im Mittelalter, in: Achse, Rad und Wagen, hg. v. W. Treue, Göttingen 1986, S.187-196; H. Hayen, Der Landtransport. Die technischen Voraussetzungen, in: Die Hanse. Lebenswirklichkeit und Mythos (Ausstellungskatalog), Hamburg 1989, Bd. 1, S.596-607.

8 Vgl. H. Witthöft, Artikel „Fuder“, in: Lexikon des Mittelalters IV, Sp. 1005 f.

9 P. Leidinger, Der westfälische Hellweg als Verkehrsweg und Landschaftsbezeichnung, in: Vergessene Zeiten. Mittelalter im Ruhgebiet (Ausstellungskatalog), Essen 1990, hg. v. F. Seibt u.a., Bd. 2, S.73-79; ders., Artikel „Hellweg“, in: Lexikon des Mittelalters IV, Sp. 2122 f. Der Hellweg bildete in ottonisch-salischer Zeit das Kernstück der Heerstraße zwischen Aachen und Goslar. Seit dem 12. Jahrhundert war er die wichtigste Handelsstraße, die Köln und die rheinischen Städte mit Sachsen und dem Ostseeraum verband; vgl. auch W. Stein, Handels- und Verkehrsgeschichte der deutschen Kaiserzeit, Berlin 1922, S.265-268 und 334.

10 Dubois (wie Anm. 4), S.81; F.-W. Henning, Handbuch der deutschen Wirtschafts- und Sozialgeschichte, Paderborn 1991, S.285. J. Masschaele, Transport costs in medieval England, in: Economic History Review 46 (1993), S.266-279, errechnet für das spätmittelalterliche England eine Kostenrelation von 8,4,1 für See-, Fluß- und Landtransport. Sein Quellenmaterial ist hervorragend, da er sich auf die Transportrechnungen für das von der Krone für ihre Feldzüge von 1296 und 1352 requirierte Getreide stützen kann. Allerdings ist zu berücksichtigen, daß die englische Flüsse zumeist kleiner und die Bedingungen für die Binnen-

schiffahrt damit ungünstiger waren als auf dem Kontinent; vgl. J. Langdon, Inland water transport in medieval England, in: Journal of Historical Geography 19 (1993), S.1-11.

11 Dubois (wie Anm. 4), S.73

12 Dies berichtet im Jahre 839 Wandalbert v. Prüm, Vita et miracula sancti Goaris (ed. Stiene 1981), c. 11; vgl. S. Lebecq, En barque sur le Rhin, in: Publications de la section historique de l'Institut Gand-Ducal de Luxembourg 104, Luxemburg 1988, S.33-59, hier, S.55.

13 F. Ludwig, Untersuchungen über die Reise- und Marschgeschwindigkeit im XII. und XIII. Jahrhundert, Berlin 1897, S.21; vgl. F. Opll, Das Itinerar Kaiser Friedrich Barbarossas (1152-1190), Wien 1978, S.8 u. 165; N. Ohler, Reisen im Mittelalter, München 1991, S.55. Eine genaue Auswertung der Akten fürstlicher Hofhaltung und Verwaltung würde für das 15. Jahrhundert vermutlich eine Vielzahl vergleichbarer Angaben erbringen; vgl. z.B. D. Kerber, Herrschaftsmittelpunkte im Erzstift Trier. Hof und Residenz im späten Mittelalter, Sigmaringen 1995, S.183. Einen umfassenden Literaturbericht bietet P. Moraw, Reisen im europäischen Spätmittelater im Lichte der neueren historischen Forschung, in: Reisen und Reiseliteratur im Mittelalter und in der Frühen Neuzeit, hg. v. X. von Ertzdorff/D. Neukirch, Amsterdam 1992.

14 W.J. Alberts, Leveranties van steen uit het Rijnland voor de dombouw te Utrecht en tolheffing op de Rijn, in: ders./F. Ketner, Nederrijnse studien XIIIe-XVe eeuw, Groningen/Djakarta 1954, S.1-48, hier, 38-47; W.J. Alberts, Der Rheinzoll Lobith im späten Mittelalter, Bonn 1981, S.55.

15 M. Eckoldt, Schiffahrt auf kleinen Flüssen Mitteleuropas in Römerzeit und Mittelalter, Oldenburg 1980. Im Früh- und Hochmittelalter war die Bedeutung dieser Gewässer, die teilweise nur einen Tiefgang von kaum 30 cm erlaubten und von Schiffen mit etwa 1 t Tragfähigkeit befahren wurden, als Transportweg so groß, daß sie die Entwicklung und Struktur des Siedlungsnetzes nachhaltig beeinflußten. Erst seit dem 12. Jahrhundert gab man hier angesichts der Konkurrenz besserer Landverkehrsverbindungen alternativen, das Flußbett versperrenden Nutzungen (Fisch- und Mühlenwehre) den Vorzug; D. Ellmers, Die Rolle der Binnenschiffahrt für die Entstehung der mittelalterlichen Städte, in: Frühgeschichte der europäischen Stadt. Voraussetzungen und Grundlagen, hg. v. H. Brachmann/J. Herrmann (Schriften zur Ur- und Frühgeschichte 44), Berlin 1991, S.137-147, hier, S.137 f.

16 Offensichtlich ist dies bei den Flößen, die auch zum Transport von Waren Verwendung fanden. Ein wichtige Rolle in der Rheinschiffahrt spielten auch die sog. Lauertannen, nur mit hölzernen Nägeln gezimmerte Schiffe von bis zu 60 t Tragfähigkeit, die für nur eine Talfahrt gebaut wurden; vgl. Schwarz (wie Anm. 43), S.81 f. und Tafel XV, Abb. 40 und 41; Alberts, Lobith (wie Anm. 14), S.51.

17 M. Rossiaud, Les haleurs du Rhône au XVe siècle, in: Les transports au Moyen Age (wie Anm. 4), S.283-304; vgl. auch A. Cook, Augustine's journey from Rome to Richborough, in: Speculum 1 (1926), S.375-397, hier, S.386; Leighton (wie Anm. 4), S.126; Bautier (wie Anm. 4), S.32 f.; Ohler (wie Anm. 12), S.55.

18 Bei ungünstigem Wind wurde auch am Niederrhein gerudert oder auch, wie oberhalb von Köln allgemein üblich, vom Ufer aus getreidelt; vgl. Alberts, Lobith (wie Anm. 14), S.54-56; vgl. auch W. Böcking, Schiffstreideln am Niederrhein, in: Beiträge zur Rheinkunde 42 (1990), S.52-64. Dabei ist für Lastkähne von einer Tagesleistung von 15 bis 17 km auszugehen, die allerdings in Ausnahmefällen, v.a. bei geringer Ladung, auf 23 bis 24 km gesteigert werden konnte. So wurde (vgl. Monumenta Germaniae Historica Scriptores II, S.352 und 372) der Leichnam des 754 bei Dokkum erschlagenen Bonifatius in 30 Tagen mit dem Schiff nach Mainz getreidelt, was einer Strecke von ca. 700 mittelalterlichen Stromkilometern entspricht; D. Ellmers, Frühmittelalterliche Handelsschiffahrt in Nordeuropa, Neumünster 1972, S.253; vgl. a. Adam (wie Anm. 22), S.98.

19 Opll (wie Anm. 13), S.23. Opll erschließt die Benutzung des Schiffes aus der hohen Reisegeschwindigkeit. Die hier vorausgesetzte Richtigkeit seiner Vermutung hängt wesentlich davon ab, inwieweit (a) die Itinerardaten zuverlässig überliefert sind und (b) eine solche Geschwindigkeit eine Reise auf dem Landweg tatsächlich ausschließt. Zu (a), Die Entfernung Utrecht-Kaiserswerth beträgt etwa 140 km Luftlinie, so daß durchaus Zweifel an der Richtigkeit der Eckdaten aufkommen können. Daß der Kaiser Ostern (April 20) in Utrecht verbrachte, überliefern die Pöhlder und die Magdeburger Annalen (Monumenta Germaniae Historica Scriptores XVI, S.90 und 191), die auf eine gemeinsame Vorlage zurückgehen und daher hier wie auch zumeist sonst gleich lauten. Seine Anwesenheit in Kaiserswerth für April 22 ist belegt durch zwei, allerdings nur in ein und demselben Bremer Kopiar des 14. Jahrhunderts überlieferten Urkunden von *X. Kal. Maii* (Monumenta Germaniae Historica Diplomata FI, Nr. 213 und 214). Beide Eckdaten sind also nur in jeweils einer Quelle überliefert, an deren grundsätzlicher Zuverlässigkeit zu zweifeln jedoch kein Anlaß besteht. – Zu (b), Die Strecke Utrecht-Kaiserswerth betrug das vier- bis siebenfache der normalen Tagesleistungen des reisenden Königshofes (20-35 km Luftlinie/Tag). In Einzelfällen konn-

ten zwar wesentlich größere Entfernungen an einem Tag zurückgelegt werden. Die größten belegbaren Tagesleistungen gehen jedoch über die im März 1152 auf der Heerstraße Sinzig-Aachen erreichten 90 km Luftlinie in 1 1/2 – 2 Tagen nicht hinaus; Ludwig (wie Anm. 13), S.41 und 181 f. Die Richtigkeit der von Ludwig (wie Anm. 13), S.28, angeführten Nachricht der *Gesta Frederici I. imperatoris in Lombardia* (ed. Holder-Egger; Monumenta Germaniae Historica Scriptores rer. germ. i.u.s. 27, S.36), Friedrich I. habe im April 1159 unter den wesentlich günstigeren italienischen Bedingungen die 182 km Luftlinie von Bologna nach Lodi in drei Tagen zurückgelegt, zieht Opll (wie Anm. 13), S.26 und 186, wohl zurecht in Zweifel.

20 E. Gothein, Zur Geschichte der Rheinschiffahrt, in: Westdeutsche Zeitschrift für Geschichte und Kunst 14 (1895), S.231-252, hier, S.235.

21 A. Beekman, De Gewesten van Noord- en Zuid-Nederland in 1300 (= Karte 4), in: Geschiedkundige Atlas van Nederland, Den Haag 21938; vgl. auch A. Nordlind, Die geographische Entwicklung des Rheindeltas bis um das Jahr 1500, Lund 1912, S.185; W. van Es, Das niederländische Flußgebiet von der Römerzeit bis ins Mittelalter, in: Beihefte zum Bericht der römisch-germanischen Kommission 58 (1977), S.103-126. Die Bedingungen für die Schiffahrt an der der niederländischen Küste waren im europäischen Vergleich außergewöhnlich günstig; vgl. Leighton (wie Anm. 4), S.131: „The best area for costal shipping was probably the North Sea coast of Belgium, Holland, and Germany, where there were shallow, sheltered waters between offshore islands and the mainland".

22 Zum mittelalterlichen Zollwesen am Rhein vgl. die im Ansatz und vielen Details veraltete, jedoch bislang nicht ersetzte Darstellung von T. Sommerlad, Die Rheinzölle im Mittelalter, Halle 1894. Einen Überblick für das 9. Jahrhundert, der aber in vielen Aspekten auch auf das Spätmittelalter übertragbar ist, gibt jetzt H. Adam, Das Zollwesen im fränkischen Reich und das spätkarolingische Wirtschaftsleben, Ein Überblick über Zoll, Handel und Verkehr im 9. Jahrhundert, Stuttgart 1996.

23 U. Dirlmeier, Mittelalterliche Zoll- und Stapelrechte als Handelshemmnisse?, in: Die Auswirkungen von Zöllen und anderen Handelshemmnissen auf Wirtschaft und Gesellschaft vom Mittelalter bis zur Gegenwart, hg. v. H. Pohl, Stuttgart 1987, S.26-32.

24 In der Rechnung der Grafschaften Geldern und Zutphen von 1294/95 machten die Lobither Zolleinnahmen mit 3927 lb. etwa 44 % der der gesamten verzeichneten gräflichen Einnahmen aus; Alberts, Lobith (wie Anm. 14), S.15.

25 1425 wurde der Linzer Zoll vorübergehend in Königswinter erhoben.

26 Vgl. G. Droege, Die kurkölnischen Rheinzölle im Mittelalter, in: Annalen des Historischen Vereins für den Niederrhein 168 (1967), S.21-47, hier S.33-35; H. Troe, Münze, Zoll und Markt und ihre finanzielle Bedeutung für das Reich vom Ausgang der Staufer bis zum Regierungsantritt Karls IV. Ein Beitrag zur Geschichte des Reichsfinanzwesens in der Zeit von 1250 bis 1350, Stuttgart/Berlin 1937, S.239-241; K. Spahn, Studien zur Geschichte des Andernacher Rheinzolls, Bonn 1909.

27 O. Redlich, Die Bedeutung von Stift und Burg Kaiserswerth für Kirche und Reich, in: Annalen des Historischen Vereins für den Niederrhein 115 (1929), S.61-75.

28 Vgl. M. Scholz-Babisch, Zur Geschichte der klevischen Zölle in der Stadterhebungsurkunde für die Stadt Kleve vom 25. April 1242, in: Rheinische Vierteljahrsblätter 25 (1960), S.233-252, und dies., Quellen zur Geschichte des klevischen Rheinzollwesens vom 11. bis 18. Jahrhundert, 2 Bde., Wiesbaden 1971, S.XXX f. (dazu die Übersicht über die zahlreichen Zollverlegungen des 14. und 15. Jahrhunderts S.XIX-XXV).

29 Scholz-Babisch, Klevische Zölle (wie Anm. 28), S.239.

30 T. Sommerlad, Die Rheinzölle im Mittelalter, Halle 1894, S.50 u. 102; Scholz-Babisch, Quellen (wie Anm. 28), S.XXII. Zu den Hintergründen der Verlegung vgl. P. Schiffer, Die Grafen von Geldern im Hochmittelalter (1085-1229), Geldern 1988, S.365-367. Der Zoll war 1355-58 vollständig, 1407-1411/12 teilweise an Kleve verpfändet. 1473/79 kam er endgültig an die Grafen von Kleve; Scholz-Babisch, Quellen (wie Anm. 28), S.XXII. Zu den Zolleinnahmen vgl. Alberts, Lobith (wie Anm. 14), S.40-42.

31 LHA Koblenz, Best. 55 A 2, Nr. 88-90. Die Grafen von Geldern erhoben außerdem Geleitgeld in Roermond für die Schiffahrt auf der Maas zwischen Maastricht und Woudrichem; G. Venner, Die Grafschaft Geldern vor und nach der Schlacht bei Worringen, in: Blätter für deutsche Landesgeschichte 124 (1988), S.267-288, hier S.269.

32 Eine Untersuchung zur Entwicklung der Zölle der Bischöfe von Utrecht fehlt bislang; vgl. auch Schiffer (wie Anm. 30), S.10. S. Muller, De registers en rekeningen van het bisdom Utrecht 1325-1338, Den Haag 1891, S.LXXIII f., erwähnt in der Vorbemerkung zu seiner Edition bischöfliche Zölle in Utrecht, Amersfoort, Rhenen und Ter Eem. Der Zoll in Rhenen (zwischen Arnheim und Utrecht) ist erstmals 1220 März 12 urkundlich belegt. Damals erhob der Bischof außerdem Zoll in Gein, wo der Schiffahrtsweg nach dem nahegelegenen Utrecht vom Lek abzweigte; von der Erlaubnis Friedrichs II., diesen Zoll innerhalb des Stif-

tes zu verlegen, scheint der Bischof jedoch allenfalls kurzfristig Gebrauch gemacht zu haben, da der Zoll noch 1244 in Gein nachweisbar ist; Schiffer (wie Anm. 30), S.367.

33 Vgl. J.F. Niermeyer, Dordrecht als handelsstad in de tweede helft van de veertiende eeuw, Bijdragen voor Vaderlandsche Geschiedenis en Oudheidkunde 8.3 (1942), S.1-36, hier S.3 und 6 f.

34 Vgl. B. Kuske, Handel und Handelspolitik am Niederrhein vom 13. bis 16. Jahrhundert, in: Hansische Geschichtsblätter 1909, S.301-327, hier S.325 f.; ders., Der Kölner Stapel und seine Zusammenhänge als wirtschaftspolitisches Beispiel, in: Jahrbuch des kölnischen Geschichtsvereins 21 (1939), S.1-46, hier S.25-27; O. Gönnenwein, Das Stapel- und Niederlagsrecht, Weimar 1939, S.28-32 u. 97 f.

35 B. van Rijswijk, Geschiedenis van het Dordtsche stapelrecht, Den Haag 1900.

36 Vgl. van Eickels (wie Anm. 3), S.134 f. und 157-160.

37 Lacomblet III, Nr. 1060; vgl. Droege (wie Anm. 26), S.37 (Anm. 76) und 39. Die unterschiedliche Größe des Zollfuders entsprach der Praxis, bei Zollerhöhungen oder -ermäßigungen die Zolltarife unverändert zu lassen und stattdessen die Größe des vom sechsohmigen Handelsfuder ohnehin abweichenden Zollfuders entsprechend zu verändern.

38 Ein entsprechender Vermerk findet sich auch im klevischen Zolltarif für Büderich von 1438, *bevele myns genedigen lieven heren is gewest, dat men to Griethusen in vurtijden besien solde 10 Coelsche amen vur eyn tolber voder wyns, ind want die coiplude dan oeren wyn omb myn geltz plegen to tuygen aver tlant to vueren dan op den water, so hefft men den coipluden dairenbaven altijt guetlick gedaen in den besien ind oick mit wedergeven, so dat sij ombtrint 12 Coelsche amen plegen to behalden vur eyn tolber voder, op dat sij to beth bij den stroyme muchten blijven*; Scholz-Babisch, Quellen (wie Anm. 28), Bd. 1, Nr. 209, S.174.

39 Scholz-Babisch, Quellen (wie Anm. 28), Nr. 284 und 287.

40 Auch die für einzelne Jahre erhaltenen Zollakten bedürfen der sorgfältigen Interpretation, da ein dort erkennbarer Rückgang der Zolleinnahmen und des Warenverkehrs auf dem Rhein nicht mit unbedingt durch eine eine langfristige Verlagerung der Warenströme verursacht sein muß, sondern auch durchaus kurzfristige Gründe (Eisgang, Hochwasser, Niedrigwasser, kriegerische Auseinandersetzungen) haben kann. Daß der Landweg vom Mittelrheingebiet in die Niederlande auch noch am Ende des 15. Jahrhunderts allenfalls den Rang einer Nebenstrecke hatte, zeigte sich, als die rheinischen Kurfüsten 1489 den Rhein bei Koblenz sperrten, um die Stadt Köln zum Verzicht auf den Zoll zu zwingen, den der Kaiser ihr für ihre Hilfe in der Neusser Fehde gegen Burgund verliehen hatte; jedoch sollte es den Kaufleuten erlaubt sein, ihre Waren von Koblenz aus auf der Mosel oder über Land in die Niederlande zu transportieren; Kerber (wie Anm. 13), S.53. Offenbar war der Weg über Land nicht die bevorzugte Möglichkeit, sondern nur eine Notlösung angesichts der gegen Köln verhängten Sanktionen.

41 Zum Forschungsstand vgl. U. Schnall, Zur Binnenschiffahrt im Mittelalter. in: Die Hanse. Lebenswirklichkeit und Mythos (Ausstellungskatalog), Hamburg 1989, Bd. 1, S.592 f. Eine Ausnahme bilden die intensiven Forschungen M. Eckoldts (vgl. Anm. 15) zur Entwicklung der Schiffahrt auf kleinen Flüssen im Mittelalter.

42 Vgl. U. Schnall, Artikel „Binnenschiffahrt", in: Lexikon des Mittelalters II, Sp. 197-199; ders., Artikel „Schiff, -bau, -typen. I. Westlicher Bereich", in: Lexikon des Mittelalters VII, Sp. 1456-1460. Der Verweis auf „Seefahrt" ebenda, Sp. 1462. Auch die großen niederländischen Publikationen zur mittelalterlichen Schiffahrtsgeschichte (G. van Asaert, Westeuropese schepvaart in de middeleeuwsen, Bussum 1974; ders., Maritieme Geschiedenis der Nederlanden. Bd. 1, Bussum 1976) konzentrieren sich ganz auf die Seefahrt.

43 K. Schwarz, Die Typenentwicklung des Rheinschiffs bis zum 19. Jahrhundert, Köln 1928, S.18-24. Auch W. Böcking, Die Geschichte der Rheinschiffahrt. Schiffe auf dem Rhein in drei Jahrtausenden, Moers 1981, S.79-81, bietet für das Hoch- und Spätmittelalter kaum mehr als eine knappe Zusammenfassung der Ergebnisse von Schwarz.

44 Schwarz (wie Anm. 43), S.31 f.; vgl. ebenda Tafel II, Abb. 5/6 (seitliches Senkruder) und Tafel III, Abb. 7 (festes Heckruder).

45 Schwarz (wie Anm. 43), S.21 und 24. Erst im 17. Jahrhundert kamen die sog. „Samoreusen" oder „Keulenaare" auf, deren Tragfähigkeit sich von anfangs 150 t (1625) rasch auf 300 t (1750) auf schließlich 600 t (1830) steigerte und sie zum dominierenden Schiffstyp der „Großen Niederrheinfahrt" im 17. und 18. Jahrhundert werden ließ; vgl. Schwarz (wie Anm. 43), S.40-45.

46 Einen Katalog aller archäologischen Funde von vorgeschichtlichen, römerzeitlichen und mittelalterlichen See- und Binnenschiffen im Einzugsbereich der Nord- und Ostsee einschließlich ihrer Zuflüsse bis ca. 1970 gibt Ellmers, Frühmittelalterliche Handelsschiffahrt (wie Anm. 18), S.271-341. Er verzeichnet für Deutschland 26, für Belgien und die Niederlande je 7, allerdings zum Teil wissenschaftlich nicht oder nur unzureichende dokumentierte Funde. Zum Forschungsstand vgl. ergänzend R. Reinders, Medieval ships. Recent finds in the Netherlands, in: Medieval ships and Harbours in Northern Europe (BAR International Series

66), hg. v. S. McGrail, Oxford 1979, S.35-43; D. Ellmers, Schiffsarchäologie, in: Geschichtswissenschaft und Archäologie. Untersuchungen zur Siedlungs-, Wirtschafts- und Sozialgeschichte (VuF 22), hg. v. H. Jankuhn/R. Wenskus, Sigmaringen 1979; ders., Die Archäologie der Binnenschiffahrt in Europa nördlich der Alpen, in: Untersuchungen zu Handel und Verkehr der vor- und frühgeschichtlichen Zeit in Mittel- und Nordeuropa. Teil V, Der Verkehr, hg. v. H. Jankuhn/W. Kimmig/E. Ebel, Göttingen 1989, S.291-350; ders., Schiffsarchäologie am Rhein, in: 2000 Jahre Rheinschiffahrt, Koblenz 1991, S.29-47. Einen Überblick über die relevanten Neuerscheinungen zur Geschichte von Schiffahrt und Schiffbau (Aufsatzliteratur eingeschlossen) gab bis vor kurzem der entsprechende, seit 1967 geführte Abschnitt der „Hansischen Umschau" im Rezensionsteil der „Hansischen Geschichtsblätter". Weiterhin verfügbar ist die umfassende laufende Bibliographie zur Schiffahrtsgeschichte in der seit 1961 erscheinenden „Tijdschrift voor Zeegeschiedenis" (1961-1981 unter dem Titel „Mededelingen van de Nederlandse Vereniging voor Zeegeschiedenis"), die unter dem Stichwort „kust- en binnenvaart" auch die Binnenschiffahrt berücksichtigt.

47 Zur Bauweise dieser Schiffe vgl. E. Rieth, La construction navale à fond plat en Europe de l'Ouest, in: Ethnologie française 11 (1981), S.47-62

48 Beschreibung und Abbildung des Modells im Deutschen Schiffahrtsmuseum Bremerhaven (Inv.-Nr. I/753/73) bei D. Ellmers, Modell eines Lastkahns mit Bugpforte, in: Die Hanse. Lebenswirklichkeit und Mythos (Ausstellungskatalog), Hamburg 1989, Bd. 2, S.361; vgl. auch ders., Mittelalterliche Schiffe am Rhein, in: Beiträge zur Rheinkunde 32 (1980), S.3-14, hier, S.12.; Rieth (wie Anm. 47), S.50 f. (mit Konstruktionszeichnung).

49 Dies wird durch die im ganzen ähnliche Fundlage in England bestätigt; vgl. G. Hutchinson, Medieval Ships and Shipping, London 1994, S.117-128, insbesondere S.123.

50 Zur Quellenlage vgl. Scholz-Babisch, Quellen (wie Anm. 28), Bd. 1, S.XXVII-L; Alberts, Lobith (wie Anm. 14), S.15-17; vgl. auch M. Suttor, Sources et méthodes pour l'histoire de la navigation fluviale, in: Le Moyen Age 96 (1990), S.5-24; K.-H. Ludwig, Zu den Schriftquellen der Binnenschiffahrt im Mittelalter und in der frühen Neuzeit, in: Deutsches Schiffahrtsarchiv 9 (1986), S.89-95.

51 Zur Praxis der Zollerhebung vgl. Alberts, Lobith (wie Anm. 14), S.26-33; van Eickels (wie Anm. 3), S.142-147 (mit weiteren Literaturhinweisen).

52 Zu den Zollprivilegien des Deutschen Ordens am Niederrhein und ihrer Entwicklung im Spätmittelalter vgl. ausführlich van Eickels (wie Anm. 3), S.129-141.

53 Zum folgenden vgl. van Eickels (wie Anm. 3), S.148-151.

54 Vgl. auch Lamprecht, Deutsches Wirtschaftsleben II, S.500.

55 Urkundenbuch des Deutschen Ordens, hg. v. J.H. Hennes, Bd. 1, Mainz 1845, Nr. 405 (1317 Apr. 26), 445 (1331 Okt. 18); zur Überlieferung vgl. van Eickels (wie Anm. 3), S.347, Nr. 9069, 9082. Die Zollfreiheit für 200 Fässer Wein zu 6 Ohm wird außerdem ausdrücklich in einem Schuldbrief Graf Rainalds II. von 1319 Mai 1 erwähnt (LHA Koblenz, Best. 55 A 2, Nr. 47).

56 Vgl. H. Ziegler, Metrologische Normen im Mittelalter. Die Saumlast als zwangsmäßiger Standard für Flüssigkeitsmaße, in: Acta Metrologiae Historicae. Travaux du IIIe congrès international de la métrologie historique organisé par le Comité International pour la Métrologie Historique, hg. v. G. Otruba, Linz 1985, S.262-297, hier S.278-281.

57 Vgl. M. Matheus, Hafenkrane. Zur Geschichte einer mittelalterlichen Maschine am Rhein und seinen Nebenflüssen von Straßburg bis Düsseldorf, Trier 1985, S.32-35; ders., »Accipio, trado, quodlubet expedio« Flußhäfen und ihre Hebewerke, in: See- und Flußhäfen vom Hochmittelalter bis zur Industrialisierung, hg. v. H. Stoob, Köln 1986, S.90-127, hier S.97; zur technischen Entwicklung der Hafenkrane vgl. jetzt auch D. Ellmers, Development and usage of harbo»r cranes, in: Medieval ships and the birth of technological societies. Volume 1, Northern Europe, hg. v. C. Villain-Gandossi/S. Busuttil/P. Adam, Malta 1989, S.43-69.

58 Vgl. van Asaert, Westeuropese scheepvaart (wie Anm. 42), S.99: „Als men van grote middeleeuwse schepen spreekt dan is dat erg relatief. Een vaartuig van 150 à 200 ton is zeker een van de grote soort, geschickt voor transport van massagoederen zoals graan, zout, wijn, hout of steenkool".

59 Schwarz (wie Anm. 43), S.42, gibt für die Samoreusen des 17./18. Jahrhunderts u.a. folgende Maße an, (a) 200 t, Länge 34,60 m, Breite 4,70 m, Tiefgang beladen 1,96 m; (b) 300 t, Länge 37, 70 m, Breite 5,30 m, Tiefgang beladen 2,67 m.

60 Damit war dann allerdings zumindest auf dem Oberrhein die Grenze des unter mittelalterlichen Bedingungen Möglichen erreicht. Wegen der allzu großen Schwerfälligkeit dieses Schiffes erwirkten die Brüder 1344 bei Kaiser Ludwig dem Bayern das Recht, die bisherige Menge auch auf zwei oder drei Schiffe verteilen zu dürfen, obwohl das ursprüngliche Privileg nur für ein Schiff unbestimmter Größe gegolten hatte; K. Schulz, Fernhandel und Zollpolitik großer rheinischer Zisterzen, in: Zisterzienser-Studien IV, Berlin 1979, S.29-59, hier, S.30-38.

61 Schwarz (wie Anm. 43), S.21; vgl. Mone, Geschichte der Rheinschiffahrt vom 13. bis 15. Jahrhundert, in: Zeitschrift für die Geschichte des Oberrheins 9 (1858), S.8. Die Zollfreiheit bezieht sich wahrscheinlich auf den Mainzer Zoll bei Lahnstein oberhalb von Koblenz. Dies setzt nicht notwendig voraus, daß die Schiffe zuvor das Binger Loch und die Stromschnellen bei Bacharach passiert hatten, da hier vielfach umgeladen wurde; vgl. Matheus, Hafenkrane (wie Anm. 57), S.67-69.

62 Alain Sadourny, Lex transports sur la Seine aux XIIIe et XIVe siècles, in: Les transports au moyen age (wie Anm. 4), S.231-244, hier S.238. Die Untersuchung Sadournys hat besonderes Gewicht, da er sich auf die Auswertung der Notariatsarchive von Rennes stützen kann. Die hier erhaltenen Verträge von Kaufleuten über die gemeinsame Finanzierung konkreter Schiffstransporte spiegeln die Realität des spätmittelalterlichen Handels weitaus zuverlässiger und vor allem differenzierter, als Zollprivilegien und Zollrechnungen dies können.

63 Die Lobither Zollregister im Rijksarchief Arnheim reichen, allerdings mit Lücken, von 1306 bis ca. 1475; eine Übersicht gibt Alberts, Lobith (wie Anm. 14), S.15, Anm. 2. Ediert sind die Rechnungen von 1394/95 und 1407/08 durch J.C. Westermann, De rekeningen van de landsheerlijke riviertollen in Gelderland 1394/95, Arnheim 1939; W.J. Alberts, De tolrekeingen van Lobith over de jaren 1404/05 en 1408/09, in: Bijdragen en Mededelingen van het Historisch Genootschap gevestigt te Utrecht 81 (1967), S.58-177; vgl. auch die sich teilweise überschneidende Abrechnung 1407/08 über das damals an den Grafen von Kleve verpfändete Drittel der Lobither Zolleinnahmen bei Scholz-Babisch, Quellen (wie Anm. 28), Bd. 1, Nr. 180, S.119-149

64 Wie Anm. 62.

Die Religionspolitik am Niederrhein im 16. Jahrhundert und ihre geschichtlichen Folgen.

Von Eckehart Stöve

Wenn es eine Jury gäbe, die über die Aufnahme von Landschaften in das Repertoire klassischer Regionen zu entscheiden hätte, so erhielte der Niederrhein sicherlich eine gepfefferte Mängelliste[1]. Dies gilt auch für die kirchengeschichtliche Perspektive. Wer sich eine solche Mängelliste zusammenstellen möchte, braucht nur in die einschlägige Überblicksliteratur einen Blick zu werfen: der Niederrhein ist keine festumrissene Einheit, hat keinen Stamm, auf den er sich berufen kann, hat kein klares konfessionelles Profil, hat eine wechselvolle Geschichte politischer Zugehörigkeit durchlaufen und ist national gesehen nicht ganz zuverlässig; schließlich hat der Niederrhein dem deutschen Volk keine „großen Köpfe" – wie man zu sagen pflegt – geschenkt, sondern vielmehr vom ideellen Import aus anderen deutschen Regionen und vor allem aus dem Ausland, voran aus den benachbarten Niederlanden, profitiert.

Immerhin kann man noch in einer 1970 vorgelegten Rheinischen Kirchengeschichte lesen:

Der „Sinn [des Rheinländers] für die Zusammengehörigkeit der deutschen Nation und für die Einheit des Deutschen Reiches war verkümmert. Er kannte kein deutsches Vaterland, zu dem er stehen und halten konnte"[2].

Was die religiöse Haltung im 16. Jahrhundert angeht, lautet die einschlägige Einschätzung:

Es war ungefähr für ein halbes Jahrhundert ein beständig, sozusagen in der Schwebe gehaltener Zustand der Dinge, von dem eine spätere Zeit mit Recht sagen konnte, das Evangelium sei zugelassen, während von der anderen Seite mit dem gleichen Recht behauptet werden durfte, der rechtliche Zusammenhang mit der römischen Kirche sei nie unterbrochen worden[3].

Die Kirchenordnung von 1532 und deren erläuternde Declaratio 1533 wird von dem selben Verfasser in folgender Weise charakterisiert:

In der Lehre vermieden die Kirchenordnungen im Grunde jede klare Stellungnahme, sie hinkten nach beiden Seiten. Trotz evangelischer Anklänge und lutherischer Redewendungen ... waren die Unterscheidungslehren der Konfession nicht nur völlig übergangen, sondern die Formulierungen absichtlich [sic!] so vieldeutig und verschleiert gehalten, daß jede Partei ihre Lehre daraus nehmen zu können glaubte[4].

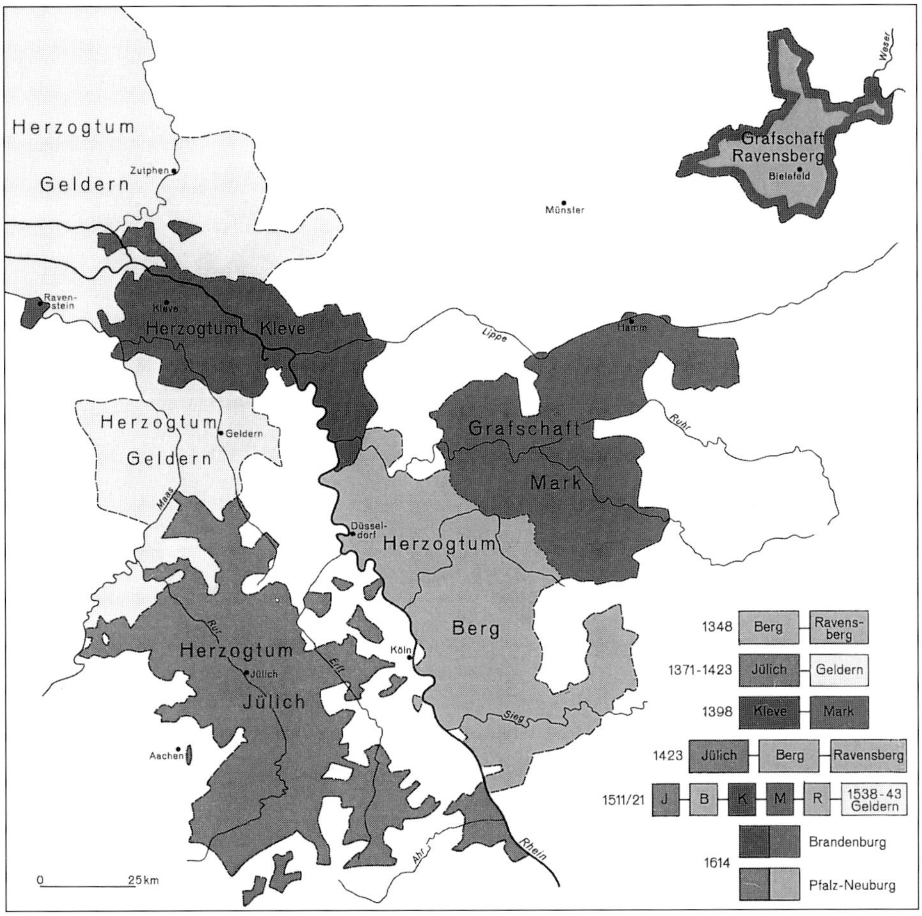

Abbildung 28: Die vereinigten Herzogtümer im 16. Jahrhundert. Entwurf Dieter Weber nach Geschichtlicher Handatlas der deutschen Länder am Rhein, 1950.

Sicherlich war es dem Autor nicht bewußt, daß er mit dieser Einschätzung exakt die Kritik der gegenreformatorischen Propaganda der Jesuiten artikuliert. In deren „Zensur und gelehrter Erläuterung der Irrtümer des Katechismus von Johannes Monheim, in der die Wahrheit der katholischen Religion verteidigt wird", Köln 1560, heißt es:

So führen, wenn der Sohn antwortet [Katechismus in Dialogform: Vater – Sohn], bald Calvin, bald Zwingli und andere Männer dieser Machart ihre gottlosen Reden. Und damit der Betrug nicht aufgedeckt werden kann, läßt Monheim dann wieder die katholische Lehrmeinung einfließen, ...[5]

Anstatt nun in der Mängelliste, die im übrigen ziemlich stark nach 19. Jahrhundert riecht, weiter fortzufahren, will ich den Spieß einfach umdrehen: vielleicht sind die angekreideten Mängel gerade die Vorteile, die diese Region im Vergleich mit anderen Landschaften

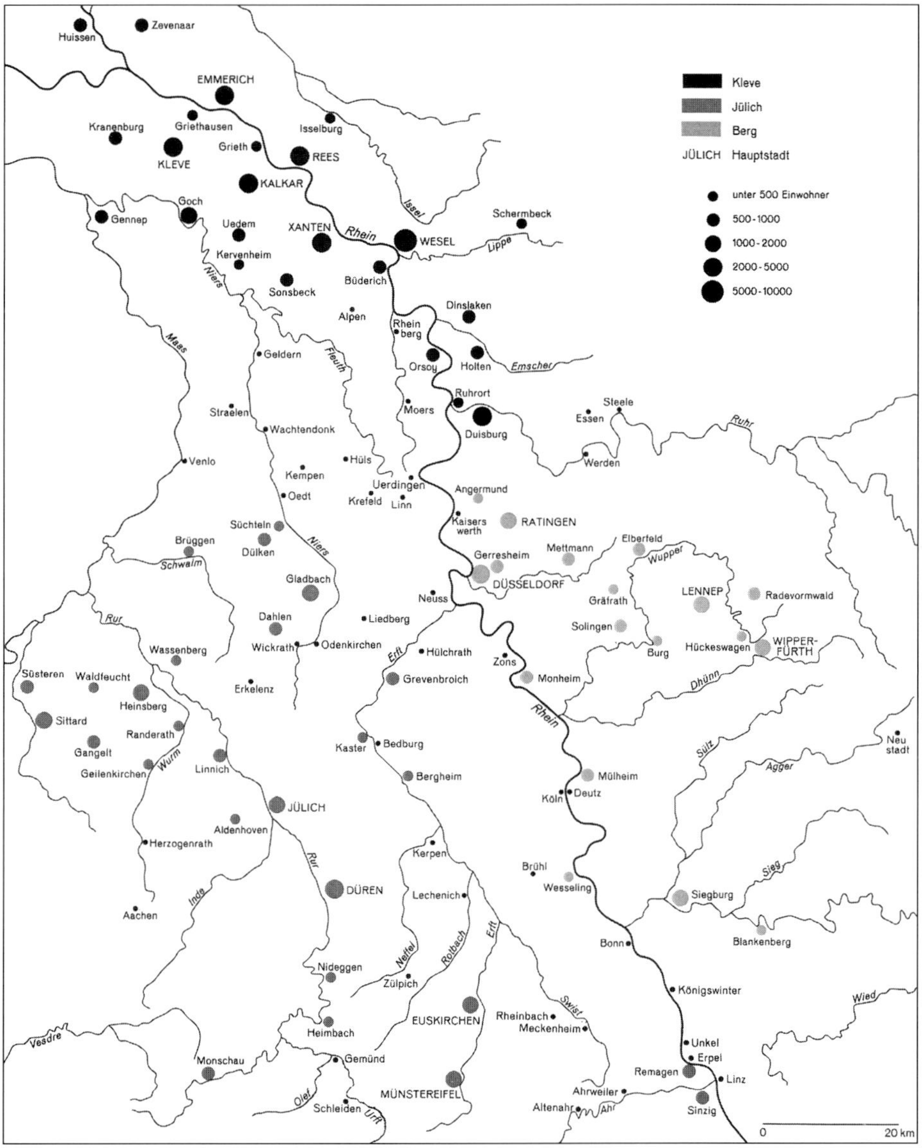

Abbildung 29: Die Städte der vereinigten Herzogtümer. Entwurf Klaus Flink.

so interessant macht. Am Niederrhein sind nämlich Formen kirchlichen Lebens entstanden, die man so in anderen Gegenden vergeblich sucht und die wegweisend für die weitere Entwicklung der kirchlichen Verhältnisse im ganzen gewesen sind. Ob daraus Züge zu gewinnen sind, die sich zu einer kulturhistorischen Identität verdichten lassen, mag die weitere Diskussion zeigen. Mein Ziel ist es, zunächst einmal entgegen den konfessionell eingefahrenen Wertmaßstäben der einschlägigen Historiographie auf einige ‚Unikate' der kirchlichen Tradition hier am Niederrhein aufmerksam zu machen.

Drei Themen, die mir von besonderer Wichtigkeit zu sein scheinen, greife ich heraus:

1. die erasmische Kirchenpolitik im 16. Jahrhundert, die ich an das zeitgenössische Selbstverständnis anknüpfend mit Heinrich Lutz als „via media" bezeichne;
2. die frühe Anerkennung der Gewissensinstanz in den Auseinandersetzungen zwischen den Landständen und der fürstlichen Regierung;
3. das synodale Prinzip in den protestantischen Kirchen als eine vom landesherrlichen Kirchenregiment unabhängige Kirchenverfassung.

Bei allen drei Themen ist unübersehbar, daß die damit beschriebenen Formen kirchlichen Lebens ohne den intellektuellen ‚Transfer' aus den Niederlanden nicht realisierbar gewesen wären. Daß die entsprechenden Impulse aufgenommen und gestaltend ausgearbeitet wurden, ist eine Leistung der Bewohner dieses Landes. Dabei muß ich eine uneigentliche Redeweise eingestehen: – wenn ich im folgenden von Niederrhein spreche, meine ich damit die Gebiete der seit 1521 vereinigten Herzogtümer Jülich-Kleve-Berg mit der Grafschaft Mark und den dazugehörigen Gebieten. Diese Lande reichen weit über das hinaus, was man heute unter der Bezeichnung Niederrhein zu begreifen pflegt. Das Zentrum des Geschehens um die beiden Residenzstädte Kleve und Düsseldorf ist jedoch der Niederrhein. Da diese Gebiete bis zum Ende des alten Reiches über die Teilung zwischen Brandenburg und Pfalz-Neuburg hinaus als Einheit galten, habe ich die zusammenfassende Bezeichnung beibehalten. Die kurkölnischen Gebiete sowie die Sonderentwicklung in kleineren Gebieten wie in der Grafschaft Moers bleiben im Hintergrund.

1. Zur via media

Reform und Beseitigung der kirchlichen Mißstände waren zu Beginn des 16. Jahrhunderts ein Modethema. Die kirchlichen Mißstände, so gravierend auch die Zustände in der seelsorgerlichen Versorgung der Gemeinden gewesen sein mögen, waren nicht schlimmer als in den vorausgegangenen Jahrzehnten, aber die *Ansprüche*, insbesondere in den Städten, waren gestiegen. Im Buchdruck stand den humanistischen Kulturkritikern ein Medium zur Verfügung, daß völlig unabhängig von kirchlichen Strukturen Öffentlichkeit herzustellen vermochte. Alle Intellektuellen und humanistisch Gebildeten wollten eine Reformation der herrschenden Zustände im kirchlichen Leben, keiner jedoch wollte die Spaltung der einen Kirche. Es gingen jedoch sehr bald die Meinungen darüber auseinander, ob man eine vorübergehende Spaltung in Kauf nehmen müsse, um die Reform zu retten. Daß aus einer vorübergehenden Spaltung auch eine dauerhafte werden könne, konnte sich damals keiner vorstellen. Und wer es vielleicht konnte, verdrängte es. Während die eine Seite von der Eigendynamik des einmal in Gang gebrachten Reformationsprozesses, von der Alleinwirksamkeit des göttlichen Wortes, wie man damals zu sagen pflegte, der sich schließlich auch Rom beugen müsse, überzeugt war, so hielt die altgläubige Seite dagegen, daß Häresie schließlich ein noch schlimmeres Übel sei als die Mißstände, die man beseitigen wolle. Daneben gab es eine nicht unbeträchtliche Zahl von Intellektuellen, kirchlichen Amtsträgern und Politikern, denen die Alternative Reformation oder Treue zum Hergebrachten zu kurzschlüssig erschien. Gegen die Reformation Wittenberger, Zürcher oder oberdeutscher Prägung vertraten sie die Ansicht, daß die Risiken einer auch bloß vorübergehenden Spaltung zu groß seien und mit dem Geist des Evangeliums kaum vereinbar; andererseits dürfe aber die Keule des Häresievorwurfes nicht so grobschlächtig geschwungen werden, daß dadurch jeder Reformimpuls im Keim erstickt und das Kind mit dem Bade ausgeschüttet werde. Die Gesinnung dieser Gruppe, die durch kein organisatorisches Band zusammengehalten wurde, deren Grenzen zu den sich ausbildenden Konfessionsparteien daher fließend sind, wird als via media, als Mittelweg bezeichnet. Es ist das Verdienst von Heinrich Lutz, daß dieser Gruppe entgegen der konfessionalistischen Verzeichnung als unentschlossene Feiglinge oder als häretisch infizierte Grenzgänger, als semi-catholici, wie es in der kurialen Korrespondez heißt, eine angemessene historische Würdigung zuteil geworden ist. Einmalig ist die Situation in den niederrheinischen Herzogtümern. Hier wurde konsequent über Jahrzehnte hinweg Kirchenpolitik getrieben im Geiste der via media. Hier wurde Reformation ohne Kirchenspaltung in die Praxis umgesetzt. Auch wenn diese Form der Reformation letztendlich nicht erfolgreich blieb, sondern von den Kräften der Gegenreformation regelrecht aufgerieben wurde, halte ich dieses Reformwerk interessant genug, um es nicht ganz aus der Erinnerung zu verlieren.

Der Ahnherr der Reform des mittleren Weges war Erasmus von Rotterdam. Erasmus war christlicher Moralist, literarischer Ästhet und Gelehrter. In unserem Zusammenhang interessiert nur die religiös-moralische Ideenwelt des Gelehrten. Erasmus war kein Theologe im engeren Sinne. Der Streit um dogmatische Inhalte galt ihm als Theologengezänk. Es geht ihm um die rechte Gesinnung.

Die rechte Gesinnung nun hat der, der aus dem Geist des Evangeliums lebt:

Der ist mir ein wahrer Theologe, der nicht mit künstlich zusammengedrechselten Syllogismen, sondern mit Herzenswärme [affectu], durch sein Antlitz, durch seine Augen, durch sein persönliches Leben lehrt [sed ipsa vita doceat!], daß man den Reichtum verachten müsse, daß der Christ nicht auf den Schutz dieser Welt vertrauen solle, sondern sich ganz vom Himmel abhängig fühlen müsse; daß man kein Unrecht vergelten dürfe, daß man die Fluchenden segnen solle, daß man sich gute Verdienste um die erwerben müsse, die Schlimmes verdienen, daß man alle Guten wie die Glieder desselben Leibes lieben und in gleicher Weise hegen müsse; daß die Bösen ertragen werden müßten, wenn man sie nicht bessern könne[6].

Etwas weiter heißt es an der gleichen Stelle:
Wenn einer dieses und ähnliches, vom Geiste Christi angetrieben, predigt, einschärft, dazu ermahnt, einlädt und ermuntert, der ist letzten Endes ein wahrer Theologe, und sei er auch ein Ackersmann oder Tuchweber. Wenn einer dafür durch seinen persönlichen Lebenswandel einsteht, ist er schließlich auch ein großer Doktor[7].

Diesem Geist des Evangeliums, wir würden heute von „Kerygma" sprechen, gibt er den Namen: „Philosophia Christi". Diese zu mobilisieren, für sie zu sensibilisieren, hat er sich zum Ziel gesetzt. Wo Menschen nach dieser Philosophia Christi leben und handeln, gibt es keinen Streit. Gibt es irgendwo Streit und Zank, so ist klar, daß dort der Geist des Evangeliums nicht am Werke ist. Martin Bucer, dem Reformator Straßburgs, antwortet Erasmus auf die Frage, warum er sich nicht ihrer Bewegung anschließe, u.a. folgendes:
Ich sehe in jener Schar [der sich von Rom lösenden reformatorischen Bewegung] viele, die aller evangelischen Lauterkeit bar sind ... Drittens schreckt mich die bekannte große Uneinigkeit unter den Führern ab. Um von den Schwarmgeistern und Wiedertäufern zu schweigen, wie bitter befehden sich in Schriften Zwingli, Luther und Osiander! Die Grausamkeit der Fürsten habe ich niemals gebilligt, aber sie wird durch die Moral gewisser Leute hervorgerufen, während man doch durch Heiligkeit und Angemessenheit des sittlichen Verhaltens das Evangelium empfehlen sollte, wenn Ihr wirklich das besäßet, dessen Ihr Euch rühmt[8].

Etwas weiter heißt es:
Die Führer dieser Bewegung hätten, wenn sie Christus zum Vorbild nahmen, nicht nur von allen Lastern sich fernhalten müssen, sondern auch von jedem bösen Schein; sie hätten das Evangelium in keiner Weise in Mißkredit bringen dürfen und geflissentlich das vermeiden müssen, was zwar erlaubt, aber nicht nützlich ist[9].

Und als Erläuterung des Gesagten heißt es dann:
Es wird immer Dinge geben, die fromme Menschen ertragen müssen. Glaubt jemand, man müsse die Messe deshalb ganz abschaf-

fen, weil mancher sie mißbraucht, so müßte man auch die Predigt im Gottesdienst beseitigen, an der allein nahezu Ihr noch festhaltet. Ebenso denke ich über Heiligenverehrung und Bilder[10].

Wie sensibilisiert man Menschen für den Geist des Evangeliums? – Durch *Bildung*: Das reine und lautere Wort Gottes muß bekannt gemacht werden. Die kritische Ausgabe des Neuen Testaments, die 1516 in Basel herausgebracht wurde, ist Teil dieses Programms. In der Einleitung zu dieser Edition wirbt Erasmus für eine Verbreitung des Neuen Testaments auch in der Volkssprache, damit die weniger Gebildeten in den moralischen Erneuerungsprozeß einbezogen werden.

Das Reformwerk aus evangelischem Geist, aus der Philosophia Christi heraus, wird dort pervertiert, wo äußerliche Ausdrucksweisen der Frömmigkeit in den Status confessendi erhoben werden. Heiligenverehrung und Meßfeier oder andere Zeremonien und Bräuche sind weder Voraussetzung für den wahren evangelischen Geist, noch vermögen sie ihn wesentlich zu stören. Der konfessionelle Streit entzündet sich an Äußerlichkeiten, die das Reformanliegen im *Kern* gar nicht berühren.

Kommen wir zum Niederrhein. Doch zuvor noch eine kleine Anmerkung zu Erasmus.

Erasmus war christlicher Moralist und Literat. Er war kein Politiker und kein Reformstratege. Ganz bewußt und mit Bedacht ging er jeder politischen Verantwortung aus dem Wege. Er setzte auf die Überzeugungskraft seiner Ideen. Gleichwohl waren seine Reformvorstellungen, gerade weil sie die institutionellen und jurisdiktionellen Aspekte ausblendeten, attraktiv für eine säkulare – als eine vom Fürsten und nicht von der Kirche im engeren Sinne betriebene – Reformpolitik. Ja, in den Reformappellen des Erasmus finden sich, zwar weniger spektakulär als in Luthers Adelsschrift oder in Melanchthons Unterricht der Visitatoren, Passagen, die als Legitimation von Reformmaßnahmen der weltlichen Obrigkeit gedeutet werden können und die in der Reformation keineswegs ein Privileg des geistlichen Standes allein sehen.

Erste kirchenordnende Maßnahmen am Niederrhein seit dem Auftreten Luthers gehen auf das Jahr 1525 zurück. Nachdem noch im Frühjahr zu Kanzelabkündigungen gegen Luther als dem mutmaßlichen Anstifter der Bauernunruhen aufgerufen wird, – ohne allerdings mit nur einem Wort das Wormser Edikt zu erwähnen –, ist die Verordnung Johanns III. vom 8. Juli frei von religionsparteiischen Anspielungen. Den ersten Artikel könnte man zum Motto für alle weiteren Reformmaßnahmen erheben:

Zum irsten, dat ein jeder pastoir in unsen furstendomen, landen ind gebieden dat wort Gotz klairlich aen alle ufroere, ergerniss ader eigennutz verkondige, dem voulk in gudem, eirligen, fromen leven vurgae ind in dem cristligen gelouven, liefden [Lehren] ind heuftarticulen grontlich underwise ind berichte[11].

Im folgenden werden Mißstände, die dem ‚guten, ehrlichen, frommen christlichen Leben' zuwiderlaufen, benannt und zu deren Abstellung oder Einschränkung aufgefordert.

Trotz der gespannten Atmosphäre im Anschluß an die gescheiterten Augsburger Ausgleichsverhandlungen von 1530 wird an einer neuen Kirchenordnung gearbeitet, die am 11. Januar 1532 verabschiedet wird. Sicherlich spielte dabei auch eine Rolle, daß man das teilweise eigenmächtige Vorgehen der Städte disziplinierend einfangen wollte. Einige Zitate mögen den Geist der Ordnung illustrieren:

das die pastore ader ire vurweser das heilig evangelium, alt und neu testament, zu warer erkantnus unsers heilantz Jesu Christi, zu merung christlicher liebe, haldung der geboder Gottes, zu gehorsam, frid und einigkeit, zu besserung unsers levens on ufrur ... predigen, und van allem schelden der alden ader neuer lere (wie man die dan genennen mag) sich genzlich enthalden, dwil darus nit anderst, dan ufruer und widderwille ervolget[12].

Und etwas weiter heißt es dann:

Zum sesten, das gein nuwerong widder die heilige sacramenten, widder die geseng und lesen der kirchen, widder lofliche hergebrachte ceremonien ingefurt sollen werden sonder eins jedern derselvigen rechten gebruich, herkompst und beduidong grondlich erklieren[13].

Mißstände und abergläubische Praktiken aber, die nicht in der Heiligen Schrift gegründet sind, die zur Mehrung innerer Frömmigkeit und zur Besserung der Lebensführung nichts beitragen, sollen abgestellt werden.

Als sich die reichspolitische Situation im Gefolge des Nürnberger Anstandes, des kaiserlichen Stillhalteabkommens mit den Protestanten, entspannte, erweiterte und ergänzte man die Kirchenordnung durch eine Declaratio, eine Art Instruktion für die mit der Visitation beauftragten fürstlichen Räte. Dort heißt es programmatisch:

dat si [die prediger] es genzlich geleuven, darfur halden und leren, dat dat evangelium und wort Gotz die einige lere si zu der selicheit und dat die pastoere und prediger ire predig, leven und wandel darus nemen und foeren, ouch alle andere schrift und lere darnach richten und alwege Got den herrn umb den rechten warhaftigen verstand bidden in vertroestung der zusagen, dat er sinen hilligen geist denen, die innen darumb ersoechen, geven will[14].

Und zur Erläuterung dessen, was für den „rechten warhaftigen verstand" zu gelten hat, heißt es weiter:

Item wes in der schrift ader sunst furkompt zu undersoechen, of es van Got si ader nit, nemlich of es zu der eheren Gotz, liefden des nehesten, gemeinen fridden und besserung dienlich und furderlich[15].

Die Kompetenz für die Reform liegt ausschließlich in den Händen der Obrigkeit. Eine Eigendynamik der Reform darf es nicht geben; sie würde nur zu Unfrieden und Aufruhr führen. Solange die Reli-

Abbildung 30: Brautwerbebild des vierundzwanzigjährigen Herzogs für Franz I. zur Vorbereitung der Ehe mit dessen Nichte Jeanne d'Albret. Düsseldorf, Stadtmuseum.

gion eine wichtige gesellschaftliche Rolle spielt, ist kirchliche Reform immer zugleich ein eminent politisches Thema:

> *und of wail bi denselvigen [den ordnungsgemäß eingesetzten Geistlichen] innich mangel (so doch alle minschen gebrechlich sin) befonden wurd, dat darumb dem gemeinen man nit gebueren will, die ordnong und beroffung zu veranderen, die kirchendiener zu entsetzen, andere anzunemen ader einigs wegs zu underhalden, sonder dat es der obericheit und nit dem gemeinen man gezimpt, die gebrechen und missbruiche afzustellen*[16].

Der Verkündigung der Declaratio folgt unmittelbar eine vom herzoglichen Hof organisierte Visitation. Sie soll den Reformvorstellungen des Hofes an der Basis zum Durchbruch verhelfen. Da sich im benachbarten Köln eine gleichgerichtete Reformgesinnung durchzusetzen beginnt, ist die Bereitschaft groß, die Bemühungen um die Erneuerung des kirchlichen Lebens zu koordieren. Alle Hoffnungen auf eine konzertierte Aktion scheitern jedoch an der heiklen Jurisdiktionsfrage[17].

Von Konrad Heresbach in humanistischem Geist erzogen setzt Wilhelm V., als er 23-jährig die Regierung übernahm, den Reformkurs fort. Trotz des empfindlichen Rückschlags, den seine Politik durch die gescheiterte Erbfolge in Geldern erlitten hatte, war er bestrebt, der via media-Reform weiteres Profil zu geben. Der Laienkelch wurde bei Hof praktiziert, die Messe ward des Opfercharakters entkleidet, sein Hofprediger Veltius war verheiratet. Sodann wurde eine Bildungspolitik im humanistischen Geist betrieben. Die Schulgründung in der kleinen bergischen Residenzstadt Düsseldorf im März 1545 war ein überwältigender Erfolg. In den 50er und 60er Jahren erreichte diese Bildungsanstalt unter der Leitung des erasmisch gesinnten Rektors Johann Monheim und seines Konrektors und Nachfolgers Franz Fabricius enorme Studentenzahlen. Das Einzugsgebiet dieser Schule ging weit über das Gebiet der Herzogtümer hinaus. – Für die Rekrutierung der geistlichen und juristischen Führungsschicht ist jedoch eine universitäre Ausbildung mit anerkannten akademischen Graden unumgänglich. An den umliegenden Universitäten begann sich allmählich der Geist der Gegenreformation auszubreiten. Eine eigene Universität aber kostet Geld, und außerdem muß, will man attraktiv sein, die Anerkennung der zu verleihenden akademischen Grade gesichert sein. Beides, die Ausstattung mit Pfründen und die Anerkennung, ist an der Kirche, d. h. an Rom, vorbei kaum zu erreichen.

So wurde der niederländische Gelehrte Andreas Masius, der über gute Beziehungen in Kardinalskreisen verfügte, mit einem ganzen Paket von Suppliken im Herbst 1555 nach Rom entsandt. Kernstück seines Auftrags war, ein Gründungsprivileg für eine Universität in Duisburg zu erwirken und die materielle Ausstattung durch Zuweisung kirchlicher Einkünfte zu sichern. Die Geschicke, die dieser herzoglichen Gründungsinitiative widerfuhren, zeigen, wie schwierig es inzwischen geworden war, in Rom Verständnis für eine erasmische Reform innerhalb der alten Kirche zu finden. Zwar hat das Gründungsprivileg Pius' IV. nach so manchen Abenteuern den herzoglichen Hof doch noch erreicht, die Ausfertigung der Urkunde jedoch entsprach kaum noch den ursprünglichen Absichten. Die Inkorporierung kirchlicher Pfründen fehlte, dafür war eine Klausel eingefügt worden, die von künftigen Professoren und Studenten den Eid auf das inzwischen abgeschlossene Tridentinum verlangt.

Auch am herzoglichen Hof selbst beginnt sich langsam ein Wandel zu ungunsten der via-media-Politik zu vollziehen. Die profiliertesten Vertreter dieser Politik treten ab: Von Vlatten, das entscheidende Rückgrat der Reform- und Bildungspolitik, war bereits 1562 gestorben. Heresbach zieht sich mehr und mehr auf sein Landgut auf der Rheininsel Lorward bei Wesel zurück. Von den theologischen Beratern sterben Julius Pflug 1564, Georg Cassander 1566, Georg Witzel 1573. Ebenfalls 1573 stirbt der Rektor der reputierten Düsseldorfer Schule, Franz Fabrizius, Nachfolger des 1564 verstorbenen Gründungsrektors Johann Monheim. Schließlich, 1578, verläßt auch Johann Weyer, der bestgehaßte Mann der spanischen Partei und als Arzt besonders eng mit dem Herzog verbunden, den Hof und zieht sich auf sein Landgut bei Kleve zurück.

Nach dem Schlaganfall des Herzogs 1566 gleitet die Regierungsgewalt immer mehr in die Hände der Räte. Wie lange der Herzog bei der Willensbildung am Hofe noch maßgeblichen Einfluß ausüben konnte, ist schwer auszumachen. Unter den Räten jedenfalls setzt sich mehr und mehr die Überzeugung durch, daß nur in enger Anlehnung an die katholischen Mächte, an Spanien und Bayern, die Prosperität der Lande gewährleistet werden kann. Werner von Gymnich, Haushofmeister der beiden Prinzen Karl Friedrich und Johann Wilhelm, der zusammen mit seinem Fürsten die gleiche Erziehung im Geist der via media genossen hatte, und Schwarzenberg, Haushofmeister seit 1567, sind die Exponenten der neuen, prokatholischen ‚Realos'. Der Erfolg in der Münsterischen Frage schien dem Richtungswechsel

Abbildung 31: Bildnis des greisen und kranken fünfundsiebzigjährigen Herzogs von dem Düsseldorfer Hofmaler Johann Malthein.

Recht zu geben[18]. Wie ein Relikt aus vergangenen Zeiten wirkt das starre Festhalten des kranken Herzogs an der Laienkelchpraxis, von der er sich durch nichts in der Welt abbringen lassen will, den gegenreformatorischen Kreisen ein Ärgernis, den Protestanten ein Rätsel. Noch 1575 bedauert Schwarzenberg in einem Schreiben an den bayerischen Herzog Albrecht, daß die Messe am Hof sich noch nicht durchgesetzt habe. Für eine Kontinuität der via-media-Politik fehlte aber nicht nur der politische Wille am Hof, sondern inzwischen auch die kirchliche Basis. Die Konfessionalisierung unter den Ständen und in der Bevölkerung war zu weit fortgeschritten.

Das Ende der via-media-*Politik* ist aber nicht gleichzusetzen mit dem Ende der via-media-*Gesinnung*. Wie anders wäre die Kommunikation der konfessionsverschiedenen Stände untereinander oder die der Stände mit dem Hof – so konfliktgeladen sie auch im einzelnen war – möglich gewesen?

2. Das unbeschwerte Gewissen

Nahezu gleichzeitig mit dem Einzug der Gegenreformation in die herzogliche Regierung vollziehen sich an der Basis die entscheidenden Schritte zur Stabilisierung eines unabhängigen reformierten Kirchenwesens. Davon wird später noch die Rede sein. Der kon-

Abbildung 32: Die herzogliche Familie. Links: Herzog Wilhelm der Reiche mit seinen beiden Söhnen Karl Friedrich und Johann Wilhelm kniend. Rechts: Herzogin Maria, Gemahlin Wilhelms des Reichen, mit ihren Töchtern Marie Eleonore, Anna, Magdalene und Sibylla, kniend. 1570, Glasfenster, ursprünglich aus einer Kirche des Erkelenzer Landes, später in der Kapelle des Berliner Stadtschlosses (verschollen).

fessionellen Vereindeutigung im altgläubigen Sinne am Hofe entspricht die Tendenz zur proprotestantischen Vereindeutigung bei den Ständen und an der Basis. Die repressiven Maßnahmen des Hofes und die Gewaltmaßnahmen des spanischen Militärs konnten ansehnliche Erfolge verbuchen, die völlige Rekatholisierung des Landes jedoch mißlingt. Die Anlehnung an die führenden katholischen Mächte mag realpolitisch gesehen zwar ein Gebot der Vernunft gewesen sein, der Erfolg für die betroffenen Lande blieb jedoch aus. Die Regierung war unfähig, die Verhältnisse zu stabilisieren, vor allem aber, das Land von ausländischen Truppen freizuhalten. So bildete sich eine Solidarität der Stände über Konfessionsgrenzen hinweg aus. Was sich am Hofe abspielte, war durchaus nicht geeignet, bei den Ständen Vertrauen zu schaffen. Das Ringen um Einfluß geht auch unter den nun durchweg römisch orientierten ungeschmälert in einem kaum vorstellbaren Maß an Rücksichtslosigkeit und Hinterhältigkeit weiter. Religiöse Überzeugung und Häresieverdacht werden zur Ware, aus der man politisches Kapital zu schlagen suchte (ein Meister in dieser Technik war Herzog Alba). Mit dem Schwinden der geistigen Kräfte des Herzogs nahmen die Intrigen weiter zu. Die Blödigkeit und völlige Regierungsunfähigkeit des Jungherzogs Johann Wilhelm war spätestens mit seinem Zusammenbruch 1590 nicht mehr zu verbergen. Was bis zu seinem Tode am 28. März 1609 folgte, böte reichlich Stoff für einen Kriminalroman: eine Herzogin wird ermordet, die andere flieht vom Hof, ein Graf wird mit seiner Leibwache heimtückisch niedergemacht, ein spanischer General, der durch Frömmelei und Grausamkeit in gleicher Weise hervorsticht, zieht mit einem riesigen Heer, Schrecken verbreitend, durch die Lande. Im Hintergrund die auswärtigen politischen Mächte: die römische Kurie, die seit 1573 zeitweise und seit 1584 ständig durch einen Nuntius in Köln präsent war, Bayern, das die umliegenden Bistümer fest in der Hand hielt, das übermächtige Spanien nicht nur in unmittelbarer Nachbarschaft, sondern allzu oft im Land selbst; sodann die protestantischen Mächte: die Nachbarn im Nord-Westen, die Staaten, die, ebenfalls militärisch präsent, ein Gegengewicht zu den spanischen Truppen bildeten, die erbberechtigten Häuser Brandenburg und Pfalz-Neuburg und schließlich der Kaiser, der der zunehmenden konfessionellen Polarisierung im Reich nicht mehr gewachsen war und durch die Entsendung von Komissaren an den Niederrhein die Dinge in nur noch größere Verwirrung stürzte.

Zum Glück gab es ein Medium, was alle Machtgelüste unerbittlich in Schranken wies, ein Medium, dessen humanitärer Segen im allgemeinen verkannt wird, nämlich: das *Geld*, genauer: die Geldknappheit. In der Geldknappheit des Hofes lag die Chance der Stände. Sie war das einzige Druckmittel, was den Ständen gegenüber der fürstlichen Obrigkeit zu Gebote stand. Genauso wie von den Strategen der Gegenreformation religiöse Überzeugung in Ware konvertiert wurde, so wurde nun umgekehrt von den Ständen Ware,

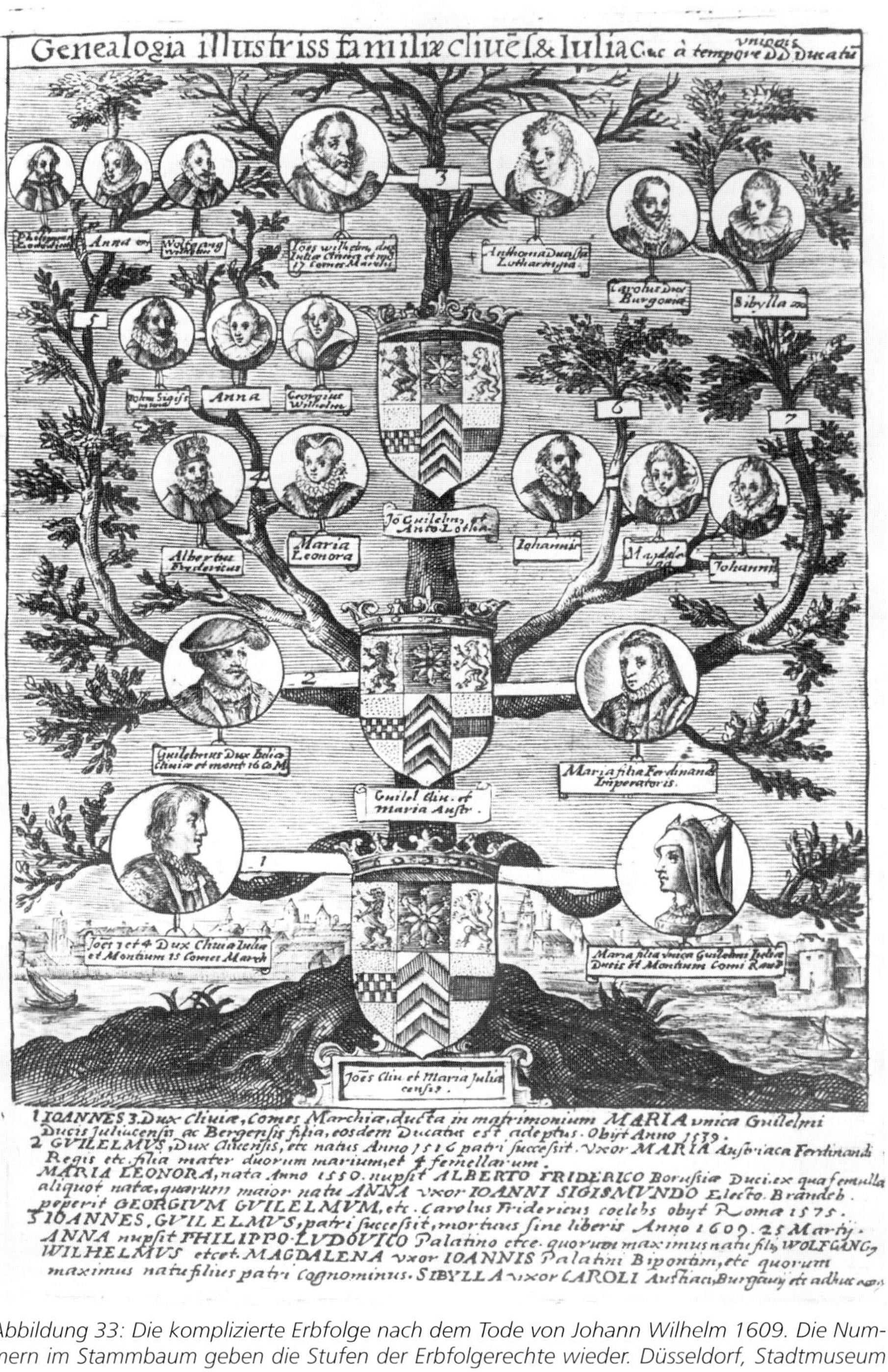

Abbildung 33: Die komplizierte Erbfolge nach dem Tode von Johann Wilhelm 1609. Die Nummern im Stammbaum geben die Stufen der Erbfolgerechte wieder. Düsseldorf, Stadtmuseum (Katalog Nr. H 1).

Das Haus-Jülich-Kleve-Berg

Entwurf Bernhard Grabisch

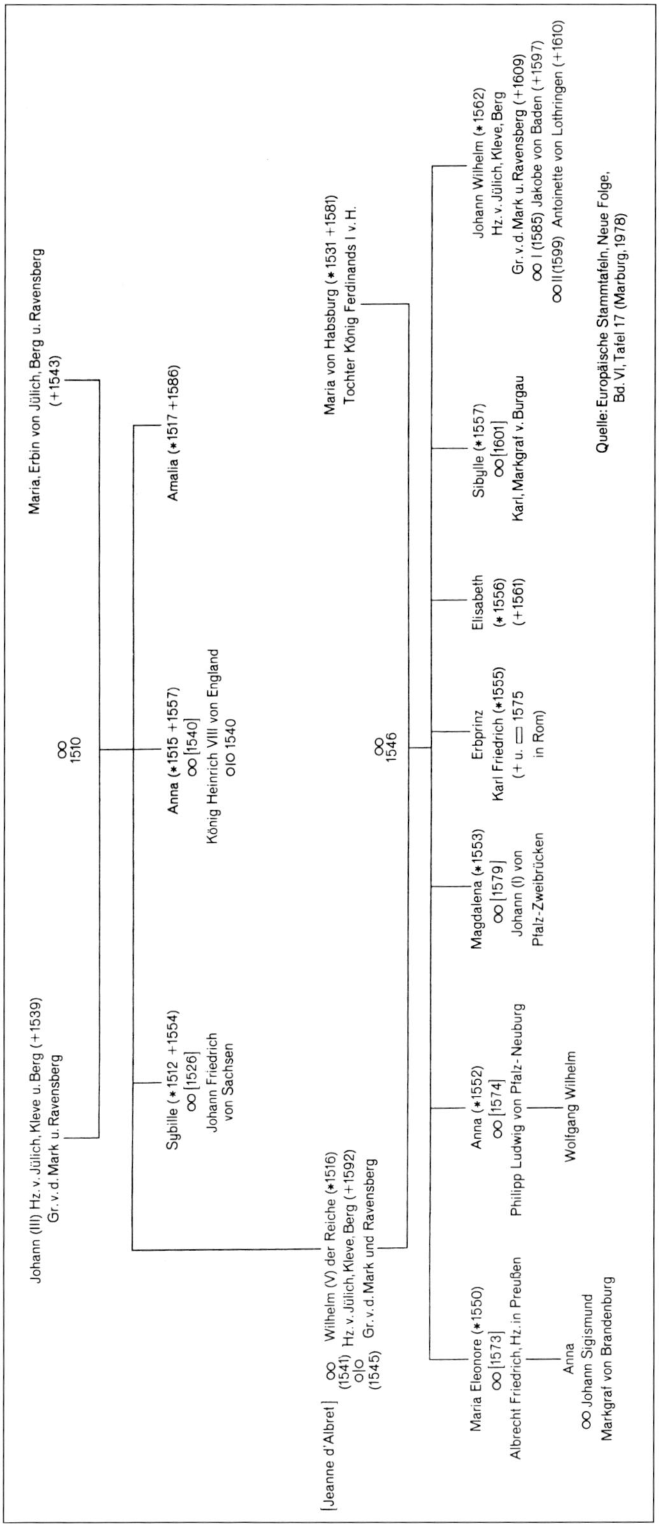

Abbildung 34: Stammtafel der herzoglichen Familie. Entwurf Bernhard Grabisch.

nämlich Geld, eingesetzt, um Freiraum für die religiöse Überzeugung und – soweit möglich – auch zu deren offizieller Bekundung zu gewinnen. Es wiederholte sich hier am Niederrhein das, was sich 50 Jahre zuvor auf Reichsebene abgespielt hatte. Um seine militärischen und politischen Ziele zu erreichen, brauchte der Kaiser das Geld der Stände. Um die Stände kooperationsbereit zu stimmen, machte der Kaiser Zugeständnisse, eben auch Zugeständnisse auf religiösem Gebiet. Auch zu dem Ausgang dieses ständisch-kaiserlichen Tauziehens auf Reichsebene läßt sich eine Parallele am Niederrhein finden. Ebenso wie Moritz von Sachsen durch seinen kühnen Putsch gegen den Kaiser neue Verhältnisse schuf, die den Weg für die konfessionsparitätischen Vereinbarungen im Augsburger Religionsfrieden bahnten, so hat die vereinigte brandenburgisch – pfalz-neuburgische Besitzergreifung der Herzogtümer 1609 neue Verhältnisse geschaffen. Was der Augsburger Religionsfrieden von 1555 für das Reich, waren die sog. Reversalien von 1609 hier am Niederrhein. Zwar wurde noch Jahrzehnte um die rechte Auslegung der Reversalien zwischen Brandenburg und den seit 1614 katholischen Pfalz-Neuburgern gerungen; ebenso wie im Reich, wo die Konfessionsparteien durch eigenwillige Interpretation und auch durch Umgehung der Bestimmungen sich Vorteile zu verschaffen suchten, die Friedensregelungen selbst aber nie ernsthaft infrage gestellt wurden, so wurden auch die Reversalien selbst, bei allem Streit um ihre Auslegung, von den Possedierenden nie ernsthaft zur Disposition gestellt.

Die Reversalien waren nicht ein simples Remake des Augsburger Religionsfriedens. Die Zusicherungen der Possedierenden an die Stände gehen weit über die Augsburger Vereinbarungen hinaus. In Augsburg einigten sich altgläubige und lutherische Fürsten – Augsburger Confessionsverwandte, wie man sie nach den 1530 auf einem früheren Reichstag in Augsburg vorgelegten Glaubensartikeln nannte – darauf, daß sie für die Zeit, bis die kirchliche Einheit wiederhergestellt sei, die Konfessionsverschiedenheit nicht zur Begründung politischer und militärischer Zwangsmaßnahmen mißbrauchen wollten. Beides, die Eingrenzung des Friedens auf Altgläubige und Lutheraner und die Perspektive: ‚bis zur endlichen Vergleichung‘, machte am Niederrhein um 1609 keinen Sinn mehr. Waren es doch die Reformierten, die die Seele des Widerstandes gegen den gegenreformatorischen Druck bildeten, von den Täufern, die in den lutherischen Glaubensartikeln als häretisch ausgegrenzt waren, ganz zu schweigen. Auch die Perspektive eines ‚endlichen Vergleichs‘ war unter den nachtridentinischen Zwangsmaßnahmen längst zerflossen.

Die neue Formel, die man am Niederrhein für die Bestandsgarantie der abweichenden Konfession verwendete, lautete:

‚Niemanden in seinem Gewissen zu turbiren, zu molestieren noch zu betrueben‘.

In den Reversen der ‚Possedierenden‘ an die Landstände heißt es entsprechend:

Die Catholische Römische, wie auch alle andere christliche Religion wie sowol im Römischen Reich als den vorstehenden Fürstenthumb Cleve und Graffschaft von der Marck in offentlichen Gebrauch und Ubung auch in diesem Fürstenthumb Julich an einem jeden Ort offentlich zu üben und zugebrauchen, zuzulassen, zu continuiren und zu manutenieren, und daruber Niemand an seinem Gewissen noch Exercitio zu turbiren, zu molestiren noch zu betrüben[19].

Der Vorteil der Gewissens-Formel[20] war es, daß sie vermied, bestimmte konfessionelle Denominationen explizit ein- bzw. auszugrenzen. So waren – bei gutwilliger Interpretation – letztlich auch die Täufer mit eingeschlossen, ein für das Reich in dieser Zeit unerhörter Vorgang[21].

Stabilität konnte die Gewährung der Gewissensfreiheit jedoch nur schaffen, wenn sie auch von den Räten am Hof, zumindest mehrheitlich, respektiert wurde. Als Beleg dafür, daß die via media-Gesinnung und die für sie typische Vergleichgültigung der äußeren Formen bei aller offiziellen Rekatholisierung nicht völlig verschwunden waren, mag die Tatsache gelten, daß der Kurprinz Georg Wilhelm von Brandenburg, der nach dem Tod von Markgraf Ernst die Statthalterschaft 1613 übernommen hatte, als er im März 1616 die neuerworbenen Gebiete am Niederrhein verließ, einen katholischen Rat, nämlich Graf Adam von Schwarzenberg, als Statthalter und Vertreter seiner Interessen einsetzte[22].

Die Überzeugung, daß Frieden, Prosperität des Landes, dynastische Stabilität höhere Güter als religiöse Wahrheit sind, wird oft als Gesinnungsschwäche oder Opportunismus stigmatisiert. Es wird dabei übersehen, daß eben in dieser Überordnung des politischen Interesses und in der Privatisierung der religiösen Überzeugung der Schlüssel zur Überwindung des zerstörerischen konfessionellen Konfliktes lag. Auch wenn der Sorge um die politische Stabilität der Vorrang eingeräumt wird, so befinden wir uns aber noch in einer Zeit, die durch und durch religiös geprägt gewesen ist und in der es an Beispielen nicht mangelt, für die religiöse Überzeugung vielerlei Nachteile auf sich zu nehmen. Wir müssen also von einem Gewissenskonflikt zwischen Frömmigkeit und politischer Verantwortung ausgehen. Dieser Konflikt konnte nun entweder pragmatisch-opportunistisch oder selbst wiederum religiös gelöst werden. Beide Wege wurden beschritten. Religiös war der Konflikt nur zu bewältigen, wenn die ‚innere Wahrheit' der Religion den äußeren, rituellen und zeremoniellen Frömmigkeitspraktiken übergeordnet blieb. Genau dies war aber das genuin erasmische Anliegen. Zwar sind Beispiele dieser erasmischen Gesinnung auch anderweitig auszumachen. Nirgendwo anders jedoch hat sich diese Gesinnung so weitgehend bis in offizielle Verlautbarungen hinein konkretisiert.

Es war noch ein weiter Weg von der Garantie der Gewissensfreiheit in den Reversalien zu der Übernahme dieses Gutes in die modernen Verfassungen seit der Französischen Revolution. Im Westfälischen Frieden wird sie erstmals als Reichsgesetz verankert, verbunden allerdings mit dem ausdrücklichem Verbot, daraus ein Recht zu öffentlichem Kult abzuleiten. Im Pietismus und dann in der Aufklärung werden die Vergleichgültigung alles Dogmatischen und die Betonung des richtiges Leben zum Allgemeingut. Auch in diesem Prozeß stand der Niederrhein durchaus nicht abseits.

3. Die synodale Selbstverwaltung der protestantischen Kirchen am Niederrhein

Der Niederrhein hat im Gegensatz zu anderen Territorien ein landesherrliches Kirchenregiment, das in den protestantischen Gebieten die entfallene bischöfliche Jurisdiktion ersetzte, nicht gekannt. Wie war das möglich?

Wir haben davon gehört, daß die Eigendynamik der auf konfessionelle Vereindeutigung drängenden Basis für die herzogliche via-media-Politik ein großes Problem darstellte. Mit Edikten, Einzelanweisungen und Verhören versuchte man, Abweichungen von der bestehenden Kirchenordnung gegenzusteuern. Zielgruppe der disziplinierenden herzoglichen Erlasse waren „Täufer" und „Sakramentierer". Sie waren für den Herzog der Inbegriff des Aufrührerischen, ähnlich wie für den Papst die Protestanten insgesamt als aufrührerisch und unzuverlässig galten. Der herzogliche Verdacht besteht zu Recht und zu Unrecht in gleicher Weise. Zu unrecht, weil die Täufer im allgemeinen pazifistisch gesinnt waren und Täufer wie Sakramentierer das erasmische Anliegen einer via-media-Reform, nämlich, ‚das Wort rein und lauter zu verkündigen' und danach zu leben, ernster nahmen als irgendeine andere konfessionelle Gruppierung. Zurecht fiel der Verdacht des herzoglichen Hofes auf die Täufer und Sakramentierer, weil sie zur Selbstorganisation fähig und ohne bestallten und von der herzoglichen Visitation kontrollierbaren Geistlichen lebensfähig waren. Das von Luther propagierte, aber nicht realisierte allgemeine Priestertum aller Getauften war in den Gemeinden der Täufer und Sakramentierer Wirklichkeit. Zwar praktizierten auch sie das Prinzip der Ämterteilung und stellten, wenn sie es sich leisten konnten, für das Amt der Verkündigung einen ‚Profi' ein; doch war ihre Existenz nicht davon abhängig, ob ein gebildeter Prediger regelmäßig bei ihnen war. Hinzu kam die Fähigkeit und die Bereitschaft zu überregionaler Organisation auch ohne obrigkeitliche Genehmigung und Förderung. Wo die Mittel nicht reichten oder obrigkeitliche Zwangsmaßnahmen sie des Predigers beraubten, war man bereit, zusammenzulegen oder sich gegenseitig zu helfen. Das setzte natürlich Koordinationsbereitschaft voraus, und das will, wenn es um religiöse Wahrheiten geht, was heißen. [Man vergleiche die Schwierigkeiten, ein gemeinsames lutherisches Bekenntnis zustande zu bringen, was ohne entsprechenden fürstlichen Druck wohl nie erreicht worden wäre.] Zweifellos hat hier die Verfolgungssituation segensreich gewirkt.

Wer waren nun diese Täufer und wer die Sakramentierer? Während wir für die Täufer das Merkmal der Erwachsenen-Taufe haben, fehlt für die Sakramentierer ein entsprechendes äußeres Kennzeichen. Sie sind eigentlich nur theologisch auszugrenzen als diejenigen, die die altgläubige und die lutherische Abendmahlsauffassung von der Realpräsens Christi in den eucharistischen Elementen ablehnen, also die Anhänger der zwinglisch-calvinistischen Abendmahlsauffassung. Die Mitglieder beider Gruppen stammen aus den benachbarten Niederlanden, wo sie dem Verfolgungsdruck der burgundischen Behörden ausgewichen sind.

Daß nun die Niederrheinischen Herzogtümer vornehmlich der Siedlungsraum für diese Flüchtlinge wurden, hängt sicherlich nur indirekt mit der so oft erwähnten Weitherzigkeit des Herzogs zusammen. Es waren wohl in erster Linie wirtschaftliche Faktoren, die den Wirtschaftsstandort der Auswanderer bestimmten, und wirtschaftliche Interessen haben neutralisierend auf die Religionsverschiedenheit gewirkt[23]. Von größerer Bedeutung war, was die Konfessionsverschiedenheit der neuen Siedler angeht, die weitgehende Unabhängigkeit der Stände, insbesondere der Städte, vom herzoglichen Hof. Ihren Freiraum verteidigten die Stände mit Berufung auf Herkommen und als Gegenleistung für Steuerbewilligungen, von denen im vorigen Abschnitt die Rede war. Hinzu kommen, was die Unabhängigkeit der Region von der herzoglichen Regierung angeht, das überkommene Patronatsrecht bei der Besetzung der Pfarrgeistlichkeit, das gewisse kirchliche Jurisdiktionsrechte und die Oberaufsicht über das Kirchen-, das Schul- und Armenwesen einschloß, was protestantisch gesinnte Patrone im Sinne ihrer Konfession nutzten. Völlig unkontrollierbar war die konfessionelle Zugehörigkeit dort, wo auf das exercitium publicum, also den öffentlichen Gottesdienst in einer bestimmten Kirche, verzichtet wurde, um in Privathäusern sich unter Gottes Wort zu versammeln. Selbst militärische Gewalt, wenn sie nicht dauerhaft ausgeübt wird, konnte, wie das Beispiel Wesel 1598 lehrt, keine neue Strukturen schaffen – trotz Nuntius und Jesuiten. Daß die Spanier das Land nicht dauerhaft und flächendeckend besetzen konnten, war wiederum ein Verdienst der der staatischen Truppen.

Die sich in den Herzogtümern organisierende reformierte Kirche ist zunächst einmal eine niederländische Flüchtlingskirche. Sie hat sich in größeren Zusammenkünften, in Wesel 1568 und schließlich auf der Synode in Emden 1571, zu einer kirchlichen Gemeinschaft zusammengeschlossen. Bereits der erste Artikel ist für das Selbstverständnis der reformierten Gemeinden aufschlußreich:

> *Nulla Ecclesia in alias, nullus Minister in Ministros, Senior in Seniores, Diaconus in Diaconos primatum seu dominationem obtinebit, sed potius ab omni suspicione sibi cavebit (Acta Synodi ecclesiarum Belgicarum habitae Embdae, 4. die Octobris Anno 1571, art. 1)*[24].

Wie im Titel angezeigt (ecclesiae Belgicae) bilden die in Emden zusammengetretenen Deputierten einen Kirchenverband Niederländischer Kirchengemeinden. Kirche ist also nicht eine die einzelnen Gemeinden zusammenfassende höhere Einheit, sondern die einzelne Gemeinde ist Kirche in vollem Sinne. Damit ist der frühchristliche Kirchenbegriff wieder hergestellt. Der in Emden erfolgte Zusammenschluß bildet einen subsidiären Verband, nicht aber eine höhere Einheit. Ein solcher pluraler Kirchenverband ist von gezielten Verfolgungsmaßnahmen kaum zu treffen.

Die reformierten Kirchen sind kein Fremdkörper geblieben. Einheimische haben leicht Anschluß gefunden, um so mehr, als die Verfolgungssituation der Solidaritität in den Gemeinden ‚unter dem Kreuz' nur dienlich sein konnte. Als der Druck der Rekatholisierungsmaßnahmen entfiel, brachen keineswegs eine große theologische Selbstzerfleischung und das Buhlen um die fürstliche Gunst aus. Unabhängig von obrigkeitlichen Initiativen und unabhängig von der konfessionellen Option der Fürsten gelang es in kürzester Zeit, die kirchliche Selbstorganisation an die neuen Gegebenheiten anzupassen, und eine synodale Ordnung, die die Teilung der Lande überdauerte, wurde geschaffen. Diese unabhängige synodale Kirchenorganisation wurde später auch von der lutherischen Kirche, die ihr Verbreitungsgebiet vor allem im Bergischen und in der Mark hatte, übernommen. Zwei Kirchenwesen, eine reformierte und eine lutherische Landeskirche, die keinem landesherrlichen Kirchenregiment unterstanden und über das Herrschaftsgebiet des jeweiligen Fürsten hinausgingen, vereinzelt auch in kurkölnisches Gebiet hineinreichten, waren entstanden. Dank der Reversalien wurde auf territorialer Ebene ein paritätisches Kirchenrecht praktiziert, wie wir es sonst nur in den Reichsstädten kennen und in dem, lange vor dem Westfälischen Frieden, die reformierte Konfession gleichberechtigt aufgenommen war.

Die Übernahme der Regierungsgewalt durch die ‚possedierenden' Fürsten war allerdings keinesfalls der Anbruch einer neuen Friedenszeit. Beide Fürsten waren militärisch viel zu schwach und das gegenseitige Mißtrauen viel zu groß, um das Land gegen Übergriffe zu schützen. Es wurde weiterhin von spanischen und staatischen Truppen und in einer späteren Phase des Dreißigjährigen Krieges auch von hessischen Truppen überzogen. Als mit dem Westfälischen Frieden diese Plage endlich vorüber war, verlagerte sich die Drangsalierung an die Basis. Alles, was menschliche Bosheit – und die ist sehr erfinderisch – sich auszudenken vermochte (Begräbnisverweigerung, Wiederausgraben bereits Bestatteter, Gottesdienststörungen, Kirchenschändungen und vieles mehr) ist uns in den Gravamina der notleidenden Gemeinden und Synoden reichlich bezeugt. Der komplizierte juristische Kleinkrieg um das exercitium publicum, den öffentlichen Gottesdienst also, nimmt sich dagegen harmlos aus. Hier halten sich großzügige Kooperation und kleinliches Aufrechnen die Wage. Unter dem Einfluß des

Pietismus und später der Aufklärung entspannte sich der konfessionelle Gegensatz, bis die Eingliederung der linksrheinischen Lande in das französische Staatsgebiet eine uneingeschränkte Kultfreiheit sowie die bürgerliche Gleichberechtigung auch in den ehemals geistlichen Gebieten brachte, hinter die auch in den Restaurationsphasen des 19. Jahrhunderts nicht mehr zurückgegangen werden konnte.

Das synodale Selbstbewußtsein hat sich nach der Eingliederung der Rheinlande und Westfalens in die preußische Provinzialverwaltung nur bedingt behaupten können. Die Kirchenordnung von 1835, die das Ergebnis eines Kompromisses zwischen dem Streben nach kirchlicher Selbstverwaltung und staatlichem Führungsanspruch ist, kann nur ganz eingeschränkt als Gegengewicht gegen die konsistorial verfaßte preußische Obrigkeitskirche in Anschlag gebracht werden. Im Zuge der zunehmenden Entflechtung von Kirche und Staat in der zweiten Hälfte des 19. Jahrhunderts bekommt die rheinisch-westfälische Kirchenordnung allerdings Modellcharakter nicht nur für die anderen preußischen Provinzen, sondern auch für die diese übergreifende preußische Generalsynode.

Schlußbemerkung

An drei Themen – via media, Gewissensfreiheit, synodale Selbstverwaltung – habe ich versucht aufzuzeigen, daß man in der Geschichte des Niederrheins ‚Unikate' entdecken kann, deren Bedeutung erst in viel späteren Zeiten ins allgemeine Bewußtsein getreten sind. Man könnte die Liste leicht erweitern, z. B.:

- die Kritik am Hexenwahn; Johannes Weier, der Leibarzt Herzog Wilhelms, war der erste konsequente Kritiker dieses Wahns; detailliert wies er nach, daß dämonische Kräfte nichts anderem als krankhafter Imagination entspringen, deren Realitätsgehalt erst durch die Folter erzeugt wird;
- die Rezeption des Cartesianismus an der Universität Duisburg zu einer Zeit, als im übrigen Deutschland der Aristotelismus ungebrochen das theologische Denken beherrschte;
- die frühe Rezeption des reformierten Pietismus, ohne daß es zu der üblichen Konfrontation Orthodoxie/Pietismus gekommen wäre;
- die problemlose Anpassung der kirchlichen Infrastruktur an Bedingungen des Napoleonischen Staates, der den protestantischen Kirchen uneingeschränkte Kultfreiheit und ihren Gliedern uneingeschränkte bürgerliche Gleichberechtigung bescherte.

Der Niederrhein hat die hier entwickelten Ideen und Formen des Zusammenlebens nicht immer erfolgreich vertreten können. Im Vokabular einer heute nicht mehr üblichen Sprache könnte man sich damit trösten: ‚die Zeit war eben dafür noch nicht reif'; d. h. längerfristig gesehen bleibt so manche Position, die hier dank der engen Nachbarschaft zu den Niederlanden entwickelt werden konnte, vorbildhaft, und eine kulturhistorische Erinnerung greift gerne auf sie zurück.

Chronologie

I. Die Epoche der via media

1521	Vereinigung von Jülich-Berg und Kleve-Mark unter Herzog **Johann III.**
1525	erste Kirchenordnung für die vereinigten Herzogtümer
1526	Reichstag zu Speyer: die Religionssachen werden vorübergehend der Verantwortung der Reichsstände unterstellt
1530	Reichstag zu Augsburg: lutherisch gesinnte Stände legen die „Confessio Augustana" (CA) vor; die Ausgleichverhandlungen scheitern an der Jurisdiktionsfrage; der Abschied verlangt eine Unterwerfung der Protestanten innerhalb der nächsten 6 Monate Der Erasmusfreund Johann von Vlatten wird jülisch-bergischer Vizekanzler
1531	Schmalkaldischer Bund: die Protestanten schließen ein Defensivbündnis gegen Karl V.
1532	11. Januar: Verabschiedung einer neuen Kirchenordnung in Jülich-Kleve-Berg Nürnberger Anstand: die kaiserlichen Drohungen gegen die Protestanten werden angesichts der Türkengefahr ausgesetzt
1533	Declaratio zur Kirchenordnung von 1532: Beginn der herzoglichen Visitation
1535	Ende des Täufer-Regiments in Münster
1539	Regierungsantritt **Wilhelms V.**
1543	Friede von Venlo: Wilhelm V. muß auf den Erwerb Gelderns verzichten
1545	Gründung der Düsseldorfer humanistischen Schule unter dem Rektor Johann Monheim
1546/47	Schmalkaldischer Krieg: Karl V. besiegt die im Schmalkaldischen Bund organisierten Reichsstände; die beiden führenden protestantischen Fürsten geraten in kaiserliche Gefangenschaft; die Einführung der Reformation ins Erzstift Köln scheitert, Hermann von Wied dankt ab 1. Sitzungsperiode des Konzils in Trient
1548	auf dem Reichstag zu Augsburg setzt Karl V. das „Augsburger Interim" durch; die reformkatholische

	Lösung scheitert an der Verweigerung der katholischen Stände und Roms
1552	Fürstenaufstand des Moritz von Sachsen gegen Karl V.; Beseitigung des Interims; Passauer Vertrag, Vorform des Augsburger Religionsfriedens
1554	Tod des Johann von Gogreve; Nachfolger: Johann von Vlatten als Kanzler von Jülich und Berg und Vorsitzender im herzoglichen Rat
1555	Augsburger Religionsfrieden: Prinzip der Friedens- und Rechtssicherheit im Reich wird der Beilegung des konfessionellen Konflikts übergeordnet
	Andreas Masius geht als klevischer Gesandter nach Rom, um ein Privileg für eine herzogliche Universität in Duisburg zu erwirken
1556	Endgültige Niederlassung der Jesuiten in Köln
1560	März, Johann Monheim veröffentlicht seinen Katechismus
	August, „Censura et docta explicatio errorum Catechismi Ioannis Monhemii“ der Kölner Jesuiten
	Grafschaft Moers (Krefeld, Moers, Friemersheim, Hochemmerich) wird unter Hermann von Neuenahr reformiert
1562	11. Juni, Tod des Kanzlers Johann von Vlatten
1562/63	3. und letzte Sitzungsperiode des Trienter Konzils
1564	20. Juli, Endgültige Expedition der Bullen zur Universitätsgründung in Duisburg
	25. Juli, Tod Kaiser Ferdinands
	9. September, Tod von Johann Monheim; Nachfolger Konrektor Franz Fabricius
	Oktober, Bemühungen um klevischen Einfluß im Bistum Münster
1566	3.2. Tod Georg Cassanders
	30.9. Schlaganfall Wilhelms V.
	Kaiserliches Gründungsprivileg für die Duisburger Universität
1567	21.1. in Düsseldorf: abschließende Beratung der neuen von Kaiser und Reich akzeptierten Kirchenordnung; sie tritt allerdings nie in Kraft

II. Die Epoche der Gegenreformation

1567	Herzog von Alba Generalkapitän, 1568 auch Statthalter in den Niederlanden
1568/1571	Weseler Konvent / Emdener Synode: Organisation der calvinistischen Kirche am Niederrhein
1571	Beginn der Verhandlungen um die Coadjutorschaft für Johann Wilhelm
1573-76	Kaspar Gropper Nuntius in Niederdeutschland

1575	9. 2. Erbprinz Karl Friedrich von Jülich-Kleve-Berg stirbt im Alter von knapp 20 Jahren in Rom
1583-1589	Kölnischer Krieg; Bayern gelangt in den Besitz der umliegenden Bistümer (Herzog Ernst, Sohn Albrechts V. von Bayern)
1584	Einrichtung einer ständigen Nuntiatur in Köln
1585	Jungherzog Johann Wilhelm legt die Administration in Münster nieder und heiratet die Nichte Albrechts V. von Bayern, Jacobe von Baden
1590	Ausbruch der Geisteskrankheit bei Johann Wilhelm; Kampf um die Vormundschaft zwischen Herzogin, Kaiser und ‚Interessenten' (erbberechtigte Fürsten über die Töchter von Wilhelm V.)
1592	Tod Herzog Wilhelms V., Räteregiment für geisteskranken Herzog Johann Wilhelm
1598	Rekatholisierung Aachens, spanische Besetzung von Wesel, Ermordung des Grafen Wirich von Dhaun
1599	Zweite Heirat Johann Wilhelms (Jacobe von Baden 1597 ermordet) mit Antoinette von Lothringen
1608	Gründung der protestantischen Union
1609	Gründung der katholischen Liga 5. März: Tod Johann Wilhelms

III. Die Epoche der Reversalien

1609	10.6. Dortmunder Rezeß zwischen Brandenburg und Pfalz-Neuburg über die vorläufig gemeinsame Regierung der Herzogtümer 14.7./21.7. Ausstellung der Reverse über die Religionsfreiheit an die Stände von Kleve-Mark, Berg und Jülich 2.9. Kapitulation von Jülich, wo sich der Jülicher Amtmann Johann von Rauschenberg, Erzherzog Leopold und Graf von Zollern als kaiserliche Beauftragte verschanzt hielten
1610	Duisburger Generalsynode der reformierten Kirchen der vereinigten Herzogtümer
1614	Vertrag von Xanten besiegelt die faktische Teilung der Vereinigten Herzogtümer
1618-1648	Dreißigjähriger Krieg
1648	Westfälischer Friede: Reichsrechtliche Bestätigung der reformierten Konfession; für den kirchlichen Besitzstand wird als ‚Normaljahr' 1624 festgesetzt
1662	Kirchenordnung für die Kirchen in Kleve und Mark, ohne obrigkeitliche Vorbehalte 1671 für die Kirchen in Berg und Jülich
1672	Religionsrezeß von Cölln an der Spree (Festlegung der Exerzitien, Verteilung des Kirchenbesitzes, Jurisdik-

tionsfrage); Visitationsfrage („freie Kirchenzensur“) 1677 in Wesel, Feiertage 1682 im Rheinberger Religionsrezeß geregelt

Anmerkungen:

1 Vgl. den Beitrag von Claus Bussmann in diesem Band S.157ff.

2 Erwin Mühlhaupt, Rheinische Kirchengeschichte, Düsseldorf 1970, S.256; Mühlhaupt übernimmt hier ein Zitat aus Josef Hansen, Geschichte des Rheinlandes von der ältesten Zeit bis zur Gegenwart. Bd. 1, Essen 1922, S.243.

3 Reinhold Brämik, Die Verfassung der lutherischen Kirche in Jülich-Berg, Cleve-Mark-Ravensberg in ihrer geschichtlichen Entwicklung, Düsseldorf 1964 (SVRKG 18), S.16; Brämik übernimmt hier die Einschätzung des reformierten bergischen Pfarrer und Historiker Carl Krafft aus dem Jahr 1873 (Zeitschrift des Bergischen Geschichtsvereins 9 (1873), S.164).

4 Brämik, S.24.

5 Censura et docta explicatio errorum catechismi Ioannis Monhemii ..., in qua veritas catholicae religionis defenditur, Köln 1560, S.24.

6 Erasmus von Rotterdam, Vorreden zum Neuen Testament, in: Ausgewählte Schriften. Lateinisch-deutsch, herausgegeben von Werner Welzig. Bd. 3, Darmstadt 1967, S.17.

7 Ebenda – Dies ist ‚allgemeines Priestertum‘ à la Erasmus.

8 Brief aus Basel vom 11.11.1527, zitiert nach der Briefauswahl von Walther Köhler, Leipzig 1938, S.418.

9 Ebenda, S.420f.

10 Ebenda, S.421.

11 Otto R. Redlich, Jülich-Bergische Kirchenpolitik am Ausgang des Mittelalters und in der Reformationszeit. Bd. 1: Urkunden und Akten 1400-1553, Bonn 1907 (Publikationen der Gesellschaft für rheinische Geschichtskunde 28), S.233.- In modernisierter Form lautet der Text: „Zum ersten, daß ein jeder Pastor in unseren Fürstentümern, Landen und Gebieten das Wort Gottes klar ohne alle Aufruhr, Ärgernis oder Eigennutz verkündige, dem Volk in gutem, ehrlichen, frommen Leben vorangehe und in dem christlichen Glauben, [christlicher] Liebe und Hauptartikeln gründlich unterweise und belehre“.

12 Ebenda, S.247.- „daß die Pastoren oder ihre Verweser das heilige Evangelium Alten und Neuen Testaments zu wahrer Erkenntnis unseres Heilands Jesu Christi, zu Mehrung christlicher Liebe, Einhalten der Gebote Gottes, zu Gehorsam, Friede und Einigkeit, zu Besserung unseres Lebens ohne Aufruhr ... (etc.) predigen, und von allem Schelten der alten oder neuen Lehre (wie sie auch immer heißen mag) sich gänzlich enthalten, weil daraus nichts anderes denn Aufruhr und Widerwille erfolgt“.

13 Ebenda, S.249.- „Zum sechsten, daß keine Neuerung wider die heiligen Sakramente, wider die Gesänge und Lesungen der Kirchen, wider löbliche, hergebrachte Zeremonien eingeführt werden sollen, sondern eines jeden derselben rechten Gebrauch, Herkommen und Bedeutung gründlich erklärt werden“.- Vgl. dazu oben die kritische Wendung von Erasmus gegenüber Bucer: Glaubt jemand, man müsse die Messe deshalb ganz abschaffen, weil mancher sie mißbraucht.

14 Ebenda, S. 265.- „daß die Prediger es gänzlich glauben, dafür halten und lehren, daß das Evangelium und Wort Gottes die einzige Lehre sei zur Seligkeit, und daß die Pastoren und Prediger ihre Predigt, Leben und Wandel daraus nehmen und führen, auch alle andere Schriften und Lehren danach richten und allwegs Gott den Herrn um den rechten, wahrhaftigen Verstand bitten in Vertröstung der Zusagen [im Vertrauen auf die Verheißungen], daß er seinen heiligen Geist denen, die ihn [sc. Gott den Herrn] darum ersuchen, geben will.“

15 Ebenda – „Item was in der Schrift oder sonst vorkommt zu untersuchen, ob es von Gott sei oder nicht, nämlich, ob es zu der Ehre Gottes, Liebe des Nächsten, gemeinen Frieden und Besserung dienlich und förderlich [ist].“

16 Ebenda, S.262.- „und falls denn bei denselbigen [gemeint sind die ordnungsgemäß eingesetzten Geistlichen] einiger Mangel (so doch alle Menschen gebrechlich sind) befunden würde, daß [es] darum dem gemeinen Mann nicht gebühren soll, die Ordnung und Berufung zu verändern, die Kirchendiener zu entsetzen, andere anzunehmen oder zeitweise zu unterhalten, sondern daß es der Obrigkeit und nicht dem gemeinen Mann geziemt, die Gebrechen und Mißbräuche abzustellen.“

17 Auch auf Reichsebene, bei den Ausgleichsverhandlungen in Augsburg 1530 sind die Gespräche ebenfalls an eben diesem Problem gescheitert.

18 Für die Einzelheiten sei auf die beigefügte Chronologie S.89f. verwiesen.

19 Revers des Markgrafen Ernst von Brandenburg und des Pfalzgrafen Wolfgang Wilhelm für die Stände des Herzogtums Jülich vom 21. Juli 1609, zitiert nach: Ludwig Keller, Die Gegenreformation in Westfalen und am Niederrhein. Actenstücke und Erläuterungen. III. Theil, Leipzig 1895 (Publikationen aus den K. Preußischen Staatsarchiven 62), S.144.- Ein entsprechendes Revers war bereits den clevisch-märkischen Landständen am 14. Juli 1609 ausgestellt worden.

20 Die Formel konnte sich auf das Vokabular des alten Herzogs aus seiner via-media Zeit berufen. Vgl. z.B. Antwort des Herzogs auf das Schreiben der clevisch-märkischen Städte vom 28. August 1560: Die Stände drängen auf die Verabschiedung der neuen Kirchenordnung; der Herzog mahnt zur Geduld und verweist darauf, daß in seinen Landen niemand, der sich an die apostolischen Lehren und die Heilige. Schrift hält, in seinem Gewissen belastet werde. (Keller [wie Anm.19], I. Theil, Leipzig 1881, PPSA 9, Nr. 13, S.93).

21 Vgl. den Erlaß der Possedierenden an den Vogt zu Sittart vom 2.3.1610, Keller (wie Anm.19), III. Theil, Nr. 94 sowie aus der Einleitung S.34f. u. Anm.

22 Vgl. Keller (wie Anm.19), S.77.

23 Vgl. z.B. die Ansiedlungen in Köln, wo den Protestanten bis zum Ende des alten Reiches kein Exercitium Publicum gestattet war.

24 Keine Kirche soll über andere Kirchen, kein Diener des Wortes über andere Diener des Wortes, Ältester über Älteste, Diakon über Diakone einen Primat oder Weisungsbefugnis erhalten, ja soll sich selbst vor jedem Verdacht [irgendeiner Vorrangstellung] hüten. (Bekenntnisschriften und Kirchenordnungen der nach Gottes Wort reformierten Kirche, hg. v. Wilhelm Niesel, 2. Aufl., Zollikon-Zürich 1938, S.279).

„Die niederen Lande“: Der Raum des Niederrheins im späten Mittelalter und in der frühen Neuzeit.

Dieter Scheler

Heute ist der Niederrhein eine stille grüne Gegend, nicht anders als das Land jenseits der Grenze. Die Niederländer nennen den nordöstlichen Teil ihres Raumes den Achterhoek, die „hintere Ecke“, eine Bezeichnung, die auch auf den Niederrhein passen würde. Ein zweifacher Achterhoek, äußerstes Grenzland zweier Länder, das war der Niederrhein im 15. und 16. Jahrhundert ganz und gar nicht. Damals waren die späteren deutschen und niederländischen Territorien noch Teile eines gemeinsamen großen Raumes, der von der Kanalküste bis zum Rhein und darüber hinaus reichte. Der Niederrhein war ganz nach dem Westen ausgerichtet und orientierte sich erst in der frühen Neuzeit langsam nach Osten um. Um diese ursprüngliche Ausrichtung und ihre Veränderung soll es im folgenden gehen[1]. Dabei wird zunächst der Niederrhein im späten Mittelalter betrachtet (I), dann seine Entwicklung in der frühen Neuzeit (II), um schließlich nach den Ursachen dieses Wandels zu fragen (III). Dabei wird in Kauf genommen, daß mit dieser Akzentuierung weitere wichtige Raumbeziehungen, insbesondere die überragende Bedeutung von Köln im näheren Bereich, unangemessen in den Hintergrund treten.

I. Der Niederrhein im späten Mittelalter

Der Niederrhein: Welcher Raum war das am Ende des Mittelalters? Wo wurde der Rhein zum Niederrhein? Die letzte Frage läßt sich leicht beantworten. Der Niederrhein begann in Köln, dort wo die Waren von ober- auf niederländische Schiffe und umgekehrt umgeschlagen wurden. Die Bezeichnung niederländisches und oberländisches Ufer in Köln erinnert noch heute daran. Vom Niederrhein sprechen die Quellen in dieser Zeit noch nicht, aber immerhin schon im 14. Jahrhundert vom Niederrheinland, wenn Levold von Northof von den „partes inferiores Rheni“ spricht[2]. Die gängige Bezeichnung aber war bis ins 18. Jahrhundert der Begriff „Niederlande“, der im 15. Jahrhundert regelmäßig für den Raum nördlich von Brabant und südlich von Friesland verwendet wird[3].

Wie die Zeitgenossen die Räume wahrnahmen, in die der Niederrhein verflochten war, zeigt vielleicht am klarsten die erste landeskundliche Beschreibung Deutschlands, die Johannes Cochlaeus 1512 drucken ließ. Obwohl Cochlaeus Süddeutscher war, kannte er den Westen des Reiches gut, denn er hatte in Köln studiert und hielt das Andenken an seine dortige Universität und seine aus Brabant

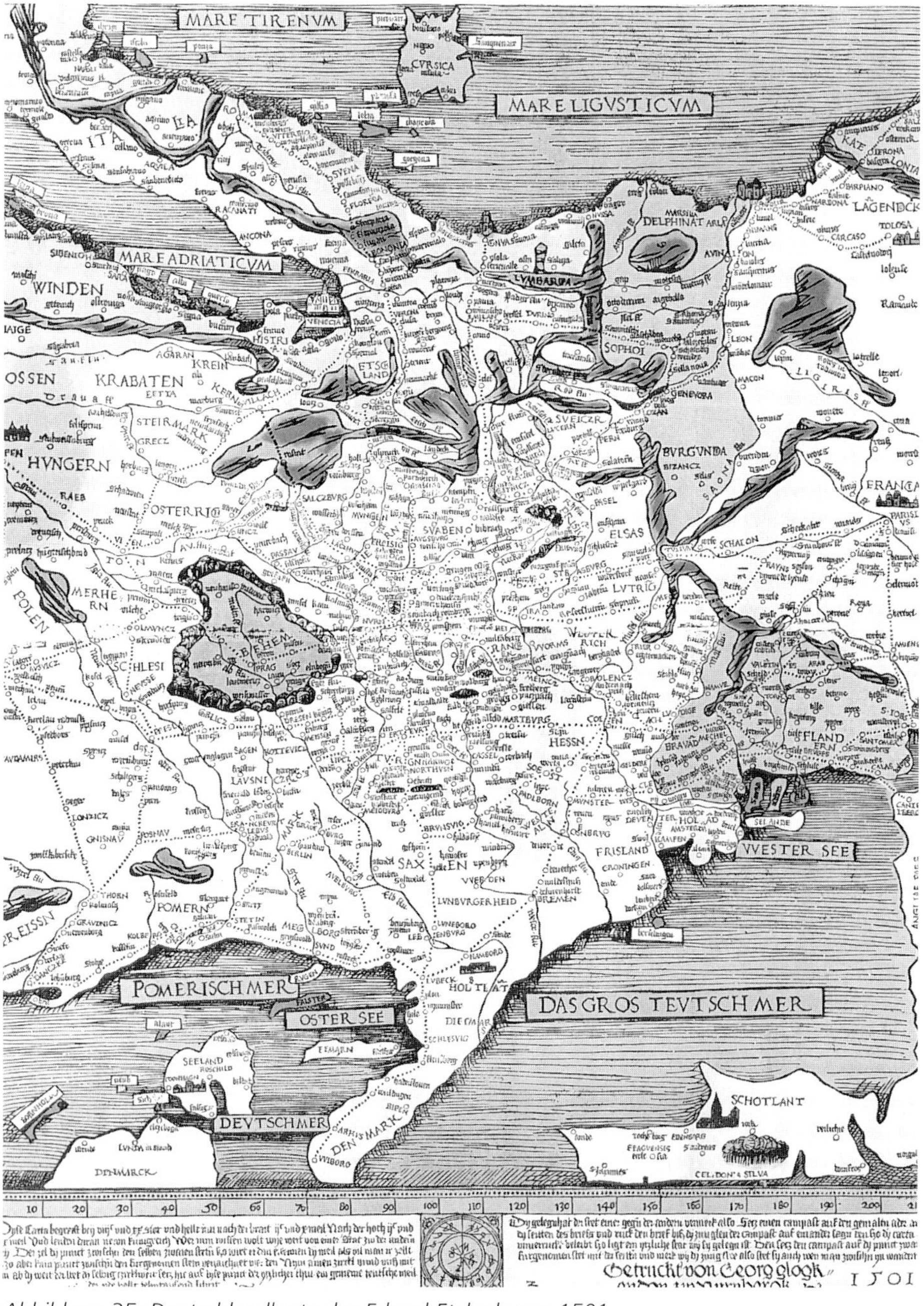

Abbildung 35: Deutschlandkarte des Erhard Etzlaub von 1501.

und Geldern stammenden Universitätslehrer immer hoch. Im Kapitel 8 seiner Landeskunde behandelt er den Westen Deutschlands, d. h. die Bewohner der Gegenden an den Flüssen Rhein, Weser und Ems. Er beschreibt zunächst Franken, dann Hessen, Westfalen und Friesland, bevor er sich Utrecht zuwendet:

„17. Das Utrechter Land. Friesland nach Westen zu benachbart ist das Utrechter Land, wo sich einst die Werften des Julius Cäsar befanden. Der Bischof des Ortes ist sehr mächtig, so daß er 40 000 Bewaffnete in den Kampf führt, wenn eine feindliche Macht einfällt. Als Trank hat das Volk Bier, Wein schaffen die Kaufleute herbei. Männer wie Frauen besitzen eine vortreffliche Gestalt.

18. Seine Städte. Es hat freie Städte, und zwar reiche, wegen der Nähe des Meeres und der Fruchtbarkeit des Bodens; deren wichtigste sind Utrecht, Kampen, Zwolle und Deventer, wo es die größte Anzahl Schulmänner gibt und eine ungeheure Menge Fische und Butter. Kriege führen sie jetzt mit dem benachbarten Herzog von Geldern, und zwar heftige.

19. Holland, das einst kriegerische. Dann kommt Holland, ein Inselland, das die Rheinmündungen und der britische Ozean abschließen.
Einst war es schätzereich, sehr wild in der Freude am Kriege, solang es die Bataver bewohnten. [...]
Jetzt aber sind sie durch üppigen Genuß von Lebensmitteln und Überfluß an Schätzen verweichlicht und vielen Völkerschaften Deutschlands im Kriegführen unterlegen.

21. Üppige Wiesen. Sie haben sehr üppige Wiesen und deshalb eine Menge Butter sowie Käse, sie haben auch das Meer, auf dem man bequem Waren aus Spanien wie aus England einführt; auch über die Mündungen des Rheins schafft man von überallher aus Deutschland Waren herein.

22. Die Städte Hollands. Ihre wichtigsten Städte sind Dordrecht, das hervorragend befestigt ist und für Handelsgeschäfte geeignet, Amsterdam, Brielle und Haarlem.

23. Die Insel Seeland. Dabei liegt im britischen Ozean Seeland, der entfernteste Erdflecken der Deutschen, auf dem Middelburg der wichtigste Ort und der der Kaufleute ist.

24. Flandern, ein reiches Land. Auf dem Festland aber ist der letzte Landstrich Deutschlands Flandern, den Franzosen an Lage und Sitte sehr nahestehend, wegen der günstigen Lage am Meer wohlhabend. Darinnen liegen 2 Städte, die größten sogar von ganz Deutschland, Gent und Brügge. Gent ist zwar nicht von einer Mauer umgürtet, jedoch hervorragend befestigt, wo eine überaus stattliche Zahl Weber wohnt; Brügge war einst eine sehr berühmte Handelsstadt. Nachdem es aber Maximilian wie einen Gefangenen festgehalten hatte, zog es sich dessen Ungnade zu und erlitt großen Schaden, seitdem er seinen Markt nach Antwerpen verlegte. Von Tag zu Tag verliert es daher an seiner Größe, und viele Orte in ihm sind jetzt fast verlassen, die einst mit sehr zahlreichen Bewohnern vollgestopft waren.

25. Brabant, ein wohlhabendes Gebiet. Nach dem Rhein zu auf dem Festland liegt Brabant, der lieblichste und zugleich

mächtigste Landstrich Deutschlands. Nach Westen zu stößt es an Flandern, nach Süden an Frankreich, nach Osten an Geldern, nach Norden an Holland. Das Land hat keinen fruchtbaren Boden und trägt keine Weinreben. Das Volk zeichnet sich durch Fleiß und Handwerken aus. Die Kaufleute sind wirklich sehr reich, die Künstler begabt, die Maler vortrefflich, die Eisen- sowohl wie die Silberschmiede hervorragend, die Weber ausgezeichnet. Die Frauen ragen an Gestalt wie Geschicklichkeit unter den deutschen hervor.

26. Die Handelsstadt Antwerpen. Die Städte sind sehr mächtig, Antwerpen nun ist eine durch Lage wie Handel sehr begünstigte Kaufmannsstadt und die hervorragendste von ganz Deutschland. Sie wird nämlich von einem Arm des Meeres bespült, in den wie in einen Hafen die Waren aus Britannien wie den erst kürzlich entdeckten Inseln und Ländern eingebracht werden. Deshalb gedeiht es an wunderbarem Wachstum der Schätze. Es besitzt eine außergewöhnliche Kirche, hat Freude am Gesang und an jedweder Musik.

27. Andere Städte Brabants. Andere Städte sind Mechelen, Sitz des Fürsten, keiner Anmut nachstehend, durch das dort gewebte Tuch bekannt geworden; 's-Hertogenbosch, durch die Messerschmiedekunst und die Torbefestigungen hochberühmt; Löwen, eine große Stadt, ausgezeichneter Sitz der Wissenschaften, stark an einer Vielzahl Professoren. Die übrigen sind Brüssel, Bergen, Maastricht und sehr viele andere, auch bedeutende sowie prächtige Dörfer. [...]

28. Das streitbare Geldern. Am Rhein grenzt an Brabant Geldern an, von vier schiffbaren Flüssen bewässert, auch in vier Bezirke geteilt. Das Volk ist dem Mars ergeben, ist durch langen und dazu ununterbrochenen Krieg zwar geschwächt, aber noch nicht ganz ermattet, zeigt seinem Herzog gegenüber wunderbare Treue und erträgt Mühseligkeiten ganz geduldig, ein Volk, das während 40 Jahre keinen Frieden gekannt hat. Denn der Kaiser selbst trug ihm sehr viele Kriege ins Land. Auch die Klever, Brabanter und Utrechter griffen es in sehr schweren Kämpfen an und geben noch heute keine Ruhe.
Der Herzog selbst ist von unglaublichem Wagemut, ist bei den Rittern geschätzt, den Patriziern gewogen, zum Volk leutselig, gleich zur Tat bereit, dem Krieg immer verfallen.

29. Die vier wichtigsten Städte. Die wichtigsten Städte sind Nijmegen, Zutphen, Roermond und Arnhem. Dies wurde in den vergangenen Jahren von den Brabantern belagert, ging aber mit Einwilligung des Herzogs zu ihnen über. Die übrigen Städte, und zwar viele, sind ihnen untertan. Von ihnen wird Venlo jetzt durch die lange Belagerung der Brabanter bedrängt. [...] Die restlichen kann man übergehen, da sie unbedeutend sind und lateinisch nicht leicht auszusprechen.

30. Die Herzogtümer Kleve und Jülich. Hinter Geldern nach Osten zu am Rhein liegt ein doppeltes Herzogtum, das eine Kleve, das andere Jülich, kürzlich durch vollzogene Heirat verbunden.
31. Die Städte Kleves. Kleve hat eine beschränktere Fläche, aber bessere Städte. Die wichtigsten sind Kleve, Sitz des Herzogs, Emmerich, wegen seiner Triviumschule gepriesen, Xanten und Wesel, durch geistliche Stifte vielgenannt.
32. Jülich ist geteilt. Das Herzogtum Jülich aber ist zweigeteilt, ein Teil jenseits des Rheins nach Westfalen zu, der Bergisch oder Montensisch heißt, der andere aber diesseits des Rheins nach Frankreich zu, der Jülich nach der Stadt Jülich heißt[4]."

Die Abfolge der Beschreibung ist wohl überlegt. Zunächst behandelt Johannes Cochlaeus die Provinzen am Meer, die durch Handel und fruchtbaren Boden wohlhabend sind. Dann folgt eine Zone mit Brabant, Geldern und Kleve, die zum Teil wenig fruchtbaren Boden besitzt, dafür aber Städte mit blühenden Gewerben und die Flüsse als Handelswege. Wie die Wirtschaftsgeographie des 20. Jahrhunderts beginnt er also mit der Beschreibung des großen Niederungsbogens, der von Nordfrankreich bis Jütland reicht und durch Weidewirtschaft und Seehandel gekennzeichnet ist, dem sich eine Brückenzone mit teilweise landwirtschaftlich mageren Böden, aber Straßen und Wasserstraßenverbindungen und Handelsstädten in einem Bogen von Brüssel bis Oldenburg anschließt, welche die Küstenzone mit den sich dann anschließenden Agrargebieten und schließlich den Berg- und Waldländern verbindet. Und selbst die auffällige Gewichtung des Umfangs der Beschreibung der Territorien von Westen nach Osten ist nicht Willkür unseres Autors, sondern spiegelt in der Tendenz zutreffend den Bedeutungsabstand etwa zwischen Flandern und Brabant auf der einen und Kleve auf der anderen Seite wieder.

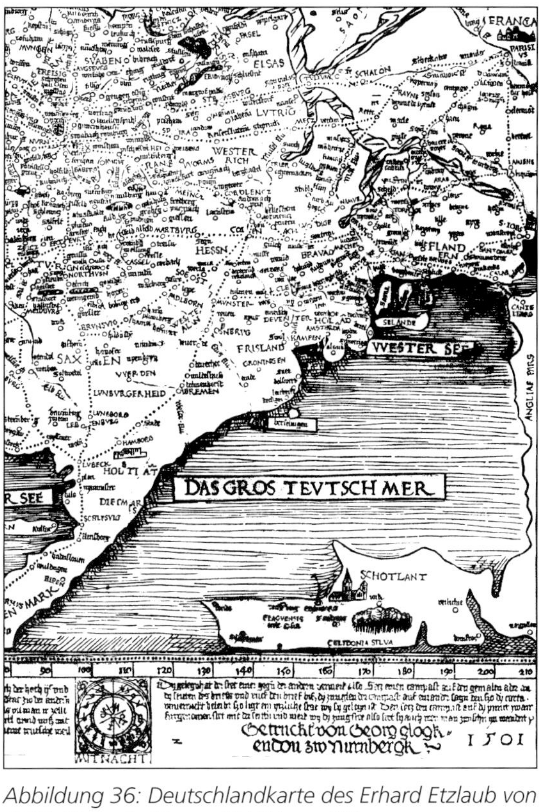

Abbildung 36: Deutschlandkarte des Erhard Etzlaub von 1501 (Ausschnitt aus Abbildung 35).

Auch die politische Struktur beschreibt Johannes Cochlaeus genau, wenn er nur bei Utrecht, Geldern und Jülich-Kleve die Herrscher der Territorien, den Bischof und die Herzöge, erwähnt. Für Holland, Flandern und Brabant benennt er keine Herrscher bzw. setzt beim zeitgenössischen Leser voraus, daß Maximilian, den er im Zusammenhang mit Brügge erwähnt, Herrscher aller dieser Territorien als burgundischer Erbe ist. Diese Unterscheidung verweist darauf, daß an der Wende des Mittelalters zur Neuzeit im Nordwesten des Reiches wie anderswo zwei unterschiedliche politische Raumstrukturen existierten: die Territorien und die Dynastien.

Als die Territorien im hohen Mittelalter entstehen, gibt es diesen Gegensatz noch nicht. Hochadelige Familien schaffen sich Herrschaftskomplexe, Dynastien ihre Territorien. Aber einigen von ihnen gelingt es im Laufe der Zeit, durch Heirat, Erbe oder Krieg weitere Länder zu ihrem Ursprungsterritorium hinzuzugewinnen. So erwerben die Grafen von der Mark am Ende des 14. Jahrhunderts auch die Grafschaft Kleve, werden also eine regionale Dynastie. In ganz anderem Ausmaß gilt das von europäischen Dynastien wie dem Haus Burgund oder dem Haus Habsburg. Die Burgunder, aus einer Seitenlinie des französischen Königshauses der Valois stammend, erheiraten und erobern sich im späten Mittelalter einen Territorienkomplex, der von der Bourgogne bis zur Nordsee reicht, fast schon ein eigenes Königreich. Die Habsburger, deren Herrschaftsschwerpunkt im Südosten des Reiches liegt, gewinnen mit dem Erbe des nordwestlichen Teils der burgundischen Herrschaft einen neuen Territorienkomplex im äußersten Westen des Reiches. Die existierenden politischen Einheiten sind das Ergebnis dynastischer Politik und nicht geopolitischer Logik. Man war sich dessen am Anfang des 19. Jahrhunderts noch wohl bewußt, wie eine „staatskundliche Beschreibung“ Preußens aus dem Jahre 1801 belegt, welche die westlichen Territorien Preußens als klevische und oranische Erbschaft bezeichnet[5]. Die Bezeichnungen erinnern daran, daß Kleve, Mark, Ravensberg und Ravenstein durch die Heirat brandenburgischer Herrscher mit einer klevischen Fürstentochter und die Grafschaften Moers und Lingen durch die Heirat mit einer oranischen Prinzessin an Preußen gekommen waren.

Das macht deutlich, daß man bei der Betrachtung historischer Räume nicht von „dem“ Raum ausgehen kann, sondern von unterschiedlichen Räumen und Raumverflechtungen unterschiedlicher gesellschaftlicher Gruppen und Milieus.

Beginnen wir mit dem Raum, in dem sich niederrheinische Dynastien am Ende des Mittelalters bewegen. Diesen Raum dominieren in weiten Teilen im 15. Jahrhundert die Herzöge von Burgund, eine französische und keine niederrheinische Dynastie. Ihr Ausgreifen in diese Region lag in der Tradition der älteren Ausdehnungspolitik des Herzogtums Brabant nach Osten, das inzwischen zum burgundischen Herrschaftsbereich gehörte. Kleve band man seit 1415 durch Heiratspolitik an sich, Geldern eroberte man 1473[6]. Für Kleve bedeutete die Anlehnung an Burgund einen bedeutenden Aufstieg. Adolf II. (1394-1448) hatte 1415 Maria von Burgund geheiratet, sein

Abbildung 37: Die sechs Herzöge aus dem Hause Kleve-Mark vor der Residenz: Adolf I, Johann I., Johann II., Johann III., Wilhelm V., Johann Wilhelm. 17. Jahrhundert nach älteren Porträts.

Sohn Johann I. (1448-1481) Elisabeth von Burgund, dessen Bruder Adolf von Kleve, Herr von Ravenstein, vermählte sich 1468 mit Anna, einer unehelichen Tochter Philipps des Guten, Johanns Schwester Agnes heiratete den König von Navarra und seine Schwester Maria schließlich den Herzog Karl von Orléans und wurde die Mutter des französischen Königs Ludwigs XII [7]. Aber es blieb nicht bei der Rangerhöhung durch die Einheirat in königliche Häuser Europas. Die Herzöge von Burgund unterstützten auch die Klever in ihrer expansiven Territorialpolitik in der Soester Fehde und kirchenpolitisch beim Versuch der Errichtung eines eigenen Landesbistums, verlangten dafür aber auch militärische Unterstützung in ihren Kriegen etwa gegen Lüttich oder Kurköln. Mitte des 15. Jahrhunderts residierte Herzog Johann I. sowohl in Kleve wie in Brüssel beim burgundischen Herzog, wo er erzogen worden war. Welchen Rang die Klever Herzöge an diesem führenden europäischen Hof einnahmen, belegt ihre Rolle beim wohl berühmtesten Fest des 15. Jahrhunderts, dem Fasanenfest Philipps des Guten, das der Vorbereitung eines Kreuzzuges gegen die Türken dienen sollte. Denn das erste der beiden vorbereitenden Feste des Jahres 1454 richtete Johann von Kleve aus, wobei die Festtafel mit einem großen Tischaufsatz geschmückt war, der die Klever Burg und den Schwanenritter in seinem Boot von einem Schwan gezogen auf dem Rhein darstellte. Adolf von Kleve, Herr von Ravenstein, verkündete bei dieser Gelegenheit, daß beim Turnier während des Fasanenfestes der Schwanenritter selbst die Ritter in die Schranken fordern würde. Tatsächlich stellte sich der Schwanenritter zum Kampf: es war niemand anderes als Adolf von Kleve, Herr von Ravenstein, selbst. Und das Ideal eines burgundischen Ritters und Hofmanns, Jacques de Lalaing, war der Mignon, der Herzbube Johanns I. von Kleve, der ihn in Kleve in die Geheimnisse der Ritterschaft eingeführt hatte [8]. Aber daß dem gesellschaftlichen Rang Johanns am burgundischen Hof auch ein politischer entsprach, zeigt seine Entsendung als Vertreter Philipps des Guten zum Fürstenkongreß in Mantua, zu dem 1459 Pius II. in der Absicht eingeladen hatte, einen Kreuzzug gegen die Türken zu organisieren, wobei der Papst seine größten Hoffnungen auf den burgundischen Herzog gesetzt hatte [9]. Und es überrascht deshalb auch nicht, daß Johann I. nach dem Tod des letzten burgundischen Herzogs, Karls des Kühnen, versuchte, die Hand von dessen Tochter Maria für seinen Sohn Johann II. von Kleve zu gewinnen, der wie er selbst am burgundischen Hof erzogen worden und dort gut bekannt war. Der Versuch glückte nicht. Wäre er gelungen, wäre Kleve ein Teil Burgunds geworden, und vermutlich verliefe die Grenze zwischen Deutschland und seine nordwestlichen Nachbarn heute auf der rechten Seite des Rheins. Ein Nebenergebnis der burgundischen Orientierung des Hauses Kleve war immerhin die Gründung einer brabantischen Nebenlinie mit der Herrschaft Ravenstein und einer französischen mit der Herrschaft Nevers. Nach Osten haben die Klever Herzöge nichts dergleichen versucht. Von einem regional niederrheinischen Bewußtsein läßt sich beim Haus Kleve nicht viel entdecken. Ebenso wie das märkische Haus, nachdem es Kleve erworben hatte, ganz unsentimental sein Stammland zum Nebenland werden ließ, so hätte sicher dasselbe Haus das Herzogtum Kleve zum Anhängsel an die burgundischen Territorien im Westen gemacht. Wenn, ja wenn aus der regionalen Dynastie tatsächlich eine europäische geworden wäre.

Schon deutlich begrenzter ist der Raum, in dem sich die Stützen der Fürstenhäuser in Herrschaftsausübung und Krieg, der niederrheinische Adel, bewegt. Dieser Raum ist zunächst das Territorium, in dem die wichtigsten Familien Räte und Amtleute des Landesherren stellen. Aber viele Adelsfamilien beschränken sich nicht darauf, sondern agieren interterritorial. Sie besitzen Lehen unterschiedlicher Territorialherren und können ihren territorialen Dienstherren wechseln. Dementsprechend sind sie nicht selten mit Familien der Nachbarterritorien versippt und verschwägert. Die Situation kann für sie von Vorteil sein, indem sie ihren Handlungsspielraum gegenüber dem Landesherren vergrößert, sie kann ihnen aber auch zum Nachteil ausschlagen, wenn sie dadurch in unerwünschte Konfrontationen getrieben werden. So bemerkt die Koelhoffsche Chronik aus Köln bitter zum Sieg der Jülicher über die Geldrer in Linnich 1444: „dat hadden si (= die Guilcher) goit zo doin, want die Guilcher ein deil waren goit gellersch durch maichschaf."[10] Nach Meinung des Verfassers hätten die Jülicher auf diesen Sieg besser verzichtet, denn ein Teil von ihnen war durch Verwandtschaft „gut geldrisch". Dieses Urteil belegt auch, daß territoriale Loyalität im Zweifelsfall weniger durch Treue gegenüber dem Landesherren, als durch Verwandtschaft, Familieninteresse also, bedingt war. Nicht selten dürften interterritoriale Verwandtschaftsbeziehungen noch in die Zeit der Territorialbildung selbst zurückreichen. Gewiß ist das der Fall bei großen gräflichen Familien, wie den Grafen von Moers oder von Bergh oder auch den geldrischen Bannerherren von Bronckhorst, Familien, denen es in Konkurrenz zu den später fürstlichen Familien nur noch gelang, Kleinterritorien am Rande von Kleve und Geldern auszubilden. Sie suchten nicht selten Anlehnung an große Dynastien wie Burgund, um sich gegen die regionalen zu behaupten. Allerdings belegt der Aufstieg und Fall der Grafen von Moers im burgundischen Dienst auch drastisch die Gefahren der Unterstützung durch die großen Häuser[11].

Während der Raum des Adels durch politische Familienbeziehungen konstituiert wird, orientiert sich der Raum der Bürger und Städte stärker an den naturräumlichen Gegebenheiten, die den Raum der Wirtschaft prägen[12].

Den Wirtschaftsraum des spätmittelalterlichen Niederrheins bestimmten die Flüsse, wie auch Cochlaeus im Falle Gelderns und Kleves hervorhebt. Der Rhein stellte die Verbindung von Oberdeutschland nach Holland, Brabant, Flandern und England her. Er verband die Endpunkte der wichtigsten deutschen Messen des

In laudem insignis opidi Antwerpien versus.
Candida que peperit concordia menia patrum
Neptuni cursu sors redimire studet
Discat posteritas mores seruare parentum
Succrescant partis ut potiora bonis
Amplificet vires sic munera rector olympi
Augeat: et euo sic rogat antwerpia
Subdita que pollet florens sub tegmine sacri
Cesaris: hec suadet iussa tenere senum.

Abbildung 38: Stadtansicht von Antwerpen, aus: Unio pro conservatione rei publice, Antwerpen 1515.

15. Jahrhunderts miteinander: Frankfurt am Main und Antwerpen und Bergen op Zoom. Er bot aber auch mit der Verlängerung durch die IJssel eine direkte Anbindung an die Nordsee über die Zuidersee. Vor allem diese Verbindung war für die Schiffahrt am Nieder-

rhein von großer Bedeutung, ihr verdankten Städte wie Deventer und Kampen ihre Drehscheibenfunktion. Der Handel, insbesondere der Zwischenhandel machte den Reichtum der Städte aus. Das Schwergewicht dieses Handels lag bei den Städten im Westen, in Geldern und im Stift Utrecht. Von den Hansestädten dieses Raums liegen 13 im heutigen niederländischen, aber nur 4 – Köln, Duisburg, Wesel und Emmerich – im deutschen Raum[13]. Die Gewerbeproduktion dieser Städte war in der Regel nur für den Regionalabsatz von Bedeutung, wenn man einmal vom Tuchexport aus Geldern und Goch und dem Handel mit Backsteinen und Dachziegeln im geldrischen Niederquartier absieht. Die Kaufleute am Niederrhein waren nach dem Westen orientiert, so sehr, daß Hamburg in ihrem Bewußtsein schon im Osten lag, wie eine Bemerkung in einem Kalkarer Gerichtsprotokoll von etwa 1490 zeigt[14].

Auch der Raum des Klerus und der Kirchen weist eine ganz ähnliche Ausrichtung auf. Zwar waren die Diözesen, im Niederrheingebiet das Erzbistum Köln, das Bistum Lüttich und das Bistum Utrecht, die Kernräume der Orientierung des Klerus, aber bei einer der wichtigsten Nutzungen, die die Kirchen boten, bei den Pfründen, überschritt man die Diözesangrenzen schnell. Um nur zwei klevische Beispiele zu nennen: Arnold Heymerick, Xantener Dekan in der zweiten Hälfte des 15. Jahrhunderts, besaß neben dieser Pfründe auch weitere in Deventer und Utrecht, also in der Nachbardiözese[15]. Sibert von Riswick (gestorben 1540), klevischer Kanzler, besaß neben Pfründen in Xanten, Köln, Kleve und Wissel, also in der Erzdiözese Köln, auch solche in Oldenzaal und in Utrecht in der gleichnamigen Diözese[16]. Der Erwerb solcher Pfründen vollzog sich oft in regionalen Zusammenhängen. Auf der einen Seite übten Landesherren Präsentationsrechte für geistliche Pfründen aus oder setzten sich mit Empfehlungen für ihre Protegés ein, auf der anderen Seite bewarb man sich an der Kurie um solche Pfründen, wobei man sich wiederum auf regional strukturierte Personennetze in Rom und vor Ort stützte. Nicht zuletzt dürfte das Ausgreifen klevischer Pfründenbewerber in das Stift Utrecht im 15. Jahrhundert durch den burgundischen Einfluß auf diesen Bischofssitz gefördert worden sein. Schon Herzog Adolf von Kleve konnte sich in seinem Konflikt mit Kurköln um Soest auf die einflußreiche geistliche burgundische Diplomatie an der Kurie stützen[17].

Für den Transfer der Pfründeneinkünfte griff man regelmäßig auf die weltweiten Verbindungen des burgundischen Wirtschaftsraums zurück. Der übliche Weg der Überweisung der Pfründeneinkünfte der Xantener Propstei, die sich im 15. Jahrhundert häufig im Besitz von Mitgliedern der römischen Kurie befand, wie zum Beispiel des Kardinals Aeneas Silvius Piccolomini, des späteren Papstes Pius II., ging über Antwerpen. Der Xantener Verwalter der Pfründe wechselte zunächst die von Abgabepflichtigen erhaltenen unterschiedlichen Münzen in Wesel in Goldgulden, brachte sie nach Antwerpen und zahlte sie in die dortige Filiale der Medicibank ein, in deren römischer Filiale dann der Pfründeninhaber den Betrag abheben konnte[18].

Aber nicht nur der Raum des geistlichen Pfründenhandels, sondern auch der Raum der Frömmigkeit dehnte sich vom Niederrhein nach dem Westen aus. Als 1450 die klevische Herzoginwitwe Maria von Burgund mit der Gründung eines Dominikanerklosters der strengen Observanz in Kalkar begann, berief sie dazu Mönche aus Rotterdam[19]. Zu ihnen sollte auch der spätere Beichtvater Johanns II., der Magister der Theologie Johannes Houdanus gehören. – Noch eindrucksvoller für die Raumbeziehungen der Frömmigkeit, ist die Ausbreitung der Devotio moderna, die ihren Ausgang von Deventer, Zutphen und Zwolle nimmt und bald auch Anziehungspunkt für fromme Laien aus Kurköln wie Thomas von Kempen oder für Brüder aus dem klevischen Kalkar wird. Nach Süden und Osten breitet sich die Bewegung entlang den wichtigen Verkehrswegen, die vom Oberstift Utrecht und vom Oberquartier Geldern ausgehen, aus: den Rhein entlang nach Wesel, Emmerich und Köln und über die Straßen nach Münster und Herford[20].

In einem Atemzug mit dieser religiösen Bewegung sind auch die Schulen und Universitäten zu nennen. Denn die Schulen in Deventer und Emmerich haben im 15. Jahrhundert großen Zulauf, vor allem aus dem Westen und den Einzugsgebieten entlang der großen Verkehrswege. So studieren dort nicht nur der schon erwähnte Xantener Dekan Arnold Heymerick, sondern auch ein Nikolaus Cusanus oder ein Erasmus von Rotterdam. Und wie die alte Universität Köln traditionell von Studenten aus den Territorien westlich des Rheins stark frequentiert wird, besuchen umgekehrt niederrheinische Studenten regelmäßig die 1425 im brabantischen Löwen gegründete Universität.

Kein Wunder, daß dies auch ein gemeinsamer Raum für Künstler ist. So wechselt der Utrechter Dombaumeister Wilhelm Backerwerd etwa auch nach Xanten, um dort ein ganzes Jahrzehnt zwischen 1483 und 1493 den Kirchenbau zu leiten[21].

In einem weiteren Sinn ist der Raum vom Niederrhein bis zur Nordseeküste auch der Raum einer gemeinsamen Kultur. Genauer müßte man sagen: der Raum eines gemeinsamen Stilvorbildes gehobener Kultur, das des burgundischen Hofs. Schon Johannes Cochlaeus stellt fest, daß Flandern, ein Kerngebiet burgundischer Herrschaft im Nordwesten Europas, den Franzosen an Sitten nahesteht. Diese letztlich französische Form der Kultiviertheit war sicherlich für ein Fürstenhaus wie die Herzöge von Kleve verpflichtend. Dafür spricht allein schon der Kleideraufwand, der für das Haus belegt ist, ganz zu schweigen von der Sammlung von Hüten mit wertvollen Agraffen Johanns II.[22]. Aber offensichtlich ergriff dieser Lebensstil nicht notwendig den Adel und reichte nicht in jeden Winkel des Niederrheins. Arnold Heymerick jedenfalls läßt in seiner Lebensbeschreibung des Bischofs David von Utrecht, eines burgundischen

Bastarden, „Everhardus terror cervisie", zu deutsch Eberhard Bierschreck, im Palast des Bischofs aus Kleve auftauchen, der entsetzt ist von der feinen Eßkultur, die dort herrscht. Besonders die geringen Mengen besten Weins fordern seine Kritik heraus. Als sich aber der französische Koch seiner erbarmt und ihm einen ganzen Topf Bier bringt, beginnt Eberhard die französische Lebensart zu schätzen[23]. Daß es sich hier nicht nur um einen satirischen Exkurs des Xantener Dekans handelt, belegt ein ganz ähnliches Argument innerhalb ernsthafter Verhandlungen zwischen Jakob von Bronckhorst-Batenburg auf Anholt und Unterhändlern des Herzogs von Geldern, mit dem er sich im Kriegszustand befindet. Die geldrischen Räte versuchen bei dieser Gelegenheit Jakob ein Bündnis mit Burgund unter anderem mit dem Hinweis darauf auszureden, daß das Prassen und Trinken an der Kante der alten IJssel, das heißt in Anholt, nicht gerade die Sitte der Flandrer sei[24]. Möglicherweise fällt dieses kulturelle Gefälle zwischen dem äußersten Westen und dem Niederrhein zusammen mit einer Unterscheidung, die der burgundische Historiker Chastellain trifft. Er unterscheidet nämlich die Holländer und Seeländer von den *Allemands*, den Leuten aus Geldern, Utrecht und Overijssel, die er ganz anders geartete wilde Völker nennt („une diverse génération des gens, diverses et sauvages nations"[25]).

Wie unterschiedlich auch die Raumerfahrungen und -verflechtungen von Fürsten, Adel, Städten, von Klerikern, Gelehrten und Studenten, von Leuten mit und ohne Lebensart auch sein mögen, eine Wahrnehmung ist ihnen allen gemeinsam: die primäre Ausrichtung ihrer Region, des Niederrheins, nach dem Westen.

Aber der Niederrhein im Spätmittelalter wäre nur unvollständig charakterisiert, würde man ihn nur in seinem überregionalen Zusammenhang beschreiben. Denn er besitzt auch eine charakteristische Binnenstruktur, die nur mit wenigen Strichen angedeutet werden kann. Dabei soll die selbstverständliche regionale Orientierung an zentralen ökonomischen Orten wie Köln oder Nijmegen oder anderen ganz beiseite gelassen und das Augenmerk nur auf die politische Struktur gerichtet werden.

Politische Herrschaft wurde in einem Territorium wie Kleve etwa im 15. Jahrhundert – vereinfacht gesagt – auf drei Ebenen ausgeübt. Auf einer obersten durch den Landesherren mit Hilfe seines Rates und seiner Kanzlei, auf einer mittleren in den Ämtern durch die Amtleute und schließlich auf einer untersten Ebene durch die Gerichte, in denen auf lokaler Ebene in den Städten und Kirchspielen aus diesem stammende Schöffen und Gerichtsleute mit den gewöhnlich vom Landesherren eingesetzten Richtern zusammenwirkten[26].

Mit ihrer Stadt und ihrem Kirchspiel identifizierten sich die Landesinsassen am stärksten. Denn hier war ihr Rechtsstatus verankert, insbesondere im Stadtrecht, das der Landesherr bei Herrschaftsantritt zu bestätigen hatte, wenn er sich von seinen Bürgern huldigen ließ. Hier lag in der Regel ihr Besitz, hier übten sie ihre ererbten Funktionen aus, hier besaßen sie ihre Mitwirkungsrechte im Gericht und bei der Steuerumlage für Stadt und Kirchspiel, hier war ihr sozialer Rang unübersehbar. Das Land dagegen nahmen sie in erster Linie in Form landesherrlicher Anordnungen, Steuerforderungen und Heeresaufgeboten wahr. Sie erfuhren es in der Person des Amtmanns als Statthalter des Landesherren vor Ort, eines gewöhnlich kaum von diesem effektiv kontrollierten adeligen Beamten[27].

Aber dieser Gegensatz zwischen der Landesebene und der lokalen Ebene, zwischen „Beamten“ und Mitwirkungsberechtigten vor Ort war in der Wirklichkeit nur bedingt prägend. Denn die beschriebene politische Struktur ruhte in dieser geburtsständischen Gesellschaft faktisch auf Personenbeziehungen. Diese Struktur war zur Durchsetzung ihrer Maßnahmen auf die sozialen Strukturen des Landes, auf die Gruppe des Adels, die der Bürger und die der vermögenden Bauern angewiesen. Der Gehorsam des landesherrlichen „Beamten“ gegenüber seinem Herren hatte noch immer viel von freiwilliger Loyalität, von „Treue“ an sich, beruhte noch eher auf einem Lehens- als einem Arbeitsvertrag, wie die individuellen Bestallungsurkunden der Amtsträger zeigen. Wie sehr der Fürst in seinem eigenen Interesse auf die Bindungen von Familie und Herkunft Rücksicht nehmen mußte, belegen beispielsweise die wiederkehrenden Bestimmungen in Bestallungsurkunden für Amtleute, in denen verlangt wird, daß diese nur geborene Klever, nur Männer, die „gut klevisch“ waren, als Mannschaft auf den Amtsburgen annehmen dürfen[28].

Unabhängig vom Landesherren bestanden vertikale Beziehungen zwischen den geburtsständischen Gruppen, von denen die Patronage vermutlich die wichtigste war. Fürsprache in den vielfältigsten Formen verband Adel, Bürger und große Bauern miteinander, Fürsprache vor allem für weltliche und geistliche Ämter, vom Amt des Fronboten, das heißt des Gerichtsvollziehers im ländlichen Schöffengericht, über das Küsteramt an Kirchen bis hin zu Pfarrpfründen und Richterstellen. Dabei nützten die adeligen Amtsinhaber nicht nur ihre Stellung gegenüber dem Landesherren, um Fürbitten einzulegen, sondern auch ihre Rechte auf Vergabe von Unterämtern oder die ihrer Familien zur Präsentation von Geistlichen in Kirchen, deren Patronatsherren sie waren, nicht selten in der Weise, daß sie ihre eigenen Bastardsöhne mit solchen Stellen versahen[29]. Uneheliche Kinder dienten aber auch dazu, nützliche Ehen ohne Gesichtsverlust gegenüber den Standesgenossen etwa zwischen wichtigen Adeligen und Bürgern herzustellen. Denn die Ehe, als engstes Bündnis zwischen den Verwandtschaftsgruppen, war noch immer das tragfähigste Band der Loyalität – und das galt für Fürsten ebenso wie für den Adel, die Bürger und die Bauern.

Gestützt auf solche Strukturen vertraten die wichtigen Familien und Gruppen des Landes ihre Interessen selbstbewußt, wenn nötig auch gegen den Landesherren. Gemessen an modernen Standards war deshalb die Herrschaftspraxis in einem solchen Territorium konfliktreich. Aber die Auseinandersetzungen um konkurrierende Rechtsansprüche, die zwischen dem Landesherren und seinen

„Untertanen" geführt wurden, trugen letztlich zur Verfestigung der Territorien in Form von Privilegien bei, die man in ihrer umfassendsten Ausprägung Herrschaftsverträge nennt. Das Gegenüber des Fürsten waren in solchen Fällen die Landstände, am Niederrhein in der Regel der Adel und die Städte, die sich gegen Steuerbewilligung ihre Privilegien sichern ließen, aber auch für den Fürsten und die Einheit des Landes bürgten. Besondere Bedeutung erlangten die Stände in Geldern angesichts der auch von Johannes Cochlaeus herausgestellten unablässigen Kriege und der Dynastiewechsel[30].

Indem die Landstände vor allem die Forderung nach dem Indigenat, dem „Eingeborensein" in das Land, für landesherrliche Beamte durchsetzten, eine Forderung, in der sie sich – wie bereits angedeutet – gelegentlich auch mit dem Fürsten trafen, stärkten sie gegenüber wechselnden Dynastien das Eigengewicht der Territorien, die deshalb zumeist auch als solche bis zur Französischen Revolution bestehen blieben, wie das preußische Beispiel zeigt.

Aber auch die eingewurzelten lokalen und regionalen familialen Bindungen blieben bis zum Ende des 18. Jahrhunderts erhalten, aus der Sicht des bürokratischen modernen Staates und vor dem Hintergrund der sprunghaft gestiegenen Bevölkerungszahl bald nicht mehr verstanden und abschätzig mit Begriffen wie „Lokalborniertheit", „Honoratiorenwirtschaft", „Kirchturmspolitik" belegt. Dabei hat am Niederrhein sogar dieser Bereich lokaler „Selbstverwaltung" wie er im Gericht, in der Steuerumlage und in den Deichschauen bereits im Mittelalter angelegt war, in der Neuzeit noch den charakteristischen Ausbau zu Steuererbentagen erfahren, auf denen Adel, Bürger und Bauern mit Besitz im Amt zusammen mit den landesherrlichen Beamten die Steuerumlage vornahmen[31]. Diesen starken „kommunalen" Zug verstärkte am Niederrhein noch einmal der Protestantismus durch die hier eingeführte Synodalverfassung – anstelle eines landesherrlichen Kirchenregiments.

Doch die Negativurteile des 19. Jahrhunderts über diese politische Binnenstruktur der alten Territorien enthalten auch einen wahren Kern. Sie weisen darauf hin, daß die kleinräumige politische Praxis das Bewußtsein der Menschen noch stärker prägte als die großen politischen Veränderungen, denen der Niederrhein in der Neuzeit unterworfen war – und daß diese Prägung so tief ging, daß sie das Verhalten selbst dann noch bestimmte, als dessen Voraussetzung, die Abstützung politischer Herrschaft auf lokale soziale Strukturen, bereits nicht mehr existierte.

II. Entwicklung in der frühen Neuzeit

Doch während die politische Binnenstruktur des Niederrheins bis zum Ende des 18. Jahrhunderts überdauerte, begann sich das spätmittelalterliche Raumgefüge, in das er eingebunden war, bereits mit dem Ende des burgundischen Hauses zu wandeln. Ein erster Schritt zu neuen Grenzziehungen, die den Niederrhein vom Westen trennen sollten, war die Reichskreiseinteilung, die die Habsburger am Anfang des 16. Jahrhunderts vornahmen. Damals wurden die Territorien im Westen des Niederrheins mit Ausnahme von Lüttich, in denen das Haus Habsburg die Nachfolge des Hauses Burgund angetreten hatte, zu einem eigenen burgundischen Kreis zusammengefaßt, während der Niederrhein zum niederrheinisch-westfälischen bzw. kurrheinischen Kreis geschlagen wurde. Die über Jahrhunderte miteinander verzahnten Territorien Kleve und Geldern gehörten nun zwei unterschiedlichen Reichskreisen an. Auch das klevische Haus orientierte sich nach dem Scheitern seiner burgundischen Pläne neu. Mit der Erbunion von 1496 begann die Geschichte des niederrheinischen Großterritoriums Kleve-Mark-Jülich-Berg-Ravensberg, dem sich 1538 auch Geldern auf Druck seiner Landstände anschloß. Diese Verbindung blieb eine Episode, die der Habsburger Karl V. schon 1543 mit dem Sieg bei Venlo beendete[32]. Geldern gehörte fortan zu den Provinzen der habsburgischen Niederlande und teilte deren Schicksal.

Parallel zu diesen politischen Veränderungen setzte sich am Niederrhein die Reformation durch, auch vorbereitet durch die hier im Spätmittelalter entstandenen neuen Frömmigkeitsbewegungen und gekennzeichnet durch einen ebenfalls in dieser Tradition stehenden dritten Weg toleranter Reformation. Daß in dieser Zeit das Herzogtum Kleve vom Westen aus gesehen noch zu dessen äußerstem Osten gehörte, belegt die Tatsache, daß die erste Synode der in den habsburgischen Niederlanden verfolgten Reformierten 1568 in Wesel stattfand und der letzte katholische Amsterdamer Bürgermeister in Kalkar im Exil starb[33].

Langfristig schuf die Reformation am Niederrhein selbst eine neue Binnenstruktur, führte zur Trennung in konfessionelle Kulturen. Am deutlichsten läßt sich das am Bildungswesen ablesen. Im Herzogtum Kleve besuchten Reformierte im 18. Jahrhundert etwa die Gymnasien in Kleve, Wesel und Duisburg, bevor sie die reformierte Universität in Duisburg bezogen, um dort vor allem Theologie und Jus zu studieren. Ihre klassischen Berufskarrieren waren die des preußischen Beamten und die des Predigers. Katholiken dagegen besuchten Jesuitengymnasien in Emmerich oder in Düsseldorf, um dann in Köln zumeist Theologie zu studieren und Pfarrer zu werden[34]. Denn Katholiken blieben mit der Ausnahme von Preußisch-Geldern von Beamtenstellen im preußischen Staat und in den Gemeinden ausgeschlossen. Die politische Elite des preußischen Niederrheins war also überwiegend

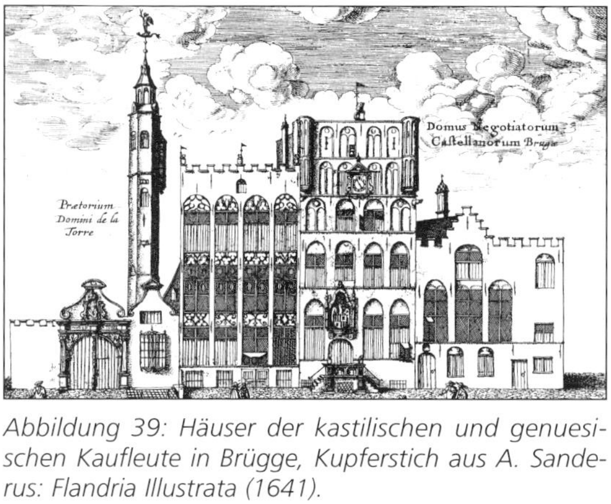

Abbildung 39: Häuser der kastilischen und genuesischen Kaufleute in Brügge, Kupferstich aus A. Sanderus: Flandria Illustrata (1641).

Abbildung 40: Die Huldigung der Landstände in Kleve für König Friedrich Wilhelm II. von Preußen im Jahre 1786, dessen Bild über der Bühne der Klever Regierung hängt. Von links führt das jüngste Mitglied der ständischen Adelsvertretung an einem Seil diejenigen Personen herbei, die anläßlich der Huldigung um fürstliche Begnadigung bitten. Daher der Name „Gnadenseil" für die Zeremonie, die seit dem 16. Jahrhundert belegt ist.

protestantisch. Bedeutete dies eine zunehmende Ausrichtung nach Osten, so blieb dagegen der Zusammenhang der reformierten Geistlichkeit mit den reformierten Generalstaaten durchaus noch erhalten. Es war durchaus eine große Gruppe von Studenten, die aus den Niederlanden kommend in Duisburg Theologie studierte. Umgekehrt studierten Reformierte aus Kleve-Mark und Jülich-Berg in den Niederlanden, und es kam auch vor, daß sie dort Predigerstellen übernahmen.

Der preußische Niederrhein war eine Region an der politischen Peripherie des Königreichs geworden. Danach hatte es zunächst nicht unbedingt ausgesehen. Unter dem großen Kurfürsten läßt sich noch so etwas wie eine Westorientierung der Brandenburger erkennen: ein Oranier ist Statthalter in Kleve, der große Kurfürst selbst besucht die Universität Leiden und nimmt auch von dort die Idee der Durchführung einer Universitätsgründung in Duisburg, die noch unter den Klevern geplant gewesen war, mit. Koloniale Unternehmungen werden von den Brandenburgern in Ostfriesland in genauer Parallele zu den Handelskompanien der Generalstaaten gegründet. Aber diese durch dynastische Heirat vermittelten Westkontakte der Hohenzollern hören im 18. Jahrhundert so gut wie auf. Das Nebenland am Rhein behält zwar sein politisches Eigenleben in Form der Landstände und der Erbentage und seine eigenen landsässigen Beamten durch den Indigenat, aber die preußischen Verwaltungsreformen des 18. Jahrhunderts binden die Regierung in Kleve immer enger an das Berliner Generaldirektorium. Selbst der Bildungsweg der späteren preußischen Beamten aus Kleve und aus Mark spiegelt diese Entwicklung. Man studiert immer seltener in Duisburg und immer häufiger an der führenden Universität Preußens, in Halle, und am Ende des 18. Jahrhunderts schicken die ersten Beamtenfamilien aus Kleve ihre Kinder nicht mehr auf die niederrheinischen Gymnasien, sondern nach Berlin auf das Joachimsthalische Gymnasium.

Das heißt nun nicht, daß die Nähe zu den Generalstaaten im 18. Jahrhundert sich auf die Verbindung zwischen den Reformierten dort und am Niederrhein beschränkt hätte. Der alte naturräumliche und ökonomische Zusammenhang, die alten Handelswege auf den Flüssen waren geblieben. Die Sogwirkung der wohlhabenden Kolonialmacht der Niederlande war sogar noch größer geworden als die Flanderns mit Brügge und Antwerpen im 15. und 16. Jahrhundert. Die Konzentration der Niederländer auf Viehzucht und auf Seewirtschaft verlangte Versorgung durch Waren von außen. Gewerbe- und Manufakturstädte im Westen, in Krefeld und Mönchengladbach, aber auch in Berg und Mark produzieren nun vornehmlich für den Export in die Niederlande und von dort nach Übersee. Amsterdam ist der wichtigste Export- und Importhafen Westdeutschlands[35].

Sogar eine Spur politischer Nähe zu den Generalstaaten bleibt. 1801 debattiert noch einmal die klevische Landesdeputation über den Anschluß an die Batavische Republik, um dem Anschluß an Frankreich zu entgehen. Aber das waren eher Reminiszenzen an die Vergangenheit. Die entscheidenden Eliten des preußischen Niederrheins, die Beamten, hatten sich längst nach Berlin orientiert. Und sie taten das mit großem Erfolg. Einer der ihren resümiert in den dreißiger Jahren des 19. Jahrhunderts, daß zu seiner Zeit allein 10 Präsidenten von Regierungen und Gerichten und 3 Regierungsdirektoren im Königreich Preußen aus der Klever Regierung hervorgegangen waren und Stellen bis hin nach Schlesien einnahmen[36]. Es gibt kaum eine stolzere Erfolgsbilanz der Integration der klevischen Beamtenschaft ins preußische Karrieresystem.

Aber nicht alle Bewohner des Herzogtums identifizierten sich mit der preußischen Politik. Die königliche Akzisepolitik, die die klevischen Stände zwar in Teilen abmildern konnten, wirkte sich zum Beispiel für den Duisburger Rheinhandel so verhängnisvoll aus, daß man sie als Erklärung dafür herangezogen hat, daß in den Kreisen der Duisburger Kaufmannschaft die Französische Revolution begeistert begrüßt wurde[37].

III. Die Ursachen des Wandels der Raumorientierung

Brechen wir hier ab. Was waren die historischen Voraussetzungen der großen Sogwirkung des Raums westlich des Rheins, und warum ließ sie so gründlich nach? Historiker haben darauf verwiesen, daß sich bis zum späten Mittelalter in Europa zwei Räume höchst unterschiedlicher Entwicklung erkennen lassen, die man als älteres und jüngeres Europa bezeichnen könne. Im europäischen Nordwesten habe der Rhein die Grenze zwischen beiden Räumen gebildet. Das ältere Europa, das Europa der römischen Provinzen, habe gegenüber den Regionen außerhalb der römischen Herrschaft einen Entwicklungsvorsprung besessen, der sich noch im 15. Jahrhundert ausgewirkt habe[37a]. Und zweifellos sind die Raumorientierungen der römischen *Germania inferior* am Niederrhein in Grundzügen auch die des Spätmittelalters. Kölns Ausrichtung auf die Rheinmündung und nach England in römischer Zeit entspricht seiner Ausrichtung in der Zeit der Hanse auf die Kontore in Brügge und in London. Der Vorsprung läßt sich aber auch im kirchlichen Bereich fassen. Linksrheinisch liegen die alten rheinischen Bischofssitze und die großen Stiftskirchen von Mainz über Koblenz, Bonn, Köln bis nach Xanten. Diese älteren Kerne in Nordwesteuropa waren aber auch der Ausgangspunkt der mittelalterlichen Städteentwicklung. Und der Vorsprung dieses Raums vor dem Osten wuchs noch einmal entscheidend mit der Entstehung einer großen nordwesteuropäischen Gewerberegion in Flandern und Brabant. Seitdem vom 13. Jahrhundert an dieser Raum die großen Wirtschaftsräume der Ostsee, die die Hanse beherrschte, mit dem Mittelmeerhandel der italienischen Seestädte verband, erreichte er eine fast konkurrenzlose Stellung. Die regelmäßige Küstenschiffahrt aus dem Mittelmeer um die Iberische Halbinsel und an den französischen Küsten entlang bezog dann im 15. und 16. Jahrhundert ganz natürlich den Handel mit den von Spaniern und Portugiesen aus Afrika und Amerika eingeführten Produkten ein[38]. Es ist die Zeit, in der Antwerpen die große Metropole des europäischen Nordwestens wird, ein Phänomen, dem auch Johannes Cochlaeus in seiner Beschreibung Deutschlands Bewunderung zollt. Die Erben dieser Entwicklung wurden die nördlichen Niederlande mit ihrem Hauptumschlagsplatz Amsterdam, dessen Bedeutung als „deutscher" Aus- und Einfuhrhafen in der frühen Neuzeit schon erwähnt wurde.

Diese hier nur ganz grob skizzierte Entwicklung zeigt auf der einen Seite die Bedeutung der nicht aufhebbaren naturräumlichen Voraussetzungen, auf der anderen Seite die daran geknüpfte kulturräumliche Entwicklung mit ihren historischen Kumulationseffekten. Sie macht gleichzeitig verständlich, warum sich dynastische Politik immer wieder auf solche Räume richtete.

Der jahrhundertelange Vorsprung des Westens wird im 19. Jahrhundert obsolet. Eisenbahn und Industrialisierung schaffen zunehmend Unabhängigkeit von den alten naturräumlichen Gegebenheiten. Dazu kommt die Erfahrung der politischen Planbarkeit und Organisierbarkeit von Staaten nach dem Umbruch der Französischen Revolution.

Für den Niederrhein hatte das gravierende Folgen. Die Neuorganisation des enorm vergrößerten preußischen Staatsgebietes im

Westen nach dem Wiener Kongreß schloß bewußt nicht mehr an die Strukturen der älteren preußischen Territorien am Rhein und in Westfalen an. Auch die alten Territorialhauptstädte verloren ihre Funktion. Am stärksten traf dies Kleve, das seine Regierung verlor, und damit verlor der Niederrhein auch seine wichtigste bürgerliche Elite, die ihm gerade durch die Verbindung eingesessener Familien mit der Zentralregierung sein Eigengewicht erhalten hatte. Die Grenzziehung im Westen ging ebenso tief: aus politischen Gründen wurden Preußisch-Geldern von der Maas abgeschnürt und die alten Raumzusammenhänge gründlich zerstört. Erst seitdem begann der Niederrhein ein ländlicher deutscher „Achterhoek" zu werden mit verträumten mittelalterlichen Städten – eine Region romantisch stilisierter Rückständigkeit. Ganz entscheidend war dieser Verlust an eigenständiger Weiterentwicklung aber durch die Entstehung des rheinisch-westfälischen Industriegebietes und kleinerer Industrieregionen am Rande des Niederrheins wie etwa um Krefeld, Mönchengladbach oder um das westfälische Bocholt bedingt. Der Niederrhein wird eine Zwischenregion zwischen Industrie und Grenze. Er orientiert sich nicht nur politisch, sondern auch wirtschaftlich nach Osten. Und das ist bis heute so geblieben. Die Regionalplanung sieht in dieser Region seit langem das Erholungs- und Freizeitgebiet des großen Ballungsraumes Ruhrgebiet. Aber mit dem Ende des alten großindustriellen Ruhrgebietes, das sich heute abzeichnet, wird der Niederrhein vom Ruhrgebiet, genauer von einer Revierstadt, von Duisburg, als Einflußzone wiederentdeckt. Die bedeutende klevische Landstadt, im 19. Jahrhundert entschiedener Teil des Ruhrgebietes, beginnt sich mit dessen Zerfall wie andere große Kommunen im Revier auch als Mittelpunkt eines Umlandes zu sehen. Und das Umland selbst entdeckt zunehmend Duisburg als seinen Bezugspunkt. Ob sich daraus dauerhafte neue Raumbeziehungen entwickeln werden, ist noch nicht abzusehen. Historiker sind keine Propheten. Aber daß der Niederrhein beginnt, sich nicht nur als Erholungsanhängsel des Ballungsraumes, sondern als eigenständigen Kulturraum zu begreifen, signalisiert zumindest das Ende einer langen Verlustgeschichte.

Anmerkungen:

1 Dem Charakter des Vortrags entsprechend sind die Anmerkungen auf das Nötigste beschränkt. – Generell sei verwiesen auf: W. Janssen, Kleine rheinische Geschichte. Bonn 1997. – E. Ennen, A. H. Wallthor, M. Rey (Hrsgg.), F. Petri, zur Geschichte und Landeskunde der Rheinlande, Westfalens und ihrer westeuropäischen Nachbarländer: Aufsätze und Vorträge aus vier Jahrzehnten, Bonn 1973, darin vor allem Geldern und der nördliche Niederrhein im Wandel der niederländischen und deutschen Geschichte, S.820-839; ders., Niederlande, Rheinland und Reich vornehmlich vom 13. bis 16. Jahrhundert: Ein Beitrag zur deutsch-niederländischen Grenzgeschichte, in: F. Petri, W. Jappe Alberts (Hrsgg.), Gemeinsame Probleme deutsch-niederländischer Landes- und Volksforschung. (Bijdragen van het Institut voor middeleuwse geschiedenis der Rijksuniversiteit te Utrecht; 32), Groningen 1962, S.172-202; B. Kuske, Die wirtschaftliche und soziale Verflechtung zwischen Deutschland und den Niederlanden, in: Ders., Köln, der Rhein und das Reich: Beiträge aus fünf Jahr-

zehnten wirtschaftsgeschichtlicher Forschung. (Erstdruck in: Deutsches Archiv für Landes- und Volksforschung 1, 1937), Köln – Graz 1956, S.200-256; F. Gorissen, Land am Niederrhein: Eine Heimatkunde für das Grenzland zwischen Maas und Ruhr, Kleve 1949; W. Jappe Alberts, Van heerlijkheid tot landsheerlijkheid. (Maaslandsche Monografieën; 24), Assen 1978; ders., Historische Grenzlandbeziehungen am Niederrhein, in: G. Droege, P. Schöller, R. Schützeichel, M. Zender (Hrsgg.), Landschaft und Geschichte: Festschrift für Franz Petri zu seinem 65. Geburtstag am 22. Februar 1968, Bonn 1970, S.35-43; und der Sammelband: G. de Werd, W. Koenig (Hrsgg.): Land im Mittelpunkt der Mächte: Die Herzogtümer Jülich, Kleve, Berg. (Katalog der Ausstellung im Städtischen Museum Haus Koekkoek Kleve und im Stadtmuseum Düsseldorf 1984), Kleve 1984.

2 F. Zschaeck (Hrsg.), Die Chronik der Grafen von der Mark von Levold von Northof. (Monumenta Germaniae Historica. Scriptores rer. Germ. N.S.; 6), Berlin 1929, S.59.

3 K. Meisen, Niederland und Oberland, in: Rheinische Vierteljahrsblätter 15/16 (1950/51), S.417-464.

4 K. Langosch (Hrsg.), Johannes Cochlaeus: Brevis Germaniae descriptio (1512). (Ausgewählte Quellen zur deutschen Geschichte der Neuzeit, Freiherr vom Stein Gedächtnisausgabe; 1), Darmstadt 1960, S.150-157.

5 J. F. Michaelis, Der Brandenburgisch-Preußische Staat am Schlusse des achtzehnten Jahrhunderts, oder: Reise durch sämtliche Königl. Preußische Provinzen, Berlin 1801, S.89, 222.

6 F. Petri, Nordwestdeutschland in der Politik der Burgunderherzöge, in: E. Ennen, A. H. Wallthor, M. Rey (Hrsgg.), (wie Anm.1), S.477-502.

7 A. Glezerman, M. Harsgor, Cleve – ein unerfülltes Schicksal. Aufstieg, Rückzug und Verfall eines Territorialstaates. (Historische Forschungen; 20), Berlin 1985, S.198-212.

8 O. Cartellieri, Am Hofe der Herzöge von Burgund: Kulturhistorische Bilder, Basel 1926, S.100-102, 148-158.

9 L. Pastor, Geschichte der Päpste im Zeitalter der Renaissance von der Thronbesteigung Pius II. bis zum Tode Sixtus IV., 8. Aufl. (Geschichte der Päpste seit dem Ausgang des Mittelalters; 2), Freiburg i.Br. 1925, S.57-59.

10 H. Cardauns (Hrsg.), Cronica van der hilliger stat van Coellen bis 1499, in: C. Hegel (Hrsg.), Die Chroniken der niederrheinischen Städte; Bd.3: Cöln. (Die Chroniken der deutschen Städte; 14), Leipzig 1877, S.785.

11 W. Paravicini, Moers, Croy, Burgund: Eine Studie über den Niedergang des Hauses Moers in der zweiten Hälfte des 15. Jahrhunderts, in: Annalen des Historischen Vereins für den Niederrhein 179 (1977), S.7-113.

12 B. Kuske, (wie Anm.1); W. Jappe Alberts, Overijssel und die benachbarten Territorien in ihren wirtschaftlichen Verflechtungen im 14. und 15. Jahrhundert, in: Rheinische Vierteljahresblätter 24 (1960), S.40-57; ders., Beitrag zur Wirtschaftsgeschichte des Rheins im Zusammenhang mit der spätmittelalterlichen Wirtschaftsentwicklung der Niederlande, in: Rheinische Vierteljahresblätter 26 (1962), S.297-322.

13 V. Henn, Der niederrheinisch-ostniederländische Raum und die Hanse, in: W. Arand, J. Prieur (Hrsgg.), „zu Allen theilen Inß mittel gelegen": Wesel und die Hanse an Rhein, IJssel & Lippe. (Katalog der Ausstellung des Stadtarchivs und des Städtischen Museums Wesel, 13.9.-15.12.1991), Wesel 1991, S.11-32.

14 Kalkar, Stadtarchiv, P 23, f.48v: „een genoimpt Gerit Gaitschalk die sich een tijt van Jaren oestwart mit komanschapen namentlick in die stat van Hamborch beholpen heefft."

15 F. W. Oediger (Hrsg.), Schriften des Arnold Heymerick. (Publikationen der Gesellschaft für rheinische Geschichtskunde; 49), Bonn 1939, S.3.

16 W. Bader, Der Dom zu Xanten: Erster Teil. (Xantener Domblätter, 8), Kevelaer 1978, S.185.

17 H.-J. Brandt, Klevisch-märkische Kirchenpolitik im Bündnis mit Burgund in der ersten Hälfte des 15. Jahrhunderts: Magister Dietrich Stock (†1470), Rat der Herzöge von Kleve-Mark, Burgund-Brabant und Geldern, in: Annalen des Historischen Vereins für den Niederrhein 178 (1976), S.42-76.

18 J. Löhr, Die Verwaltung des kölnischen Großarchidiakonats Xanten am Ausgang des Mittelalters. (Kirchenrechtliche Abhandlungen; 59-60), Nachdruck Amsterdam 1965, S.36-38.

19 R. Scholten, Das ehemalige Dominicaner-Kloster in Calcar, Kleve 1904, S.5-14.

20 K. Elm, Die Bruderschaft vom gemeinsamen Leben: eine geistliche Lebensform zwischen Kloster und Welt, Mittelalter und Neuzeit, in: Ders. (Hrsg.), Mittelalterliches Ordensleben in Westfalen und am Niederrhein. (Studien und Quellen zur westfälischen Geschichte; 27), Paderborn 1989, S.214-230; W. Jappe Alberts, De Moderne Devotie. (Fibulareeks; 48), Bussum 1969.

21 S. Beissel, Die Bauführung des Mittelalters. Studie über die Kirche des hl. Victor zu Xanten. Bau – Geldwert und Arbeitslohn – Ausstattung, 2. Aufl., Freiburg i.Br. 1889, S.I, 188.

22 F. W. Oediger (Hrsg.), (wie Anm.15), S.97; D. Scheler, Die Goldene Rose des Herzogs Johann von Kleve. (Klever Archiv; 13), Kleve 1992, S.86-87; L. Schmitz, Das Inventar des

Wert-Nachlasses des Herzogs Johann II. von Cleve, in: Zeitschrift des Bergischen Geschichtsvereins 33 (1897), S.1-6.

23 F. W. Oediger (Hrsg.), (wie Anm.15), S.130-131.

24 Anholt Fürstlich Salm-Salm'sches und Fürstlich Salm-Horstmar'sches Archiv, Urkunde Nr.1246a (zwischen 1499 Juni 20 und 1500 November 11).

25 Zitiert bei F. Petri, Geldern (wie Anm.1), S.833.

26 D. Scheler, Bürger und Bauern – die Stadt Kalkar und ihr Umland im späten Mittelalter, in: G. Kaldewei (Hrsg.), Die Stadt im Mittelalter: Kalkar und der Niederrhein. (Schriften der Heresbach-Stiftung Kalkar; 1), Bielefeld 1994, S.64-67.

27 J. Kuys, De ambtman in het kwartier van Nijmegen (ca. 1250-1543). (Publicaties van het Gerard Noodt Instituut; 10), Nijmegen 1987; D. Scheler, Rendite und Repräsentation: Der Adel als Landstand und als landesherrlicher Gläubiger in Jülich und Berg im Spätmittelalter, in: Rheinische Vierteljahresblätter 58 (1994), S.121-132.

28 T. Ilgen (Hrsg.), Quellen zur Geschichte der rheinischen Territorien, Herzogtum Kleve, I: Ämter und Gerichte, 2,1. (Publikationen der Gesellschaft für Rheinische Geschichtskunde; 38), Bonn 1925, nr.369 (1480), S.453.

29 D. Scheler, Patronat und Rekrutierung der Landgeistlichkeit am Niederrhein im 15. Jahrhundert, in: J.-P. Massaut, M.-E. Henneau (Hrsgg.), La Christianisation des Campagnes (Institut Historique Belge de Rome, Bibliothèque, 38), Brüssel-Rom, 1996, S.237-240.

30 W. Jappe Alberts, Zur Entstehung der Stände in den weltlichen Territorien am Niederrhein, in: Aus Geschichte und Landeskunde: Forschungen und Darstellungen Franz Steinbach zum 65. Geburtstag gewidmet von seinen Freunden und Schülern, Bonn 1960, S.333-349; O. Moormann van Kappen: Einführende Bemerkungen zur landständischen Entwicklung am Niederrhein im Spätmittelalter und in der frühen Neuzeit, in: J.F.G. Goeters, J. Prieur (Hrsgg.), Der Niederrhein zwischen Spätmittelalter und Neuzeit. (Studien und Quellen zur Geschichte von Wesel; 8), Wesel (1986), S.43-63.

31 K. Lichthardt, Studien zur Entwicklung der Erbentage und der Amtsverfassung in Kleve-Mark: Ein Beitrag zur Geschichte der Selbstverwaltung, in: Jahrbuch des Vereins für Orts- und Heimatkunde in der Grafschaft Mark 24 (1909/10), S.1-128.

32 F. Petri, Landschaftliche und überlandschaftliche Kräfte im habsburgisch-klevischen Ringen um Geldern und im Frieden von Venlo, in: E. Ennen, A. H. Wallthor , M. Rey (Hrsgg.), (wie Anm.1), S.539-555.

33 J. F. G. Goeters, Die konfessionelle Entwicklung innerhalb des Protestantismus im Herzogtum Kleve, in: J. F. G. Goeters, J. Prieur (Hrsgg.), Der Niederrhein zwischen Spätmittelalter und Neuzeit. (Studien und Quellen zur Geschichte von Wesel; 8), Wesel 1986, S.142-168.

34 Vgl. D. Scheler, Studiosus „Jobs" Kortum: Universität und Karriere im „Revier" vor der Industrialisierung, in: K. Schaller (Hrsg.), „... dir zum weiteren Nachdenken": Carl Arnold Kortum zum 250. Geburtstag, Essen 1996, S.42-48, 61f.

35 B. Kuske, (wie Anm.1), S.216-218.

36 A. Rappard (Hrsg.), Selbstbiographie des Königl. Preuß. Oberlandesgerichts-Präsidenten D. Friedrich Wilhelm v. Rappard, Ritter des rothen Adlerordens II. Klasse mit Eichenlaub: Mit Anmerkungen und einer kurzen ergänzenden Fortsetzung der Lebensgeschichte, Hamm 1837, S.23.

37 H. Averdunk, Duisburg und der Niederrhein zur französischen Zeit; I: 1792-1795. (Schriften des Duisburger Museumsvereins; 3), Duisburg 1907, S.19-21.

37a P. Moraw, Über Entwicklungsunterschiede und Entwicklungsausgleich im deutschen und europäischen Mittelalter, in: U. Bestmann, F. Irsigler, J. Schneider, Hochfinanz, Wirtschaftsräume, Innovationen, Festschrift für Wolfgang von Stromer, 3, Trier 1987, S.583-623.

38 M. Mollat Du Jourdain, Europa und das Meer, München 1993, S.82-131.

Flüchtlinge und Asylanten am Niederrhein vom 16. bis 18. Jahrhundert.

Von Irmgard Hantsche

Der Zustrom von Flüchtlingen und Asylanten bewegt uns heute stark, und wir verlieren dabei leicht aus dem Auge, daß dieses Phänomen nicht auf unsere Zeit beschränkt ist. Am Beispiel des 16. bis 18. Jahrhunderts möchte ich aufzeigen, daß Zuwanderer in unserer nächsten Umgebung eher die Norm als die Ausnahme waren und daß weite Landstriche am Niederrhein nicht erst durch die Industrialisierung des 19. Jahrhunderts ein Anziehungspunkt für Migration geworden sind.

Es wäre reizvoll und lohnend, den Längsschnitt bis in die Gegenwart durchzuziehen. Wir würden dann z. B. nicht nur auf viele Polen stoßen, die besonders in der Zeit vor dem Ersten Weltkrieg hier in den Zentren der Schwerindustrie Arbeit suchten und fanden und deren Namen etwa in Duisburg oder Oberhausen bis auf den heutigen Tag überproportional vertreten sind. Wir müßten uns auch mit der schwierigen aber – und das wird meist nicht ausreichend gewürdigt – großartig gelungenen Integration der deutschen Ostflüchtlinge nach dem Zweiten Weltkrieg befassen, die auch in die vorwiegend agrarisch ausgerichteten Bereiche am Niederrhein kamen.

Da der Rahmen der Vorlesungsreihe nur die Zeit bis 1800 umfaßt, werde ich mich auf je ein Beispiel aus dem 16., 17. und 18. Jahrhundert beschränken und dabei der Frage nachgehen, aus welchen Gründen Menschen in der frühen Neuzeit in das Niederrheingebiet flüchteten. Dieser geographische Raum, der heute einheitlich zu Nordrhein-Westfalen gehört, war damals weder politisch noch verwaltungsmäßig geeint, sondern aufgesplittert in viele größere und kleinere Staatsgebiete, deren konfessionelle Ausrichtung maßgeblich von dem jeweiligen Landesherrn bestimmt wurde (vgl. Abbildung 41: Territorien am Niederrhein um die Mitte des 16. Jahrhunderts).

Mein Beispiel aus dem 16. Jahrhundert behandelt die niederländischen Exulanten, also die Flüchtlinge, die während der Reformationszeit im Zuge der Glaubensverfolgungen ihre Heimat verließen und teilweise im Herzogtum Kleve Zuflucht fanden. Für das 17. Jahrhundert wähle ich die nach Krefeld kommenden Mennoniten. Das dritte Beispiel schließlich geht auf die Ansiedlung von Pfälzern im inzwischen preußischen Herzogtum Kleve während des 18. Jahrhunderts ein.

1. Die niederländischen Exulanten des 16. Jahrhunderts

Es würde so gut passen, wenn ich das Thema am Namensgeber unserer Universität exemplifizieren könnte; aber leider ist das nicht

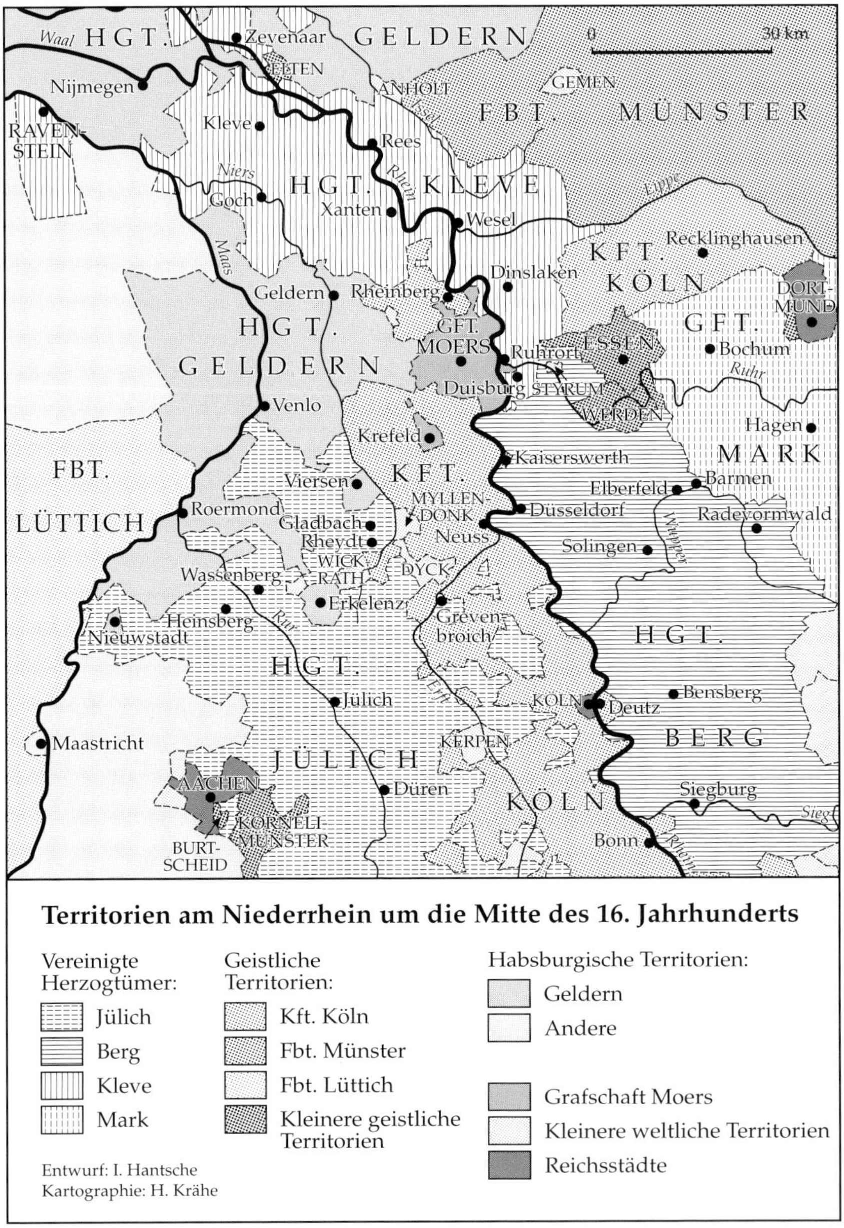

Abbildung 41

möglich. Denn Gerhard Mercator ist 1552 nicht als Flüchtling vor der habsburgischen Ketzerverfolgung nach Duisburg gekommen, obwohl einige Indizien dafür zu sprechen scheinen, und die Auffassung auch mehrfach vertreten worden ist[1]. Er war zwar in den Niederlanden mehrere Monate in Haft gewesen wegen des – nicht beweisbaren – Verdachts der Häresie, aber dieses Ereignis lag acht Jahre zurück, so daß kein direkter Zusammenhang mit seiner Übersiedlung ins Herzogtum Kleve besteht. Und obwohl Mercator in

Duisburg engen Kontakt mit Calvinisten hielt und drei seiner Kinder – offenkundig mit seinem Einverständnis – den evangelischen Glauben annahmen bzw. in prominente protestantische Familien einheirateten, hat er selbst sich nie von der katholischen Kirche losgesagt und sich auch nicht andeutungsweise zum Protestantismus bekannt. Er scheint zwischen den Fronten gestanden zu haben und hatte nachweislich nicht nur eine Anzahl von altgläubigen Freunden, sondern sogar katholische Gönner [2].

Als eigentlicher Glaubensflüchtling ist Mercator daher sicherlich nicht nach Duisburg gekommen. Die Gründe für die Verlegung seines Wohnsitzes waren wohl in erster Linie beruflicher Natur; er erhoffte sich vermutlich eine Anstellung an der geplanten Duisburger Universität, zu deren Gründung es dann jedoch erst 100 Jahre später unter dem Großen Kurfürsten kam.

Andere Niederländer hingegen suchten und fanden im Herzogtum Kleve wirklich Zuflucht vor Glaubensverfolgung. Der Landesherr, Wilhelm der Reiche, Herzog von Kleve, Jülich, Berg, Mark und Ravensberg, war stark durch erasmisches Gedankengut beeinflußt und strebte eine Kirchenreform an, die er als Mittelweg zwischen Katholizismus und Luthertum verstand. Selbst nach seiner Niederlage im Kampf um Geldern mit Karl V. vermochte Wilhelm der Reiche seine liberale Kirchenpolitik weitgehend fortzusetzen, obwohl er sich im Frieden von Venlo (1543) dem Kaiser gegenüber hatte verpflichten müssen, in seinen Territorien nicht vom katholischen Glauben abzugehen. Im Vergleich mit dem repressiven Vorgehen in den unter habsburgischer Herrschaft stehenden Niederlanden ermöglichte die herzogliche *via media*-Politik[3] den Protestanten einen verhältnismäßig weiten Spielraum, wenngleich auch der Grundsatz religiöser Toleranz noch nicht verwirklicht war.

Aus diesem Grunde, aber auch wegen ihrer Nähe zu den Niederlanden, wurden die Vereinigten Herzogtümer zu einem bevorzugten Ziel wallonischer und flämischer Exulanten. Im Herzogtum Kleve war es besonders Wesel[4], das Flüchtlinge anzog. Die Ursachen dafür lagen nicht nur in der geographischen Lage der Stadt und in den bereits vorher bestehenden engen wirtschaftlichen Beziehungen zu den Niederlanden[5], sondern hauptsächlich in der Aufnahmebereitschaft, die sowohl der Magistrat wie auch weite Kreise der Bevölkerung den Neuankömmlingen entgegenbrachten. Diese Gastfreundschaft wurde auch schon von den Zeitgenossen gewürdigt. Wesel wurde als *Mutter der Geusen* bezeichnet und erhielt den Ehrennamen *Vesalia hospitalis*.[6] Interessant ist, daß dieses Entgegenkommen weniger religiös als wirtschaftlich motiviert war. Die Bevölkerung der 1540 offiziell zum Luthertum übergetretenen Stadt[7] lehnte anfangs sogar in ihrer Mehrheit den calvinistischen Glauben so sehr ab, daß sie die ersten Neuankömmlinge wegen ihrer Konfession anfeindete und den Niederländern erst von den 60er Jahren an größere religiöse Toleranz entgegenbrachte [8].

Die ökonomische Situation Wesels war um die Mitte des 16. Jahrhunderts prekär und von einem Niedergang gekennzeichnet[9]. Hier brachten die meist flämischen Niederländer mit ihrem *know how* im Textilgewerbe, aber auch mit ihren Geschäftsbeziehungen, einen willkommenen und erheblichen Aufschwung, so daß Wesel wirtschaftlich gesehen vom Freiheitskampf der Niederlande profitierte[10]. Das schlug sich auch am Steueraufkommen der Stadt nieder. Die Einkünfte der Stadt verdreifachten sich von 1535 bis 1580[11], einer Zeit, die im Herzogtum Kleve nicht von einem allgemeinen Wohlstand geprägt war. Der Magistrat erhöhte die Einnahmen noch durch den Verkauf und die Verpachtung städtischer Grundstücke und Gebäude an die Flamen[12].

Welches Interesse die Stadt an dem Zuzug hatte, geht auch daraus hervor, daß sie Werkstätten und Produktionsmittel für die fremden Handwerker erstellte[13]. Obwohl diese häufig arm waren – im Gegensatz zu den ebenfalls zuziehenden reicheren Kaufleuten –, waren sie also dennoch willkommen. Der Rat betrachtete sie als eine neue Hoffnung ‚tot proffyt ende neeringe' der Stadt und versuchte sogar, sie zu dem Versprechen zu bewegen, die Stadt nicht wieder zu verlassen[14].

Die Niederländer führten in der Stadt neue Fertigungstechniken ein, die zu einer Qualitätssteigerung und größerer Produktvielfalt führten. So wurden nun z. B. auch Kammgarnstoffe hergestellt und modernere Färbemethoden angewandt. Doch die Neuerungen blieben nicht auf das traditionelle Wollgewerbe beschränkt; auch die Seidenproduktion wurde von den Niederländern erstmals in Wesel betrieben. Wichtig für die Akzeptanz der Wallonen war, daß sie wegen ihrer andersartigen Produktpalette keine Gefahr für die einheimischen Handwerker darstellten; vielmehr zeigten sie diesen sogar neue und lukrative Entwicklungsmöglichkeiten.

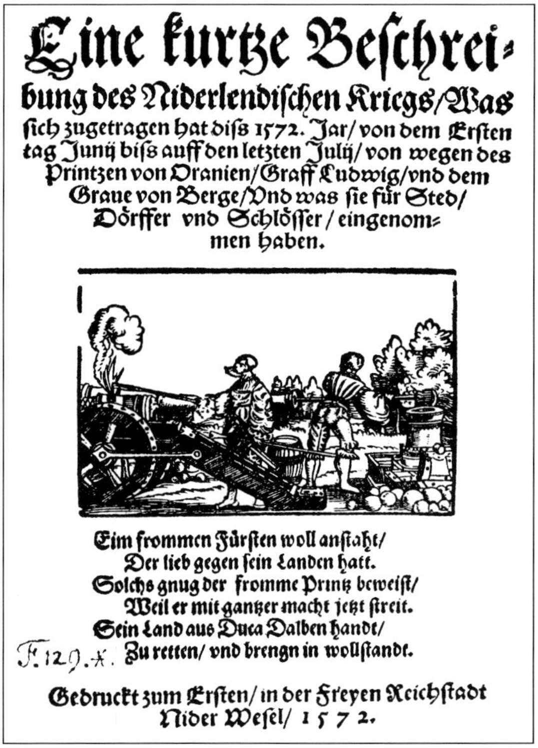
Eine kurtze Beschreibung des Niderlendischen Kriegs/ Was sich zugetragen hat diss 1572. Jar/ von dem Ersten tag Junij biss auff den letzten Julij/ von wegen des Printzen von Oranien/ Graff Ludwig/ vnd dem Graue von Berge/ Vnd was sie für Sted/ Dörffer vnd Schlösser/ eingenommen haben.

Eim frommen Fürsten woll anstaht/
Der lieb gegen sein Landen hatt.
Solchs gnug der fromme Printz beweist/
Weil er mit gantzer macht jetzt streit.
Sein Land aus Duca Dalben handt/
Zu retten/ vnd brengn in wollstandt.

F. 129. x.

Gedruckt zum Ersten/ in der Freyen Reichstadt Nider Wesel/ 1572.

Abbildung 42: Titelblatt einer in Wesel gedruckten Zeitung, 1572.

Durch ihre Produktivität sicherten sich die Neuankömmlinge also nicht nur die eigene Existenzgrundlage, sondern schufen auch zusätzlich Arbeit und Brot („Nahrung") für die Weseler Altbürger. Wie willkommen das war, geht daraus hervor, daß der Rat die Niederländer ausdrücklich darum bat, einheimische Kinder in das neue Handwerk einzuweisen. Und in der Tat schickten mehrere Weseler Bürger ihre Söhne bei den Niederländern in die Lehre, was zweifellos die Integration der Fremden erleichterte.

Abbildung 43: Prunkpokale der Stadt Wesel.

Je stärker die kriegerischen Auseinandersetzungen in den Niederlanden wurden, um so wichtiger wurden sie auch für Wesel, und das Interesse der Weseler Bürger an den Ereignissen im Nachbarland (vgl. Abbildung 42) wurde durch den zunehmenden Flüchtlingsstrom gesteigert. 1567/68 nahm Wesel über tausend Flüchtlinge auf. In den 70er Jahren, der Hochphase der Verfolgungen durch die Spanier, hielten sich ca. 7.000-8.000 Niederländer in Wesel auf, das waren 40 % der Gesamtbevölkerung, nach 1585 lag die Zahl schätzungsweise immerhin noch bei 4.000, also bei 20 % [15]. Daß die Exulanten zum Teil recht wohlhabend waren, zeigt sich an der Tatsache, daß die flämische (niederländisch sprechende) und die wallonische (französisch sprechende) Flüchtlingsgemeinde[16] 1578 der Stadt Wesel als Dank für die Gastfreundschaft zwei prächtige Pokale schenkte (vgl. Abbildung 43), die übrigens die Zerstörungen des Zweiten Weltkriegs nur deshalb überstanden haben, weil sie in einem fingierten Begräbnis auf dem städtischen Friedhof in Wesel „bestattet" wurden[17]. Bei der Überreichung der Pokale hob der Sprecher der Exulanten hervor, daß die Stadt Wesel ihnen nicht nur ihre Häuser geöffnet, sondern auch geholfen habe, ihren Lebensunterhalt zu verdienen. So sei ihnen die Stadt Wesel zum Vaterland geworden[18].

Die rechtliche Situation der Exulanten war unterschiedlich in Wesel. Nur ein Teil von ihnen wurde Vollbürger, in den Jahren von 1549-1593 erwarben nachweislich nur 335 Niederländer das Bürgerrecht, das entsprach bloß einem guten Fünftel der gesamten Bürgerrechtsverleihungen während dieser Zeit. Doch in einzelnen Jahren, besonders zwischen 1575-1585, lag der Prozentsatz höher. 1579 waren 41 Niederländer unter den 82 neuen Vollbürgern – ein Zeichen nicht nur für den Anstieg der Flüchtlinge, sondern auch ein Indiz dafür, daß wegen der Glaubensverfolgungen durch die Spanier und wegen der unsicheren Verhältnisse in den Niederlanden infolge des 80jährigen Krieges sich viele Niederländer um ein dauerndes Bleiberecht in Wesel bemühten. Auch hierbei versuchte die Stadt zu profitieren. Während für die Aufnahme als Vollbürger meist ein Bürgergeld von 4 Dlr. verlangt wurde, wurde es bei den Niederländern besonders in den 70er und 80er Jahren erheblich höher angesetzt, meist auf 6-10 Dlr., in Ausnahmefällen bei reichen Kaufleuten sogar auf 40 Dlr. Allerdings ist auch belegt, daß armen oder besonders angesehenen Niederländern (z. B. einem wallonischen Prediger) das Bürgergeld völlig erlassen wurde[19].

Wenngleich der größte Teil der niederländischen Exulanten nicht das Bürgerrecht erwarb und nach dem Abklingen der religiösen Verfolgungen und infolge der politischen Beruhigung wieder in seine Heimat zurückkehrte, so hinterließen die Exulanten doch bleibende Spuren in Wesel. Nicht nur, daß sie zukunftweisende gewerbliche Impulse gesetzt und die Wirtschaft insgesamt gefördert hatten, durch sie war auch die konfessionelle Ausrichtung der Stadt umgeformt worden – und zwar wider Erwarten.

Der lutherische Rat in Wesel hatte von den calvinistischen Neuankömmlingen bei ihrer Ankunft die Anerkennung des Augsburger Bekenntnisses (Confessio Augustana von 1530) gefordert und die Eingliederung in die lutherische Stadtgemeinde verlangt, ihnen also nicht, wie es z. B. in Duisburg der Fall war, selbständige Fremdengemeinden[20], also eigene Exulantengemeinden zugebilligt. Diese kirchenpolitisch repressive Maßnahme Wesels war weitgehend politisch bedingt. Der Rat mußte befürchten, daß die öffentliche Duldung der calvinistischen Glaubensform durch die Stadt den Landesherren zum Eingreifen bewegen könnte, wodurch dann auch der Fortbestand der lutherischen Konfession gefährdet war, die der Herzog gemäß des Vertrags von Venlo (1543) ebenfalls nicht in seinen Territorien zulassen durfte. 1556/57 hatte ein ähnlicher Konfliktfall zwischen der Stadt Wesel und englischen wie französischen Calvinisten zu einem Ausweisungsbefehl an diejenigen Exulanten geführt, die sich nicht der Confessio Augustana unterwerfen wollten[21].

Dieses Vorgehen erreichte jedoch nicht sein Ziel, sondern dessen Gegenteil. Denn auf Dauer gesehen glichen sich die niederländischen Exulanten nicht etwa den kirchlichen Gebräuchen und Glaubensvorstellungen der Einheimischen an, der *Confessio Vesaliensis*, sondern formten das Kirchenwesen ihrer Gaststadt in ihrem eigenen Sinne um. Denn nachdem die Wallonen voll in die Stadtgemeinde inkorporiert waren, in der sie jedoch, sicherlich auch sprachlich bedingt, vom Rat geduldete Sonderzirkel bildeten, konnten sie von innen heraus für ihre Lehre werben. Auf diese Weise verstärkten sie die bereits vereinzelt bei der Weseler Bevölkerung vorhandenen calvinistischen Tendenzen und setzten schließlich gegen den Willen der Obrigkeit ihre religiösen Auffassungen weitgehend durch. Bereits 1568 fand in der Stadt die erste Generalsynode der niederländischen Exulanten statt, der ‚Weseler Konvent', und ab 1569 gab es in Wesel ein Konsistorium der niederländischen reformierten Gemeinde, das vor allem für die Kirchenzucht und die Armenfürsorge innerhalb der Gemeinde zuständig war[22]. Der offizielle Übergang Wesels zum Calvinismus erfolgte allerdings erst ab 1609, also nach dem Aussterben des jülich-klevischen Herzoghauses und der Übernahme der faktischen Herrschaft durch Brandenburg[23].

Zu diesem Zeitpunkt hatte der Calvinismus sich auch in anderen niederrheinischen Orten durchgesetzt; die Konfession der niederländischen Exulanten war weitgehend auch von der einheimischen Bevölkerung übernommen worden. Das zeigte sich auch daran, daß ab 1593 die Protokolle der zur *Weseler Klasse* zusammengefaßten niederrheinischen calvinistischen Gemeinden nicht mehr in niederdeutscher, sondern in hochdeutscher Sprache abgefaßt wurden[24].

Dennoch kann das Weseler Beispiel nicht verallgemeinert werden, es stellt eher die Ausnahme und nicht die Regel dar[25]. Daß die Exulanten sich dort wirtschaftlich wie kirchlich so schnell durchsetzten und auf so geringen Widerstand stießen, lag hauptsächlich daran, daß sie den Bedürfnissen und Wünschen ihrer Gastgemeinde entgegenkamen. In der Reichsstadt Köln z. B. war die Lage anders. Hier stießen die niederländischen Exulanten, obwohl sie prozentual höchstens 5% der Bevölkerung ausmachten, nach anfänglich positiver Aufnahme zum Teil auf beträchtliche Ablehnung, weil sie für die etablierten Gewerbe- und Handelskreise der wirtschaftlich stark entwickelten Stadt eine unliebsame Konkurrenz darstellten. Dazu kamen noch die in der Gegenreformation sich verstärkenden Auseinandersetzungen zwischen Katholizismus und Protestantismus. Die Folge war, daß die meisten Niederländer Köln sehr bald wieder verließen, ohne direkt vertrieben zu werden[26].

Von Duisburg wissen wir nicht übermäßig viel über die Bedeutung der Exulanten. Belegt ist jedoch, daß sie zwar anfänglich wegen ihrer Lehre angefeindet worden waren, dann jedoch die Reformation der Stadt erfolgreich vorantrieben. Bereits in den 50er Jahren hatten einige englische Protestanten, die ihre Heimat infolge der Ketzerverfolgungen Maria Tudors verlassen hatten, in Duisburg Zuflucht gefunden. Doch sie kehrten beim Regierungsantritt Königin Elisabeths I. (1559) nach England zurück, ohne große Spuren zu hinterlassen[27].

Auch der Einfluß der Niederländer ist in Duisburg nicht so leicht nachvollziehbar wie in Wesel. Weder ist der Text ihres Glaubensbekenntnisses überliefert, das sie, wie wir wissen, dem Duisburger Rat zur Prüfung einreichten, noch haben wir genaue Angaben über ihre Zahl. Es scheint aber gesichert zu sein, daß sie seit dem Beginn von Albas Unterdrückungsmaßnahmen auch in Duisburg einen ansehnlichen Prozentsatz der Bevölkerung ausgemacht haben[28]. Nach anfänglichen Anfeindungen durch die Bevölkerung wurden die Niederländer in Duisburg geduldet und erhielten sogar eine eigene Organisationsform. Allerdings verfügten sie nicht über einen eigenen Prediger, sondern unterstanden der Gemeinde in Wesel[29]. Dennoch beeinflußten sie die konfessionelle Entwicklung der Stadt: die in Duisburg sich behutsam durchsetzende lutherische Konfession wurde wie in Wesel allmählich durch den Calvinismus verdrängt[30]. Das äußerte sich zunächst spektakulär 1572 in einem Bildersturm in der Marienkirche; am Ende des Jahrhunderts wurde dann die Duisburger Kirchenverfassung nach calvinistischem Muster umgebildet[31].

Die Bedeutung der Exulanten für die konfessionelle Entwicklung Duisburgs beschreibt der Calvinist Werner Teschenmacher zur Zeit des 30jährigen Krieges in seinen *Annales Ecclesiastici* wie folgt:

> *„zu Duisburg seind nicht allein diejenige, so anno 1554 aus Engellandt vertrieben, ... sondern auch viele aus den Niederländischen Provincien wegen ihrer reiner Bekäntnus des H. Evangelii angefeindet, und damit sie alsobald wiederumb ausgeschaffet werden mögten, angeklagt worden. Darumb sie dan sowoll an ihre fürstliche Gnade Herzog Wilhelm als auch einen ehrsamen Rath der Statt suppliciret und, was ihnen zur Ungebuhr aufgemessen, mit einer Apologia abgelehnet haben. ...*
> *Haben also diese vertriebene Engel- und Niederländer in der Kirchen zu Duißburgh zu völliger Reformation in der Lehr und Ceremonien sehr viel geholfen.“*[32]

Allerdings konnte die im Vergleich zu Wesel eher unbedeutende klevische Landstadt Duisburg die Exulanten nicht völlig schützen. Wie in anderen Teilen der Vereinigten Herzogtümer versuchte Alba auch in Duisburg, die Ausbreitung der Reformation zu hemmen, und verlangte 1567 von Wilhelm dem Reichen die Auslieferung des Pfarrers an der Salvatorkirche, des aus Antwerpen geflohenen früheren Abtes Gerhard Hantzelaar. Herzog Wilhelm weigerte sich zwar, dieser Aufforderung nachzukommen, aber Hantzelaar mußte von seinem Amt zurücktreten; er fand dann Aufnahme in Moers, also im Territorium des zum Protestantismus übergetretenen Grafen Adolf von Neuenahr. Doch dieses Vorgehen gegen Hantzelaar scheint nur ein Einzelfall gewesen zu sein.

Verallgemeinernd kann man sagen, daß die niederländischen Exulanten des 16. Jahrhunderts am Niederrhein zwar Zuflucht fanden – und das war in dieser Zeit unnachgiebiger religiöser Verfolgung und großer Gefahr für Leib und Leben sehr viel –, daß der Grund dafür aber nicht vorrangig religiöse Toleranz oder konfessionelles Mitgefühl waren, sondern eher wirtschaftliche Gesichtspunkte. Fügten sich die Exulanten harmonisch in das Wirtschaftsleben der Gaststadt ein, förderten sie es sogar, waren sie willkommen und gewannen so – wie das Weseler Beispiel deutlich zeigt – die Basis für die Verbreitung ihrer konfessionellen Grundsätze. Auch in Köln stießen die Glaubensflüchtlinge erst dann auf Ablehnung, als sie sich zur Konkurrenz für das heimische Gewerbe und den etablierten Handel entwickelten.

Kennzeichnend für die niederländischen Exulanten war zudem, daß ihre Herkunftsgebiete – besonders die wirtschaftlich weit entwickelten südniederländischen Provinzen Flandern, Brabant, Artois und Hennegau – ökonomisch und sozial gesehen progressiver waren als ihre Gastländer. Dadurch initiierten die Flüchtlinge auch in den niederrheinischen Gebieten innovative Entwicklungen in Wirtschaft und Gesellschaft. Einen weiteren Impuls gab die Dynamik des Calvinismus, der nicht obrigkeitlich-hierarchisch strukturiert war wie das Luthertum oder der Katholizismus, sondern vom moderneren Gemeindeprinzip getragen wurde[33].

Die Vermischung konfessioneller und ökonomischer Momente zeigte sich nicht nur als Folge der Einwanderung in den Aufnahmegebieten, teilweise war sie schon bei den Motiven vorhanden, die zur Auswanderung führten. Viele Exulanten erkannten die Chance, infolge ihrer fortschrittlicheren Methoden ihre ökonomische Lage in den wirtschaftlich rückständigeren Gastländern zu verbessern. Besonders bei Kaufleuten, die ihr Kapital an ihren neuen Wohnsitz mitnehmen konnten, besaß die Auswanderung daher häufig eher den „Charakter einer Geschäftsverlegung als denjenigen einer Flucht."[34]

Das Beispiel Gerhard Mercators scheint dieses Bild zu bestätigen. Er kam zwar nicht als Glaubensflüchtling, aber dennoch als Fremder nach Duisburg und brachte dabei neben seinem Wissen auch sein gesamtes materielles Kapital mit: seine Werkstatt und besonders die in Kupferplatten gestochenen Karten. Willkommen war er, weil er den Ruhm und die Wirtschaftskraft der Stadt mehrte; er selbst scheint sich hier – nicht zuletzt wohl auch wegen des liberalen konfessionellen Klimas im Herzogtum Kleve – so wohlgefühlt zu haben, daß er 42 Jahre lang in der niederrheinischen Stadt lebte, bis zu seinem Tode 1594.

2. Die Mennoniten in Krefeld während des 17. Jahrhunderts

Die Mennoniten, die im 17. Jahrhundert nach Krefeld kamen, waren eine zahlen- und herkunftsmäßig sehr viel begrenztere Gruppe als die niederländischen Exulanten des 16. Jahrhunderts, aber es zeigen sich bei allen Unterschieden doch viele Parallelen. Auch sie kamen als Glaubensflüchtlinge, auch sie brachten in ihre Gaststadt *know how* und unternehmerische Initiativen ein und förderten auf diese Weise die Wirtschaftsentwicklung ihrer neuen Heimat in erheblichem Umfang, ja prägten sie sogar nachhaltig. Allerdings kam es in Krefeld zu keiner konfessionellen Integration. Weder formten die Neuankömmlinge das religiöse Leben der Altbürger um, wie es in Wesel geschehen war, noch übernahmen sie das calvinistische Bekenntnis der Krefelder Kirchengemeinde.

Krefeld gehörte seit 1542 als Exklave zur Grafschaft Moers (vgl. Abbildung 41), die bereits im 16. Jahrhundert offiziell zum Protestantismus übergegangen war und Glaubensflüchtlingen Zuflucht geboten hatte, vereinzelt auch Täufern, die dann jedoch während der spanischen Besetzung verfolgt und vertrieben wurden oder infolge des verheerenden Stadtbrandes von 1584 die Stadt wieder verließen[35]. Diese Tradition wurde von den calvinistischen Prinzen von Oranien, denen das Territorium im Jahre 1600 durch Erbschaft zugefallen war, aufrechterhalten, ja sogar ausgedehnt; denn unter der oranischen Herrschaft, die faktisch erst 1607 nach dem Abzug der spanischen Besatzung begann, wurden auch Glaubensangehörige geduldet, deren Konfession weder durch den Augsburger Religionsfrieden von 1555 noch durch den Westfälischen Frieden von 1648 reichsrechtlich anerkannt war. Somit hob sich die kleine Grafschaft Moers zur Zeit der Gegenreformation durch die gewährte Toleranz positiv von den meisten anderen Territorien ab. Die Prinzen von Oranien verzichteten sogar so weitgehend auf ihr Recht des *cuius regio, eius religio*, daß sie in Krefeld ebenfalls Katholiken duldeten.

Die Stadt Krefeld zog aus dieser liberalen Politik Nutzen. Seit dem Mittelalter hatte der Ort eher dörflichen Charakter besessen, und erst durch den Zuzug von Glaubensflüchtlingen während des 17. Jahrhunderts vergrößerte sie sich erheblich und entwickelte sich zu einem bedeutenden Zentrum des Textilgewerbes am Niederrhein. Es waren besonders die Mennoniten mit ihrer wirtschaftlichen Regsamkeit, ihren fortschrittlichen Produktionsmethoden und ihren weitgespannten Handelsbeziehungen, die in der 2. Hälfte des 18. Jahrhunderts diesen Aufschwung der Stadt bewirkten und es gleichzeitig zu persönlichem Wohlstand brachten[36]. Vereinzelt waren sie schon in der ersten Jahrhunderthälfte – ab 1607/08 – zugezogen[37], der Hauptschub erfolgte jedoch erst ab 1650 in zwei größeren Wellen. Um 1654 kamen ungefähr 70 Mennonitenfamilien, davon 50 aus Gladbach und seinem Umfeld[38], als Vertriebene nach Krefeld, meist aus den Herzogtümern Jülich und Berg, also aus Gebieten der ehemaligen Vereinigten Herzogtümer, die nach dem jülich-klevischen Erbfolgestreit an das inzwischen katholische Haus Pfalz-Neuburg gefallen waren, doch auch aus dem geistlichen Kurfürstentum Köln, dessen Territorium Krefeld vollständig umschloß (vgl. Abbildung 41). Vereinzelt stammten die Einwanderer sogar aus der Schweiz[39]. Dieser Zuzug von ca. 280 Personen war für die Herrlichkeit Krefeld und die kleine Stadt Krefeld mit seinen 500 Einwohnern schwer zu verkraften. Innerhalb der Stadt selbst dürfte damals fast jeder zweite Einwohner Mennonit gewesen sein[40].

Die zweite große Welle kam 1694 nach Krefeld. Sie war zahlenmäßig wohl geringer als die Gruppe der 50er Jahre, umfaßte jedoch wohl im ganzen gesehen finanzkräftigere Familien und stammte aus der jülichschen Unterherrschaft Rheydt. Zum Teil handelte es sich bei ihnen um ehemals Gladbacher Mennoniten, die sich 1654 zunächst Rheydt als Zuflucht gewählt hatten, wo es bereits vorher eine Mennonitengemeinde gab. Es würde hier zu weit führen, die Gründe und Umstände der Vertreibung aus Rheydt darzustellen[41]. Nur so viel sei gesagt: Die bereits in Krefeld wohnenden Mennoniten setzten sich für die Aufnahme ihrer Rheydter Glaubensgenossen ein. Die juristischen, politischen und wirtschaftlichen Möglichkeiten für eine legale Auswanderung nach Krefeld wurden außerdem durch den englischen König Wilhelm III. aus dem Hause Oranien in seiner Eigenschaft als Moersischer Landesherr geebnet. Er intervenierte mehrfach – und schließlich erfolgreich – beim Jülicher Landesherren und zugleich pfälzischen Kurfürsten Johann Wilhelm (besser bekannt als Jan Wellem), der in Düsseldorf residierte[42].

Abbildung 44: Menno Simons. Bildsammlung des Stadtarchivs Krefeld.

Obwohl die Wirtschaft der Stadt Krefeld von den Mennoniten profitierte, waren sie keine gern gesehenen Gäste, und der Magistrat, unterstützt von der Bürgerschaft, wäre sie gern wieder los gewesen. Einerseits lag das daran, daß der Gewerbefleiß der Mennoniten von vielen als Konkurrenz empfunden wurde. Andererseits gibt es konfessionspolitische Gründe, insbesondere die Rivalität zu den Reformierten. Außerdem waren die Mennoniten als Sonderform der Täufer historisch gesehen außerordentlich belastet und stießen daher auf Ablehnung.

Seit dem Reichstag von Speyer 1529 hatte es ein reichsrechtlich immer wieder bestätigtes Verbot des Täufertums gegeben, das teilweise blutig durchgesetzt wurde. Weder der Augsburger Religionsfrieden von 1555 noch die Konfessionsklauseln des Westfälischen Friedens hatten an dieser Restriktion etwas geändert. Obwohl die Täufer – abgesehen von dem Intermezzo des Münsteraner Täuferreichs 1534/35 – als durchaus friedfertig galten, stellten sie sich wegen ihrer religiös begründeten Weigerung, Eid und Waffendienst zu leisten und obrigkeitliche Ämter zu bekleiden, außerhalb der bürgerlichen Gemeinschaft.

Das traf auch weitgehend auf die Mennoniten zu[43], eine durch den Niederländer Menno Simons (vgl. Abbildung 44) um die Mitte des 16. Jahrhunderts geprägte gewaltlose täuferische Glaubensgruppe. Von den Niederlanden ausgehend, fand sie auch am Niederrhein eine beträchtliche Zahl von Anhängern, die eng mit den niederländischen Gruppierungen verbunden blieben, zumal das umgangssprachlich in der Grafschaft Moers verwendete Niederdeutsche eine enge Verwandtschaft zum Niederländischen aufwies, so daß sich keine Sprachbarriere ergab[44].

In den gegen die Mennoniten gerichteten Eingaben der reformierten Gemeinde und des Krefelder Rats stehen religionspolitische Ängste im Vordergrund, die zum Teil durch die Anziehungskraft, die das mennonitische Predigtwesen auf viele calvinistische Krefelder Bürger ausübte, noch geschürt wurde. 1657, also nach der ersten großen Zuwanderungswelle, werden unter anderem zwei Befürchtungen in diesem Zusammenhang vorgebracht:

1. Die Mennoniten könnten durch ihre öffentliche Religionsausübung den Bestand der noch nicht völlig gefestigten calvinistischen Gemeinde in Krefeld gefährden, da die Ausbreitung von Sekten einem Wiedererstarken des Katholizismus Vorschub leiste, zumal die Katholiken für sich nun ebenfalls das Recht auf öffentlichen Gottesdienst fordern würden.
2. Die Stadt setze sich möglichen Repressalien, zumindest aber übler Nachrede aus, indem sie durch die Duldung der Mennoniten die Reichsgesetzgebung mißachte. Außerdem trügen die Mennoniten im Ernstfall – gedacht ist vermutlich auch an eine Exekution zur Durchsetzung der Reichsgesetze – nicht zur Verteidigung der Stadt bei, da sie den Waffengebrauch ablehnten[45].

Aber die Krefelder Bürger äußern auch die Sorge, daß die Mennoniten den alteingesessenen Krefeldern wirtschaftlich das Wasser abgraben könnten. Der öffentliche Handel stehe einzig den eingesessenen privilegierten Bürgern zu, würde jedoch von den Mennoniten ausgeübt, ohne daß sie eine Lizenz dazu hätten. Dadurch, so wurde argumentiert, konzentrierten diese eigennützigen Leute die „Nahrung" (also die Erwerbsmöglichkeiten) auf sich und entzögen sie den Krefeldern. Häuser und Wohnungen seien zudem durch den Zuzug so verteuert worden, daß die alteingesessenen Mieter und andere fromme Mitglieder der reformierten Gemeinde keinen oder jedenfalls keinen preiswerten Wohnraum fänden[46].

Daher fordern Rat und reformierte Gemeinde, die Mennoniten sollten wieder abziehen. Ihnen sei ohnehin aus *christlicher Condolentz* nur gestattet worden, so lange in Krefeld zu bleiben, bis sie an einem anderen Ort Unterschlupf fänden. Stattdessen hätten die Mennoniten Krefeld zu *einer ewigen vndt bestendige verbleibung gemacht*, und einige seien sogar *ohne erlaubnuß herein geschlichen*[47].

Die Beschwerden der Krefelder Altbürger über die Exulanten blieben jedoch ohne Erfolg, da die oranische Regierung in Den Haag die Mennoniten schützte. Sie hatte sehr schnell erkannt, welch wirtschaftlichen Aufschwung die Flüchtlinge bewirkt hatten. Nach zweijährigem Streit um das Bleiberecht wies die Haager Regierung daher die moersischen Beamten im Juni 1657 an, die Mennoniten still in Krefeld wohnen zu lassen. Sie dürften öffentlich Handel treiben und

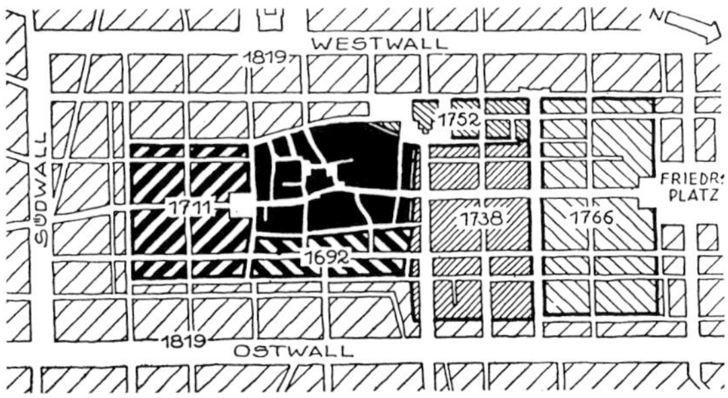

Abbildung 45: Stadterweiterungen von Krefeld im 17. und 18. Jahrhundert.

könnten auch ihren Gottesdienst in einer ihnen vorzuschreibenden Weise, d. h. im privaten Bereich, abhalten. Die öffentliche Religionsausübung blieb den Mennoniten jedoch im 17. Jahrhundert verwehrt[48]. Wegen ihrer Weigerung, sich am öffentlichen Wach- und Sicherheitsdienst zu beteiligen, solle den Mennoniten eine *Kontribution dieserhalb* auferlegt werden[49].

Als die Proteste der Einheimischen dennoch nicht nachließen, machte die Moerser Regierung schließlich kurzen Prozeß und ermöglichte 1678 den Mennoniten, das Bürgerrecht zu erwerben. Allerdings mußten die Mennoniten zunächst weiterhin ein Schutzgeld an den Landesherren zahlen, waren weiterhin von den Magistratstellen ausgeschlossen und unterlagen nach wie vor Einschränkungen bei der Religionsausübung. In gewisser Hinsicht waren sie also noch Bürger zweiter Klasse. Denn indem ihnen verwehrt wurde, kommunale Ämter auszuüben, blieben sie zunächst noch von der Teilhabe an der politischen Macht innerhalb der Stadt ausgeschlossen. Dadurch jedoch war es ihnen möglich, die ganze Kraft auf ihre beruflichen Aktivitäten zu konzentrieren, und das trug zweifellos dazu bei, daß sie sehr bald eine wirtschaftliche Führungsposition innerhalb der Stadt einnahmen[50]. Die Krefelder Altbürger mußten sehr bald einsehen, daß die volle Integration der Mennoniten in die bürgerliche Gesellschaft nicht mehr aufzuhalten war[51].

Zu den ersten Mennoniten, denen das Bürgerrecht zuerkannt wurde, gehörte Heinrich von der Leyen, der wegen seines Glaubens aus dem bergischen Radevormwalde vertrieben worden war[52]. Die Familie von der Leyen legte in ihrer Gaststadt nicht nur den Grund zur Seidenmanufaktur, sondern brachte im 18. Jahrhundert, nicht zuletzt durch die Protektion Friedrichs des Großen, die Krefelder Seidenherstellung zu großer Blüte und sich selbst zu ungeheurem Reichtum, den sie – entgegen der üblichen mennonitischen Lebenshaltung – auch öffentlich manifestierte[53]. Davon zeugt noch heute das Krefelder Rathaus am Westwall: es ist das ehemalige Wohnaus, besser Palais, der Mennonitenfamilie von der Leyen.

Mit der Ausweitung des Bürgerrechts beschloß die Regierung 1678 ebenfalls eine flächenmäßige Vergrößerung der Stadt[54]. Die Raumnot, die teilweise auf den Zuzug der Mennoniten zurückzuführen war, wurde allerdings erst 1692 durch eine erste Stadterweiterung gemindert,[55] der im 18. Jahrhundert dann wegen des beträchtlichen Bevölkerungsanstiegs und der weitgehend von den Mennoniten bewirkten wirtschaftlichen Expansion noch vier weitere folgten (vgl. Abbildung 45).

Abbildung 46: Mennonitenkirche in Krefeld. Bildsammlung des Stadtarchivs Krefeld.

Bereits am Ende des 17. Jahrhunderts waren die Mennoniten fest in Krefeld verankert, und 1793 konnten sie sich auch ein eigenes Kirchengebäude errichten. Es durfte jedoch nicht direkt an der Straße stehen, sondern mußte hinter einer Mauer „versteckt" werden (vgl. Abbildung 46), da die mennonitische Glaubensrichtung immer noch nicht offiziell anerkannt war. Auf besonders große Ablehnung war eine kleine pietistisch geprägte Minderheit gestoßen, die den Quäkern nahestand; ihre Anhänger waren daher 1683 nach Pennsylvanien ausgewandert. Dies war übrigens die erste deutsche Emigrantengruppe, die sich in das spätere Gebiet der USA begab.

Obwohl die Ausgangssituation für die Einwanderung von Glaubensflüchtlingen im Wesel des 16. und im Krefeld des 17. Jahrhunderts ähnlich war – beide Orte waren protestantisch, verfügten über ein nicht sehr florierendes Textilgewerbe und wurden wirtschaftlich durch die Neuankömmlinge ganz erheblich gefördert –, gab es gravierende Unterschiede zwischen beiden Städten. In Wesel setzten sich die niederländischen Protestanten nicht nur im ökonomischen Bereich durch, ohne dabei allerdings eine Konkurrenz für die Einheimischen darzustellen, sondern dominierten nach kurzer Zeit auch die konfessionelle Ausrichtung der Stadt, indem das bodenständige Luthertum vom Calvinismus der Exulanten verdrängt wurde. All das geschah gegen den zumindest offiziell verlautbarten Widerstand des Territorialherren, Wilhelms des Reichen, der sich gegen die positive Haltung der Weseler Altbürger jedoch nicht durchsetzen konnte.

In Krefeld hingegen war es der – niederländische – Landesherr, der die Glaubensflüchtlinge schützte, während die calvinistischen Bürger der Stadt sich sowohl gegen den wirtschaftlichen Wettbewerb wehrten wie auch gegen die verfemte konfessionelle Sonderform, die nicht nur gegen das Reichsrecht verstieß, sondern wegen der Verweigerung der Eidesleistung und des Waffendienstes auch gegen die allgemeinen Bürgerpflichten. Darüber hinaus erschwerten die konfessionellen Eigenheiten der Zugezogenen die Assimilation. Indem die Mennoniten – bis heute – an ihrer abweichenden Glaubensform festhielten, blieben sie lange in ihrem kirchlichen

Leben abgesondert, obwohl sie sich nicht durch große ethnische oder sprachliche Unterschiede abhoben und um ein gutes Verhältnis zu den calvinistischen Bürgern warben. Insofern haben die religiösen Gesichtspunkte in Krefeld größeren Einfluß behalten als in Wesel. Dennoch, das Trennende in der Religon wurde entwichtigt durch die wirtschaftliche Tüchtigkeit der Mennoniten und ihre Bemühungen um gesellschaftliche Eingliederung, die sich bereits sehr frühzeitig zeigte[56]. Schließlich sahen auch die Krefelder ein, was der Soldatenkönig Friedrich Wilhelm I. später so formulierte: *Die Mennonisten wollen zwar nicht in den Krieg gehen, ich muß aber auch Leute haben, die mir Geld schaffen*[57].

Das Fazit kann also heißen: trotz ihrer sektiererischen Praxis blieben die Krefelder Mennoniten, nicht zuletzt infolge der Intervention des Landesherrn, geduldet wegen ihrer Steuerkraft und ihrer Förderung der Wirtschaft; diese Qualitäten verschafften ihnen schließlich auch allgemeines gesellschaftliches Ansehen und ließen sie in die Krefelder Gesellschaft hineinwachsen. Förderlich war dafür auch die Heiratspolitik, die vom Ehepartner nicht die Konversion erwartete, also „Mischehen" zuließ[58]. Obwohl die Mennoniten weitgehend an ihrer religiösen Sonderform festhielten, stiegen sie als Minderheit zu einer Elite auf, die nach wenigen Generationen auch die politische Führungsschicht stellte oder wenigstens ein Teil von ihr war. Das zeigt besonders das Beispiel der Familie von der Leyen im 18. Jahrhundert.

Und es bleibt ebenfalls festzuhalten, daß in Krefeld – wenn zum Teil auch gegen den Willen der Eingesessenen – Toleranz geübt wurde. Davon gibt ein zeitgenössischer Reim in lateinischer und niederdeutscher Sprache Zeugnis:

Papa, Moses, Pennus,
Menno, Calvinus Lutherus
una in Creyfeldia
varium cantant alleluja.

Reformeerden en Papisten
Lutheranen en Mennisten
Dompelaers en abrams Soonen
t'samen nu in Kreyfeld woonen[59].

3. Die Pfälzer Kolonisten des 18. Jahrhunderts

Abschließend möchte ich auf die Einwanderung der Pfälzer Kolonisten während des 18. Jahrhunderts eingehen und wähle dafür einerseits den jetzigen Duisburger Stadtteil Neudorf, in dem ganz in der Nähe der Gerhard-Mercator-Universität die Koloniestraße noch an diese Einwanderung erinnert, und andererseits Pfalzdorf nördlich von Goch (inzwischen Stadtteil von Goch; vgl. Abbildung 47: Staatsgebiete am Niederrhein 1789).

Spielten schon bei den niederländischen Exulanten und bei den Mennoniten wirtschaftliche Gründe eine große Rolle, so traten diese

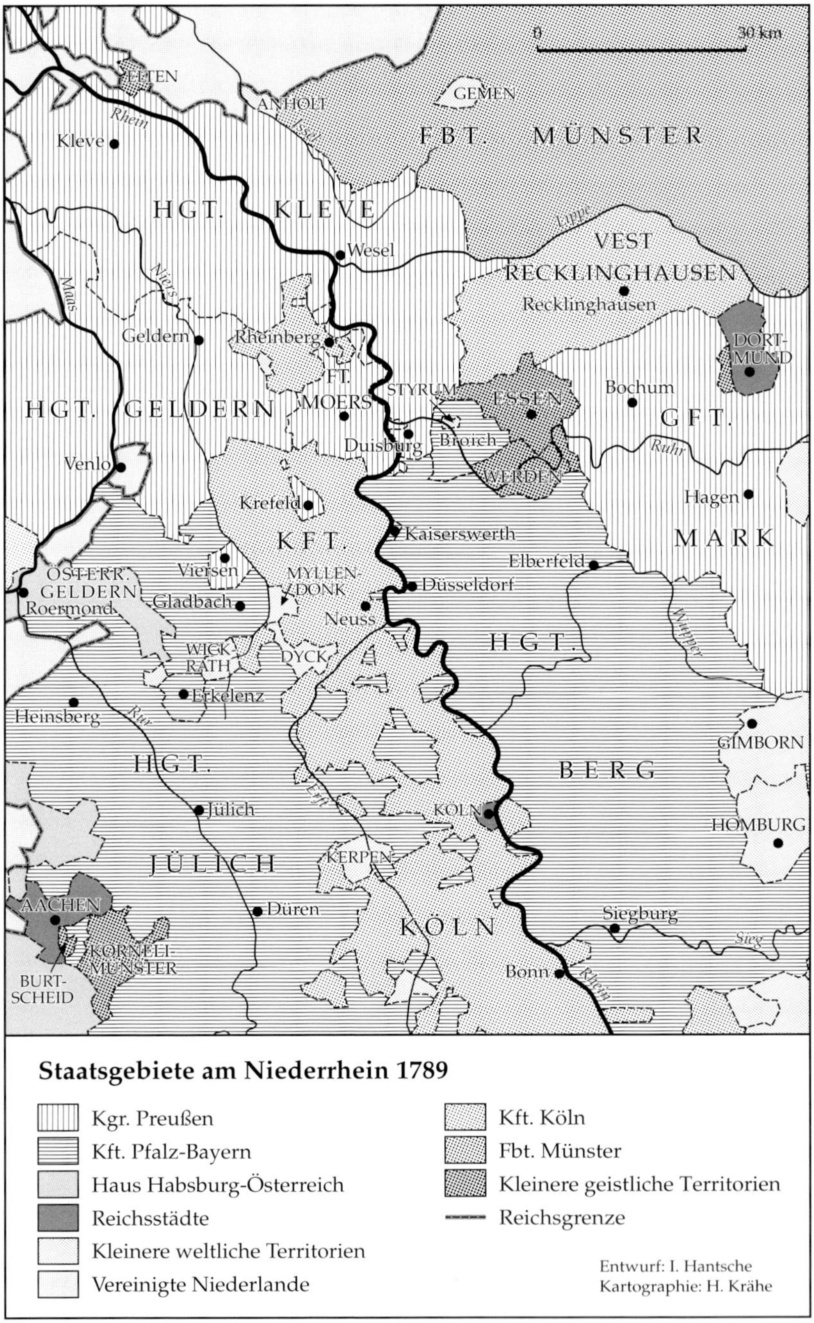

Staatsgebiete am Niederrhein 1789

Abbildung 47

bei den Pfälzer Einwanderern des 18. Jahrhunderts noch stärker in den Vordergrund. Zwar wurden die Pfälzer in ihrer Heimat vielfach wegen ihres protestantischen Glaubens bedrückt und benachteiligt, nachdem durch Erbfolge die protestantische Kurpfalz an das katholische Haus Pfalz-Neuburg 1685 gefallen war; aber im eigentlichen

Sinne verfolgt wurden sie nicht. Insofern war ihre Situation besser als die der calvinistischen Niederländer unter der spanischen Herrschaft im 16. Jahrhundert oder der Mennoniten im 17. Jahrhundert.

Wenngleich auch Glaubensgründe eine Rolle gespielt haben mögen, so dürfen sie nicht überbetont werden[60]. Im Erbpachtvertragsentwurf zwischen den Siedlern und der Stadt Goch vom 23. August 1741 wird als Grund für die Emigration angegeben: *Theils wegen der Religion und Theils der gewaltigen presuren halber*[61]. Wir würden die meisten dieser Pfälzer heute wohl nicht als Glaubens-, sondern als Wirtschaftsflüchtlinge bezeichnen. Durch das Realteilungs-Erbrecht und durch die vielen Kriege und Verwüstungen, die die Pfalz im 17. und beginnenden 18. Jahrhundert erlitten hatte, war die ökonomische Situation vieler Einwohner äußerst schlecht, und das Land konnte nicht alle ernähren. Emigration war hier ein Ausweg, der vom heimischen Landesherrn allerdings erschwert oder sogar verwehrt wurde, von potentiellen Aufnahmeländern hingegen aus Peuplierungsüberlegungen heraus gefördert, zumindest aber begrüßt wurde.

So setzte Friedrich der Große die Peuplierungspolitik seines Vaters fort und ließ teilweise gezielt Siedler anwerben, um wüste Stellen mit ihnen zu besetzen oder Brachland urbar zu machen. Der preußische Staat lockte mit freier Religionsausübung, Befreiung vom Militärdienst, Steuerfreiheit für eine bestimmte Anzahl von Jahren, zum Teil auch mit Zuschüssen für den Bau von Häusern und den Kauf von Vieh. Die Versprechungen allerdings wurden, wenn es um Geld ging, in den seltensten Fällen wirklich eingehalten, und ohnehin waren sie zu niedrig angesetzt.

1769 wurden sieben Pfälzer Kolonistenfamilien angeworben, um auf unkultiviertem Boden östlich von Duisburg, im heutigen Stadtteil Neudorf, Bauernstellen einzurichten. Der Versuch mißlang völlig: nur eine Familie blieb, die anderen zogen bald mit den erhaltenen Unterstützungsgeldern wieder nach Hause. Ein erneuter Anlauf 1770 mit 13 hessisch-darmstädtischen Familien scheiterte zwar nicht, indem die Siedler das ihnen zugeteilte Land im Gebiet der Kreuzung der jetzigen Koloniestraße mit der Grabenstraße und dem Sternbuschweg beackerten, aber die Erfolge blieben aus. Die Menge des Grund und Bodens reichte nicht zur Sicherung der Existenz, so daß sie mit weiterem Heideland aufgestockt werden mußte. Auch erwiesen sich die 15 Steuerfreijahre als unzureichend, so daß sie zweimal um fünf Jahre verlängert werden mußten.

Dennoch, bereits 1773 galt die Kolonie „op de Heid" als zumindest gesichert. Die Siedler verfügten über einen Grundbestand an Vieh (überliefert sind 4 Pferde, 4 Ochsen, 23 Kühe und 16 Rinder; von Schweinen, Schafen, Hühnern wissen wir nichts), bauten Kartoffeln, Roggen und Buchweizen an, versuchsweise sogar Tabak. Ihre eigene Zahl betrug 1782 106 Personen, verringerte sich bis 1818 jedoch auf 95[62]. Die Anbindung der ab 1789 Neudorf genann-

Abbildung 48: Kolonistenhaus in der Duisburger Koloniestraße, 1952. Bildsammlung des Stadtarchivs Duisburg.

ten Kolonie an die Stadt Duisburg erfolgte erst im 19. Jahrhundert, das letzte Kolonistenhaus (Koloniestraße 139, vgl. Abbildung 48) wurde 1956 abgerissen, und heute erinnert nur noch der Name *Koloniestraße* daran, daß bereits lange vor der Industrialisierung Zuwanderer nach Duisburg kamen, um hier Arbeit und Brot zu suchen.

In Pfalzdorf hingegen, nördlich von Goch dicht an der Straße nach Kleve gelegen, können wir noch sehr deutlich die Siedlung der Pfälzer Protestanten erkennen, die im Jahre 1741 auf ihrem Weg von Bacharach in die Neuenglandstaaten Amerikas am Niederrhein hängenblieben[63]. Durch den englisch-spanischen Seekrieg war es Auswanderungswilligen nur unter großen Verzögerungen und mit erhöhtem finzanziellem Aufwand möglich, mit englischen Schiffen von Rotterdem aus die Reise nach Pennsylvanien anzutreten. Damit die Emigranten während der unvorhergesehenen Wartezeit nicht den niederländischen Behörden zur Last fielen, ließen diese nur diejenigen Auswanderer ins Land, deren Überfahrt nach Amerika gesichert war. So wurde auch einer Anzahl von Pfälzern im Juni 1741 die Einreise nach Holland verwehrt. Obwohl sie sich zunächst weigerten, ihr Rheinschiff zu verlassen, wurden sie schließlich nördlich von Schenkenschanz an Land gesetzt[64]. Willkommen waren sie nicht am Niederrhein, und es stellte sich die Frage, was man mit Leuten machen sollte, denen die Weiterfahrt verwehrt wurde, die aber auch nicht zurück in ihre Heimat wollten. Einige der Gestrandeten versuchten, nach Litauen weiterzuziehen, andere konnten sich doch noch über Holland nach Amerika durchschlagen. Die meisten jedoch, ca. 20 Familien mit insgesamt 130 Personen, stellten an die preußischen Behörden in Kleve den Antrag, bleiben und siedeln zu dürfen. Doch niemand wollte diese „*boat people*“ haben. Nach langem Hin und Her erklärte sich die Stadt Goch schließlich bereit, den verhinderten Amerika-Fahrern Ödland auf der Gocher Heide zur Verfügung zu stellen, um es urbar zu machen und Bauernstellen darauf einzurichten. Auf Anordnung der Regierung wurden den Siedlern fünf ganze und fünf halbe Freijahre gewährt, und das Land wurde ihnen „erb und ewig zu Erbzinsrechten“ übertragen[65].

Wie später in Duisburg fehlten auch hier die notwendigen finanziellen Mittel für das Siedlungswerk, und die Gesuche der Pfälzer um Unterstützung von seiten der preußischen Behörden blieben zunächst ohne Erfolg. Auch die Stadt Goch konnte weder Baumaterialien zur Verfügung stellen noch den Siedlern finanzielle Unterstützung geben. Allerdings nahm sie die Pfälzer während des ersten Winters auf, da diese sich noch keine Behausungen auf dem ihnen zugewiesenen Land hatten errichten können[66]. Im Frühjahr 1742 konnte die Arbeit auf der Heide wieder aufgenommen werden. Die Zahl der Siedlerfamilien hatte sich inzwischen jedoch bereits auf 15 verringert, und deren Aussichten waren äußerst schlecht. Obwohl sich bereits einige Erfolge zeigten, wiesen die Klever Behörden den Gocher Magistrat an, diejenigen Kolonisten auszuweisen, die sich nicht selbst erhalten konnten. Doch die Stadt übte Nachsicht, jedenfalls so lange, bis die Pfälzer ihr und den Gocher Bürgern durch Bettelei zur Last fielen. Als ein erneuter Vorstoß der Siedler bei der Klever Kriegs- und Domänenkammer ohne Erfolg blieb, schickten diese im April 1743 zwei Abgesandte nach Berlin, um unmittelbar beim König Hilfe zu erbitten[67].

Dieser Weg hatte Erfolg. Friedrich der Große ordnete an, *daß der Magistrat zu Goch denen Pfaltzischen Emigranten behülfflich seyn soll, damit sie die ihnen angewiesene wüste Acker uhrbar machen können.* Hinzugefügt war noch: *Aus Unseren Cassen aber kann dazu nicht verwilligt werden.* Wenn sie zunächst auch keine finanzielle Hilfe erwarten konnten, so hatten die Pfälzer doch Wesentliches erreicht: sie hatten vom König ein Ansiedlungspatent erhalten, wodurch sich ihr Status änderte: sie waren nicht länger Emigranten, sondern Ansiedler[68], hatten also Bleiberecht. 10 der ursprünglich 20 Familien gelang es schließlich, mehr oder weniger durch eigene Kraft, die Kolonie zum Erfolg zu führen. Bereits ab 1745/47 findet sich in den Akten der Name *Pfalzorth* bzw. *Pfalzdorf.* Die Umgestaltung der einst öden Gocher Heide zu einer planvollen Siedlung schlug sich bald auch im Kartenbild nieder (vgl. Abbildungen 49 und 50).

Im Laufe der folgenden Jahrzehnte vergrößerte sich die Kolonie durch weiteren Zuzug von Pfälzern, bei denen allerdings keine religiösen Motive mehr zur Auswanderung geführt hatten, sondern die ausschließlich aus wirtschaftlichen Gründen ihre Heimat

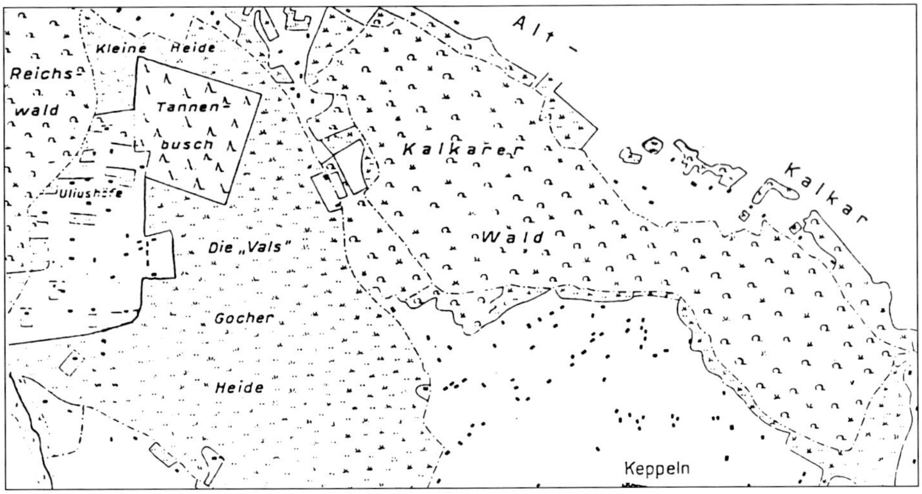

Abbildung 49: Die Gocher Heide um 1735.

verließen. Meist waren sie von der preußischen Regierung durch ihren Frankfurter Residenten als Siedler angeworben worden. Der Zuzug hörte erst auf, als alle Grundstücke auf der Gocher Heide vergeben waren. 1777 wies Pfalzdorf 103 Familien mit 568 Personen auf[69].

Nicht nur die Zahl der massiv gebauten Häuser in Pfalzdorf vermehrte sich stetig, auch mit dem Kirchenbau konnte begonnen werden, nachdem die Gottesdienste zunächst in zwei Scheunen stattgefunden hatten. Noch im 18. Jahrhundert wurden – allerdings erst nach heftigen und langen Streitereien zwischen den calvinistischen und lutherischen Einwohnern Pfalzdorfs – zwei Kirchen fertiggestellt, schon vorher waren Häuser für die Prediger gebaut oder übernommen worden[70]. Damit war der konfessionelle Bestand der Siedler innerhalb dieses überwiegend katholischen Gebiets am Niederrhein gesichert. Zu Beginn des 19. Jahrhunderts erhielt Pfalzdorf dann auch eine Kirche für den zahlenmäßigen stärkeren Anteil der katholischen Bevölkerung, Nachkommen der einheimischen Siedler auf der Gocher Heide. Ein Konnubium mit den katholischen Niederrheinern fand jedoch so gut wie nicht statt, während Heiraten zwischen den calvinistischen und lutherischen Pfälzern von Anfang an häufig waren. Auch nach dem Zweiten Weltkrieg haben sich trotz der großen Umbrüche nicht sämtliche Unterschiede verwischt; zumindest sprachliche Besonderheiten und eine gewisse Eigenständigkeit sind bei den Nachkommen der Pfälzer Kolonisten immer noch erkennbar.

Vergleicht man die Ansiedlung der Pfälzer, die eher Wirtschafts- als Glaubensflüchtlinge waren, mit den niederländischen Exulanten im 16. und den Mennoniten im 17. Jahrhundert, so fällt auf, daß sie sich am wenigsten in ihre Umgebung integriert haben, wenngleich sie sich in bezug auf die Dorfform und den Stil der Häuser an ihre

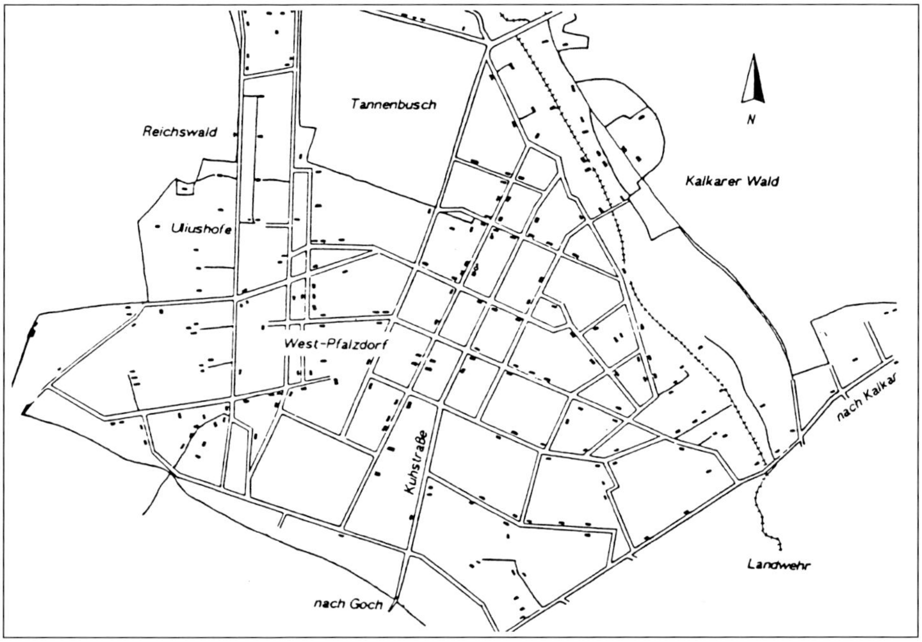

Abbildung 50: Pfalzdorf im 19. Jahrhundert.

neue Heimat anglichen[71]. Ihre Sonderstellung wurde sicherlich dadurch verlängert, daß sie sich nicht im gewerblichen und städtischen, sondern im agrarischen Bereich ansiedelten und zwar von vornherein in gesonderten Kolonien und nicht innerhalb bereits bestehender Gemeinwesen. Das trifft auf Neudorf genauso zu, das ja damals weit außerhalb von Duisburg lag, wie auf die Pfälzer Heide-Kolonie bei Goch. Dazu kam noch, daß die Pfälzer keine Wirtschaftsförderung in Gang setzten. Sie waren Habenichtse und blieben es. Zwar waren auch viele niederländische Exulanten ohne große materielle Mittel gekommen, aber sie verfügten als Kapital über modernes „*know how*", das sie – genau wie die Mennoniten – in ihre Gastgemeinden einbrachten und dadurch, wenngleich häufig auch erst nach Widerständen von seiten der einheimischen Bevölkerung, Anerkennung und Sozialprestige errangen.

Zieht man ein Fazit aus den drei unterschiedlichen Beispielen des 16. bis 18. Jahrhunderts, so zeigt sich, daß wirtschaftliche Initiative, Innovation und Tüchtigkeit der Zugewanderten wichtige Faktoren für die Gastgemeinden waren und schließlich die Akzeptanz der Neuankömmlinge erhöhten, integrationsfördernd wirkten und dazu verhalfen, herkunftsmäßige und konfessionelle Unterschiede zu überwinden. Alle drei Beispiele zeigen auch, daß der Anpassungsprozeß nicht problemlos verlief und oft recht lange dauerte. Aber in allen Fällen wurden die Fremden schließlich nicht nur gleichberechtigte, sondern auch gleichgeartete Mitbürger.

Anmerkungen:

1 Vgl. z.B. Justus Hashagen, Das Geistesleben im Wandel der Zeiten, in: H. Aubin, Th. Frings, J. Hansen u.a., Geschichte des Rheinlandes von der ältesten Zeit bis zur Gegenwart, Bd. 2, Essen 1922, S.323.

2 Vgl. dazu ausführlicher Irmgard Hantsche, Zwischen den Fronten – Das Herzogtum Kleve als politisches und konfessionelles Umfeld Gerhard Mercators während der 2. Hälfte des 16. Jahrhunderts, in: Gerhard Mercator, Europa und die Welt. Begleitband zur Ausstellung „Verfolgt, geachtet, universal – Gerhard Mercator, Europa und die Welt", Duisburg 1994, S.37-71.

3 Vgl. dazu den Beitrag von Eckehart Stöve in diesem Band, S.67ff.

4 Vgl. Wilhelm Sarmenhaus, Die Festsetzung der niederländischen Religionsflüchtlinge im 16. Jahrhundert in Wesel und ihre Bedeutung für die wirtschaftliche Entwicklung dieser Stadt, Kiel 1913; Heinz Schilling, Niederländische Exulanten im 16. Jahrhundert. Ihre Stellung im Sozialgefüge und im religiösen Leben deutscher und englischer Städte, Gütersloh 1972 (im folgenden zitiert als Schilling (1972)); Heinz Schilling, Die niederländischen Exulanten des 16. Jahrhunderts. Ein Beitrag zur frühneuzeitlichen Konfessionsmigration, in: Geschichte in Wissenschaft und Unterricht 43, 1992, S.67-78 (im folgenden zitiert als Schilling (1992)); Jutta Prieur, Wesels große Zeit – Das Jahrhundert in den Vereinigten Herzogtümern, in: Geschichte der Stadt Wesel, hg. von J. Prieur, Band 1, Düsseldorf 1991, S.174ff.; Walter Stempel, Die Reformation in der Stadt Wesel, in: Geschichte der Stadt Wesel, hg. von J. Prieur, Band 2, Düsseldorf 1991, S.137ff.

5 Vgl. Sarmenhaus, S.7.

6 Vgl. Dorothea Coenen, Die Kirche am Niederrhein im Jahrhundert der Reformation. Vom Beginn des 16. Jahrhunderts bis zum Jahre 1614, in: Gregor Hövelmann (Hg.), Niederrheinische Kirchengeschichte, Kevelaer 1965, S.80-97, hier S.86.

7 Vgl. Sarmenhaus, S.9.

8 Vgl. Sarmenhaus, S.11ff. Vgl. auch Wilhelm H. Neuser, Die Aufnahme der Flüchtlinge aus England in Wesel (1553) und ihre Ausweisung trotz der Vermittlung Calvins und Melanchthons (1556/57), in: Monatshefte für Evangelische Kirchengeschichte des Rheinlandes, 17, 1968, S.28-49.

9 Vgl. Sarmenhaus, S.27.

10 Vgl. Prieur, S.178.

11 Vgl. Sarmenhaus, S.45.

12 Vgl. Sarmenhaus, S.45.

13 Vgl. Sarmenhaus, S.28.

14 Vgl. Sarmenhaus, S.10.

15 Vgl. Schilling (1972), S.179.

16 Zu den Doppelgemeinden vgl. Schilling (1992), S.70.

17 Vgl. Prieur, S.182f.

18 Vgl. Stempel, S.140.

19 Vgl. Sarmenhaus, S.24.

20 Zum Problem der Fremdengemeinden vgl. Neuser, S.33ff.

21 Vgl. Neuser, S.44.

22 Vgl. Prieur, S.180; Stempel, S.138f.

23 Vgl. Schilling (1972), S.87ff.; Stempel, S.143f.

24 Vgl. Coenen, S.87.

25 Vgl. Schilling (1992), S.72ff.

26 Vgl. Schilling (1972), S.59ff.

27 Vgl. v. Roden, S.264.

28 Vgl. v. Roden, S.47 und 266; Stöve, Via Media, S.131.

29 Vgl. v. Roden, S.266.

30 Vgl. Werner Teschenmacher, Annales Ecclesiastici (= Schriftenreihe des Vereins für Rheinische Kirchengeschichte Nr. 12), Düsseldorf 1962, S.221 und 224; Andrew Pettegree, Emden and the Dutch Revolt. Exile and the Development of Reformed Protestantism, Oxford 1992, S.148f.; v. Roden, S.264 und 267.

31 Vgl. v. Roden, 266f.

32 Vgl. Werner Teschenmacher, Annales Ecclesiastici, (= Schriftenreihe des Vereins für Rheinische Kirchengeschichte Nr. 12), Düsseldorf 1962, S.221 und 224.

33 Vgl. Schilling (1972), S.19ff.

34 Vgl.Schilling (1972), S.26.

35 Vgl. Ralf Klötzer, Verfolgt, geduldet, anerkannt. Von Täufern zu Mennoniten am Niederrhein und die Geschichte der Mennoniten in Krefeld bis zum Ende der oranischen Zeit

(ca. 1530-1702), in: Sie kamen als Fremde. Die Mennoniten in Krefeld von den Anfängen bis zur Gegenwart, Krefeld 1995, S.13-60, hier S.21f.

36 Vgl. dazu Klötzer (wie Anm.35); Friedrich Nieper, Die ersten deutschen Auswanderer von Krefeld nach Pennsylvanien, Neukirchen 1940; Gottfried Buschbell, Geschichte der Stadt Krefeld, Bd. 1, Krefeld 1953; Irene Feldmann, Minderheiten am Niederrhein an der Wende vom 17. zum 18. Jahrhundert – Das Beispiel der Krefelder Mennoniten, in: Der Niederrhein 4/1992, S.201-211.

37 Vgl. Klötzer, S.29.

38 Vgl. Klötzer, S.34. An anderer Stelle (S. 39) spricht Klötzer von 70 Familien, die ca. 200 Menschen umfaßt hätten.

39 Vgl. Nieper, S.15ff.

40 Vgl. Frank Deisel, Zum Beispiel Krefeld. Die Reformationszeit und die konfessionellen Verhältnisse im 17. und 18. Jahrhundert (= Quellen und Materialien zur Geschichte und Entwicklung der Stadt Krefeld, Band 5), Krefeld 1991, S.224f.

41 Vgl. dazu Nieper, S.22ff.; Klötzer, S.34 und 48f. und Feldmann, S.205f.

42 Nach dem Aussterben der protestantischen Kurpfälzer Linie des Hauses Wittelsbach war die Kurpfalz 1685 an die katholische Wittelsbacher Linie Pfalz-Neuburg gefallen, die seit dem jülich-klevischen Erbfolgestreit bereits die beiden Herzogtümer Jülich und Berg innehatte.

43 Klötzer weist darauf hin, daß sich bei den niederrheinischen Mennoniten bereits frühzeitig Ansätze zu einer Integration in die Gesamtgesellschaft zeigten. Vgl. a.a.O., S.27.

44 Vgl. Nieper, S.47, 58.

45 Vgl. den Beschwerdebrief der Stadt und der reformierten Gemeinde an die Moerser Regierung aus dem Jahr 1657, zitiert bei Nieper, S.376ff. und in neuhochdeutscher Übertragung bei Deisel, S.203ff. Derartige Klagen wurden auch schon vorher laut. Vgl. Klötzer, S.30.

46 Vgl. Nieper, S.376f. und Deisel, S.204.

47 Zitiert bei Nieper, S.19 und 376.

48 Vgl. Klötzer, S.30.

49 Vgl. Nieper, S.21.

50 Vgl. Schilling (1992), S.78.

51 Vgl. Klötzer, S.43.

52 Vgl. Nieper, S.22.

53 Vgl. Peter Kriedte, Äußerer Erfolg und beginnende Identitätskrise. Die Krefelder Mennoniten im 18. Jahrhundert (1702-1794), in: Sie kamen als Fremde. Die Mennoniten in Krefeld von den Anfängen bis zur Gegenwart, Krefeld 1995, S.61-104, hier S.75f.

54 Vgl. Klötzer, S.43.

55 Vgl. Feldmann, S.205.

56 Vgl. Klötzer, S.31f.

57 Zitiert bei Nieper, S.37.

58 Vgl. Kriedte, S.74f.

59 Lateinische Verse vom Rektor des Moerser Gymnasiums, Hermann Cruse, niederdeutsche Übersetzung von Petrus von Sarn († 1735) aus Duisburg. Zitiert bei Nieper, S.14.

60 Vgl. z.B. Otto Hermann von Schütz, Die Gründung von Pfalzdorf nach urkundlichen Quellen und mündlicher Überlieferung, hg. vom Pfälzerbund am Niederrhein e.V., 3. Auflage, Kalkar 1990 (erstmals erschienen 1863), S.27ff.

61 Zitiert bei Jakob Imig, Die Erbpachtverträge der pfälzischen Kolonisten mit der Stadt Goch und dem preußischen Staate, in: 250 Jahre Pfälzer am Niederrhein, 1741-1991, Festschrift von Jakob Imig und Helmut Lange, hg. vom Pfälzerbund am Niederrhein, Pfalzdorf 1991, S.27.

62 Vgl. Günter von Roden, Geschichte der Stadt Duisburg, Bd. 1: Das alte Duisburg von den Anfängen bis 1905, Duisburg 1973, S.120f.

63 Vgl. dazu und für das folgende Schütz, passim; Barbara Mott, Pfälzer am Niederrhein. Die Geschichte der Pfälzersiedlungen Pfalzdorf, Louisendorf und Neulouisendorf im Rahmen der preußischen Binnenkolonisation des 18. und 19. Jahrhunderts (= Führer des Niederrheinischen Museums für Volkskunde und Kulturgeschichte Kevelaer, 26), Goch und Kalkar 1989; Jakob Imig und Helmut Lange, 250 Jahre Pfälzer am Niederrhein, 1741-1991, Festschrift hg. vom Pfälzerbund am Niederrhein e.V. Sitz Pfalzdorf, 1991.

64 Vgl. Jakob Imig, Die pfälzische Einwanderung an den Niederrhein im 18. Jahrhundert. Gründe und Auswirkungen, in: 250 Jahre Pfälzer am Niederrhein, 1741-1991, Festschrift von Jakob Imig und Helmut Lange, hg. vom Pfälzerbund am Niederrhein, Pfalzdorf 1991, S.17.

65 Vgl. Mott, S.25.

66 Angeblich lebte ein Teil von ihnen in Erdhöhlen. Vgl. Imig, Pfälzische Einwanderung, a.a.O., S.20.

67 Ebenda, S.21f.

68 Vgl. Mott, S.26.

69 Vgl. Imig, Pfälzische Einwanderung, a.a.O., S.23f.

70 Vgl. dazu Schütz, S.86ff; Mott, S.36ff.

71 Vgl. Jakob Imig, Der Hausbau auf der Gocher Heide, in: 250 Jahre Pfälzer am Niederrhein, 1741-1991, Festschrift von Jakob Imig und Helmut Lange, hg. vom Pfälzerbund am Niederrhein, Pfalzdorf 1991, S.40; Jakob Imig, Haus- und Hofformen bei den niederrheinischen Pfälzern, in: 250 Jahre Pfälzer am Niederrhein, 1741-1991, Festschrift von Jakob Imig und Helmut Lange, hg. vom Pfälzerbund am Niederrhein, Pfalzdorf 1991, S.50.

Juden am Niederrhein. Vom ersten Kreuzzug bis zur Judenemanzipation in französischer Zeit.

Von Jutta Prieur

Die Geschichte der Juden am Niederrhein beginnt mit einem entsetzlichen Ereignis, das sich in diesem Jahr zum 900. Mal jährt. Bis zur Ermordung der Juden im Dritten Reich hat kein anderes Ereignis das Verhältnis der Christen und Juden zueinander nachhaltiger beeinflußt: die Vernichtung der rheinischen Judengemeinden im Gefolge des Ersten Kreuzzuges 1096. Mit dem Ruf „Tod oder Taufe“ auf den Lippen machte sich der fanatisierte Pöbel über die Juden her, die man als Mörder Christi schon auf dem Weg ins Heilige Land umbringen wollte. Nach den Massakern in Worms und Mainz gelang es Bischof Johann von Speyer, seine Judengemeinde zu schützen, indem er sie auf befestigten Burgen seines Bistums unterbrachte. Am 29. Mai brach die Gewalt auch in Köln aus. Ein jüdischer Chronist berichtet: „Da erschrak ihnen (= den Kölner Juden) das Herz bis zum Ausgehen des Lebens, und sie flüchteten sich ein jeder in das Haus seines christlichen Bekannten und hielten sich dort auf. Des folgendes Tages, als es Morgen ward, erhoben sich die Feinde, zertrümmerten die Häuser und raubten und plünderten sie aus. Sie rissen die Synagoge nieder, holten die Thora-Rollen heraus, trieben ihren Spott damit und zerstampften sie auf den Gassen.“ Der Kölner Erzbischof Hermann III. als ihr – gut bezahlter – Schutzherr versuchte nun, die Juden mit der erfolglreichen Taktik des Speyerer Bischofs zu retten. Er verteilte sie auf befestigte Orte seines Landes, unter anderem in Neuß, Xanten, Geldern und „Mera“, das die ältere Literatur mit Moers identifiziert, die jüngere mit Mehr bei Haldern oder mit Meer bei Düsseldorf/Büderich. Dort blieben die Juden drei Wochen lang in Todesangst. Schließlich erreichten die Mörderbanden vom 24. bis 27. Juni 1096 Ort für Ort und brachten die wehrlosen Menschen um. In Neuß waren über 200 Tote zu beklagen, in Xanten etwa 60. Nicht einer wurde dort am Leben gelassen. In Mera (Moers oder Mehr) versuchte der Vogt der Stadt, die Juden zur Taufe zu zwingen, um sie so vor dem sicheren Tode zu retten. Der christliche Bekehrungsversuch sah folgendermaßen aus: „als der Oberste einsah, daß er sie nicht überreden konnte, faßte er sogleich einen anderen Plan und entschloß sich, sie aus dem Stadtgebiet herauszubringen an den Ort, wo die Irrenden lagerten; sie ergriffen einige und ließen sie dort. Dann gingen sie in die Stadt, und ihre Schwerter waren voll Blut von Vieh und Gewild, das zeigten sie ihnen, sprechend: ‚Sehet, wir haben sie umgebracht!‘ Alles dies taten sie, um damit ihnen Schrecken einzujagen, daß sie einwilligen sollten, sich mit dem Taufwasser taufen zu lassen.“

Am nächsten Morgen wurde ein Teil der Juden in Mera zwangsgetauft, die anderen umgebracht. Stefan Flesch berichtet in seinem jüngst erschienenen Aufsatz über die Vernichtung der Kölner Judengemeinde über weitere grausame Details. Als im August das Kreuzritterheer 1096 unter Führung Gottfrieds von Bouillon durch das Rheinland zog, gab es keine Juden mehr, die man bekehren konnte.

Wenngleich ein halbes Jahrhundert später im Kölner Judenviertel wieder mindestens 750 Menschen lebten, war das Verhältnis der Christen und Juden zueinander auf Dauer zerrüttet. Die diffuse Mischung aus religiöser Hysterie und Habgier blieb fortan für die Juden eine lebensbedrohende Gefährdung, die jederzeit ausbrechen konnte. Vorwürfe der Hostienschändung, des Ritualmordes oder der Brunnenvergiftung führten zu Pogromen. Die Juden ihrerseits schotteten sich verstärkt von den Christen ab.

Im Gegensatz zu den großen Judengemeinden von Mainz, Speyer, Worms und Köln, die im Hochmittelalter die kulturell und wirtschaftlich bedeutendsten in ganz Westeuropa waren, lassen sich Juden in den niederrheinischen Territorien erst verhältnismäßig spät – und dann auch nur in kleinen Gemeinschaften – feststellen. Unklar ist, ob zu Ende des 11. Jahrhunderts in Xanten bereits Juden lebten oder ob sich die Märtyrerberichte allein auf die evakuierte Kölner Judengemeinde beziehen. Da die Gräber der Ermordeten 100 Jahre später, als Juden aus Neuss sechs erschlagene Gefährten in Xanten bestatteten, noch erhalten waren, kann aber wohl von einer Xantener Judengemeinde spätestens im 12. Jahrhundert ausgegangen werden. Judenschaften, die einen eigenen Friedhof besaßen, erfüllten generell eine Art Zentrumsfunktion für die Juden der Umgebung, zu der auch meist eine gewisse Jurisdiktion gehörte.

Neben Xanten kann man seit dem 12. Jahrhundert noch in Duisburg Juden nachweisen. Der Fortbestand der Duisburger Judengemeinde während des 13. Jahrhunderts ist recht gut belegt. In der Liste der Reichssteuern 1241 sind auch die Abgaben der Juden Duisburgs erfaßt – ein Indiz dafür, daß es sich Mitte des 13. Jahrhunderts tatsächlich um eine etablierte kleine Gemeinde gehandelt haben muß.

Belege für die Existenz von Juden im Gelderland, im kurkölnischen Niederstift und in der Grafschaft Kleve setzen seit 1235 spärlich ein. Genannt werden einzelne Juden aus den Städten Roermond, Arnheim, Geldern, Goch, Rheinberg, Wesel, Kleve und Dinslaken. 1346 zählt die Steuerliste des Herzogtums Geldern vier Familien in Nimwegen, zwei in Emmerich und je eine in Zutphen und in Doesburg auf. Sie verdienten ihren Lebensunterhalt allein durch die Geldleihe, meist auf Pfand. Für kurzfristige Darlehen wurden Zinsen zwischen 33 % und 43 % verlangt, doch konnten bei größerem Risiko auch bis zu 50 % erhoben werden. Da die Juden de facto kaum Hilfe bei der Eintreibung der Schuldgelder erhielten, waren diese hohen Zinssätze notwendig, machten sie aber nicht gerade beliebt in der Bevölkerung.

Für die seit 1348 aus Frankreich vordringende Pestepidemie wurden überall in Mitteleuropa die Juden – stets nur verachtet und aus wirtschaftlichen Erwägungen geduldet – verantwortlich gemacht. Man warf ihnen vor, die Brunnen vergiftet und durch die daraus entstandene Seuche den Tod abertausender Christen verursacht zu haben. Nach dem Memorbuch aus Nürnberg, einer Liste der jüdischen Märtyrer, sollen Juden in 60 größeren und 150 kleineren Gemeinden erschlagen worden sein. Von den Städten am Unteren Niederrhein werden Xanten, Wesel, Dinslaken und Duisburg genannt. Nachdem die Juden in Duisburg 1350 verbrannt wurden, ließen sich die Duisburger wenig später, im Jahr 1362, von Kaiser Karl IV. das Recht zusichern, gegen ihren Willen keine Juden in die Stadt aufnehmen zu müssen. Die Stadt hat dieses Privileg übrigens jahrhundertelang erfolgreich behauptet.

Die einsetzenden grausamen Verfolgungen vernichteten die Judengemeinden in den Städten. Dabei fiel bereits den Zeitgenossen auf, daß die Juden meist schon vor dem Eintreffen der Pest und den Geißlerzügen in der jeweiligen Stadt verfolgt wurden. In Frankfurt sicherten sich die Stadt und Kaiser Karl IV. die Anteile am Judennachlaß sogar schon vor dem Pogrom. Graf Johann von Kleve war nachweislich bereits vor dem Pogrom über die Aktivitäten in Wesel informiert. Über seine Haltung zu den Exzessen von 1350 ist jedoch nichts bekannt. Weder schützte er die Juden in seinem Territorium, noch bestrafte er die Täter. Er verschaffte sich aber auch keinen Anteil am Nachlaß der Ermordeten.

Da Graf Johanns Außenpolitik bald nach dem Regierungsanfang in die Geldrischen Kämpfe verstrickt war, hatte er einen gewaltigen Finanzbedarf. Die Höhe seiner Schulden bei Kölner Juden zeigt indirekt auch an, daß in seiner Grafschaft nicht genügend potente Geldleiher zur Verfügung standen. Er hatte daher Interesse an der Niederlassung von Juden in seinem Territorium. 1361 stellte Graf Johann dem reichen Juden Lyefman von Dinslaken den ersten Geleitbrief aus, gültig für die Städte Dinslaken, Orsoy und Büderich. Weitere Schutzbriefe wurden in den siebziger Jahren für die Städte Rheinberg, Büderich, Kalkar und Emmerich ausgegeben. Gegen hohe Bezahlung gewährte der Landesherr darin die gültige Aufenthaltsdauer in einem bestimmten Ort und regelte die Konditionen ihrer Niederlassung und ihres Broterwerbs.

Es fällt auf, daß für die wichtigsten Städte des Territoriums, für Kleve und Wesel, im 14. Jahrhundert keine Geleitbriefe existieren. Gerade in einer so prosperierenden Handelsstadt wie Wesel muß doch der Kapitalbedarf am größten gewesen sein. Die Weseler Kaufleute wickelten ihre Kreditgeschäfte mit den Juden der Umgebung ab. Man hatte wenig Interesse daran, in die Konflikte mit hineingezogen zu werden, die sich immer wieder aus den weitgespannten Geschäftsbeziehungen der Juden ergaben. Einmal aber hatte Wesel

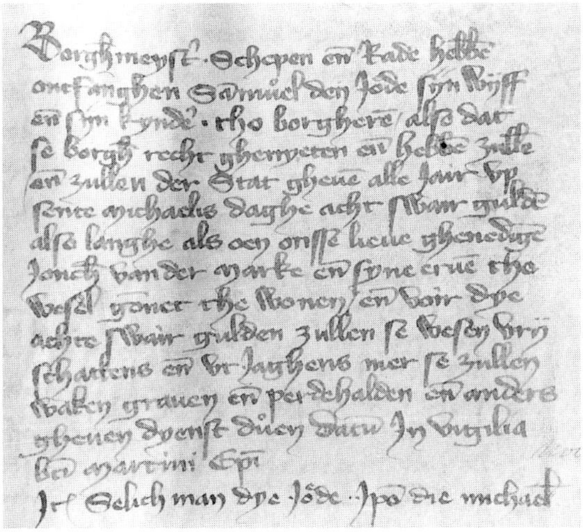

Abbildung 51: Die Juden Samuel und Selichman werden Bürger Wesels (StAW A1/38,5 fol. 33).

eine Ausnahme gemacht und 1393 den beiden Juden Selichman und Samuel nicht nur die Erlaubnis zur Niederlassung innerhalb der Stadtmauern gewährt, sondern sie – was einzigartig am Niederrhein dasteht – sogar zu Bürgen der Stadt gemacht. Die Besonderheit dieses Vorgangs war auch den Zeitgenossen bewußt, da in der Bürgerliste anstelle des sonst üblichen Namenseintrags ausführlich die Vorrechte und Pflichten der Juden festgehalten werden. Die Höhe ihres Bürgergeldes liegt um ein Vielfaches über dem ihrer christlichen Mitbürger. Dennoch verbuchen die Stadtrechnungen des gleichen Jahres noch weitere hohe Abgaben für die Bürgeraufnahmen. So liegt die Vermutung nahe, daß es ihr bemerkenswerter Reichtum war, der den Juden die Pforten Wesels öffnete.

Doch brachte dies der Stadt Wesel auch eine Menge Ärger ein. Hier muß ich etwas weiter ausholen: Selichmans Vater Bunheim Schaiff gelang es wegen seines exorbitanten Reichtums 1372, als erster Jude nach dem Pest-Pogrom, wieder in die Rheinmetropole Köln aufgenommen zu werden. Er wurde der herausragende jüdische Geldgeber nicht nur der Stadt Köln, sondern auch der weltlichen und geistlichen Herren am Niederrhein. Selichman lebte schon in Wesel, als sein Vater um 1394 starb und Sohn und Schwiegersohn sich erbittert um das reiche Erbe stritten. Durch seine finanziellen Transaktionen hatte Selichman eine Reihe von mächtigen und streitbaren Fürsprechern auch am Niederrhein gewonnen, die sich für ihn bei der Stadt Köln einsetzten. Köln schlug zurück und verlangte von Wesel, dem Juden sofort den Aufenthalt auf ihrem städtischen Territorium zu verbieten. Wesel war in einer schwierigen Situation, da eine Reihe von Bürgern noch Pfänder bei Selichman hatte, die sie gern einlösen wollten. Schließlich gab man aber dem Begehren Kölns widerwillig nach.

Vermutlich waren die Verwicklungen um Selichman ausschlaggebend für den Entschluß des Weseler Magistrats von 1401, keinem Juden mehr in der Stadt Unterkunft zu gewähren. Es wird aber in Wesel, wie in anderen Städten auch, eine Verquickung aus wirtschaftlichen und religiösen Motiven, gepaart mit abergläubischen Ängsten gewesen sein, die zu dieser Entscheidung führte. Generell läßt sich ja im 15. Jahrhundert eine zunehmende Judenfeindlichkeit feststellen. Selbst eine Reihe von Städten, die seit alters her große Judengemeinden beherbergten, verbannte diese nun aus ihren

Mauern. So mußten die Juden z.B. 1388 Straßburg, 1418 Trier und 1424 Köln verlassen.

Mit Ausnahme von Wesel lassen sich im Herzogtum Kleve während des 15. und 16. Jahrhunderts jedoch noch kleinere Judenschaften nachweisen – auch dies eine allgemein zu beobachtende Entwicklung, daß nämlich die aus den größeren Städten vertriebenen Juden in die Landgemeinden auswichen. Sie fungierten weiterhin als Geldverleiher, gelegentlich auch als Arzt oder Goldschmied. Doch handelt es sich nicht mehr um dauerhafte Ansiedlungen, sondern um zeitlich befristete Niederlassungen. Die früher klevische Stadt Huissen nahm dabei im 15. Jahrhundert eine Sonderstellung ein. Die Stadt war an der Aufnahme von Juden ausdrücklich interessiert und bat den Landesherrn sogar um Ausstellung eines Geleitbriefes. In Huissen wohnten von 1430 bis ca. 1500 stets mehrere jüdische Familien. Sie mußten zwar Abgaben zur Stadtbefestigung zahlen und im Belagerungsfall die Stadtmauern verteidigen, besaßen dafür aber weitgehende Rechte bei der Beleihung von Pfändern. Doch selbst die Huissener Juden besaßen keinen eigenen Friedhof, sondern mußten ihre Toten in Arnheim oder Nimwegen bestatten lassen.

Um 1443 erregte der Mord an dem Juden Molle aus Huissen großes Aufsehen. Der Herr von Aspern, Rutger von Boitzelar mit Namen, war in das Haus des Juden eingedrungen, hatte ihn getötet, seine Frau mißhandelt und zusammen mit seinen Spießgesellen sämtliche Kleinodien geraubt. Da Molle unter dem Schutz des Herzogs stand, wurde dem Edelherren vor dem Schöffengericht zu Altkalkar der Prozeß gemacht. – Ein anderer Judenmord fand Eingang in die Duisburger Chronik Wassenberchs. 1506, so notierte dieser, sei ein Jude aus Xanten auf der Durchreise nach Köln in Duisburg von zwei Männern erschlagen worden. Auch hier war Habgier das Motiv.

Im Zeitalter der Religionsauseinandersetzungen verschärfte sich die Haltung gegen die Juden. Wuchergeschäfte wurden generell verboten, die Juden in einem herzoglichen Edikt des Jahres 1525 gar mit den Räubern und Spitzbuben auf eine Ebene gestellt. Doch nahm man ihre Dienste weiterhin in Notzeiten an. Ausgerechnet Duisburg und Wesel, die sich in den vergangenen Jahrhunderten massiv gegen die Aufnahme von Juden verwahrt hatten, ließen in den kritischen Zeiten während

Abbildung 52: Der jüdische Geldleiher am Rechenbrett. Augsburg 1531.

des geldrischen Erbfolgekrieges 1543 Juden in ihre Stadtmauern. Durch den hohen Finanzbedarf des Herzogs, der selbst vor dem Einschmelzen der christlichen Kirchenschätze nicht zurückschreckte, waren die städtischen Haushalte in beträchtliche Schieflage gekommen, und man bedurfte dringend des jüdischen Kapitals. Doch entledigte man sich in Wesel der Juden – noch vor Rückzahlung mancher Kredite – durch Mobilisierung antisemitischer Gefühle in der Stadt. Angeblich hatte ein Jude die Kirche betreten und bei Austeilung des Hl. Sakraments „Bah" gerufen – und sofort fiel der empörte Pöbel über ihn her.

Gestatten Sie mir hier, an der Schwelle zur brandenburgischen Zeit, die den Juden am Niederrhein deutliche Verbesserungen brachte, einen Exkurs über konvertierte Juden. Bereits bei den Pogromen wärend des ersten Kreuzzuges konnten einige Juden ihr Leben dadurch retten, daß sie sich taufen ließen – ein Ausweg allerdings, der für viele Gläubige unannehmbar war. Doch sollen in Köln konvertierte Juden, nämlich die Familie Morart, Nachfahren des Juden Eckebert, ebenso zu Reichtum gekommen sein wie die Familie Jude, die im 13. Jahrhundert sogar ins Patriziat aufstieg und einen Bürgermeister stellte.

Als 1377 einem der bedeutendsten Bankiers am Niederrhein, dem Juden Simon von Siegburg, der Prozeß gemacht wurde und er mit seinem Schwager David hingerichtet wurde, sollte seine Frau lebendig begraben werden. Durch Fürsprache des Klever Grafen entging die arme Frau dem Tod, indem sie sich taufen ließ.

Im Haus des Weseler Juden Ysaac wohnte ein weiterer junger Jude, der nach seinem Übertritt zum christlichen Glauben Heinrich genannt wurde. Die Stadt Wesel unterstützte sogar dessen Studien in Köln durch finanzielle Zuwendungen. *Henricus Judeus de Wesalia*, 1439 an der Kölner Universität immatrikuliert, gelang eine steile wissenschaftliche – und soziale – Karriere. Bereits seit 1452 Kanoniker in St. Aposteln in Köln, wurde er 1467 Rektor der Universität.

In Duisburg ließen sich 1505 zwei Brüder, Söhne des jüdischen Financiers Gottschalck, feierlich in der Salvatorkirche taufen.

Große Aufmerksamkeit fand der Übertritt einer 14-jährigen Jüdin zum katholischen Glauben 1615 in Wesel. Dazu muß man wissen, daß die protestantische Stadt seit einem Jahr unter der spanischen – sprich katholischen – Besatzung ächzte und stöhnte. Diese Taufe wurde deshalb als harsche Provokation gegen die protestanische Bevölkerung empfunden: Der spanische Gouverneur hatte nämlich seine gesamte Garnison im Herzen der Stadt antreten lassen, fahnengeschmückt, mit Trommelschlägern und in voller Bewaffnung, um folgendes Schauspiel zu umrahmen: Aus dem Haus der Jesuiten trat ein großer Junge mit langem weißem Kleid, einen grünen Kranz im Haar, Engelflügeln an den Schultern auf den Großen Markt, ein großes Kreuz in den Händen. Ihm folgten acht Paar Engel, mit brennenden Kerzen in den Händen, beschützt von einem *Kerl von Santen* im Lederwams und großem Knüppel. Hinter ihnen marschierte ein weiterer Engel, feierlich das vergoldete Taufbecken mit zugehöriger Kanne tragend. Erst jetzt reihten sich die Offiziere und die Jesuitenpatres ein. Diese seltsame Prozession holte nun die Jüdin aus dem Haus des Rentmeisters ab, in dem sie auf Befehl des Gouverneurs *auffs zierlichste mit neuen Kleidern angethan und außstaffierdt gewesen*. Mit offenem Haar trat nun die Jüdin – neben ihr der Gouverneur persönlich sowie einige Offiziere und Jesuiten – ins Freie, und sie zogen hinter den Engeln ins Dominikanerkloster. Trommeln und Trompeten verschafften ihnen erhöhte Aufmerksamkeit. Im Kloster angelangt, mußten die aufgestellten Soldaten Salut schießen. Die Jüdin hatte nun ihr Glaubenbekenntnis abzulegen und wurde *auß Lavor und Wasserkanne drei Mahl mit Wasser aufs bloße Haupt begossen, getaufft und zum Römischen Papstischen Christen gemacht* und anschließend mit dem heiligen Öl gesalbt. Taufpate war der Gouverneur selber, der ihr ein hohes Geldgeschenk machte. Die neue Christin wurde nun mit einer brennenden Kerze in der Hand zu einem Festmahl geführt. Es folgten noch zweimal Salutschüsse, und rund um die Stadt wurden Freudenfeuer entzündet. *Womit dan diser Aufzugh geendigt worden.* 1698 hören wir von einem weiteren bekehrten Juden in Wesel, der als Messermacher seinen Lebensunterhalt verdient.

Als letztes möchte ich Ihnen den besonders faszinierenden Lebensweg eines Kovertierten vorstellen: Salomon Duijtsch wurde 1734 in Temesvar/Ungarn geboren. Nach dem Besuch der jüdischen Akademie in Prag wird er 1754 Rabbi in Ungarn. Sieben Jahre später hat er ein Bekehrungserlebnis, nämlich eine Stimme, die ihn anruft: Gehe aus der Finsternis heraus: Nach einem halben Jahr, verbracht in strenger Selbstkasteiung, vernahm er abermals jene Stimme, die ihm rät: Du mußt dem gekreuzigten Christus nachfolgen! Von den Juden in Bann gelegt, floh er über Dresden, Leipzig, Berlin, Hamburg, Amsterdam, London nach Arnheim, wo er sich 1763 als Rabbi niederließ – allerdings bereits im Besitz eines Neuen Testamentes. 1765 kam er nach Wesel, dort offenbarte sich der Rabbiner dem Protestanten Jorissen, der – später aus seiner Vaterstadt wegen Angriffen auf den preußischen Kommandanten vertrieben als pietistischer Pfarrer in den Niederlanden weit bekannt wurde – als ein geheimer Christ. Die Weseler reformierte Gemeinde reagierte allerdings sehr zurückhaltend auf dieses Bekenntnis. Ganz anders die Lutheraner in Mülheim und Duisburg, die ihn herzlich aufnahmen. 1767 trat er zum Christentum über und nannte sich seitdem *Christiaan Salomon Duijtsch* (eine sicher sehr seltene Namensverbindung!). Er veröffentlichte in den folgenden Jahren seine Bekehrungsgeschichte, die ihn weithin bekannt machte. Nach theologischem Studium an der Universität Utrecht wirkte er schließlich seit 1777 als Prediger in Mijdrecht.

Sicherlich hat der Übertritt zum Christentum den meisten beträchtliche Vorteile gebracht. Am Beispiel Heinrich Heines aus Düsseldorf werden aber auch die Zerrissenheit und das Leid deutlich, das eine solche Entscheidung mit sich brachte.

*

Auch im zweiten Teil meines Vortrags habe ich Ihnen noch einige bemerkenwerte Lebensschicksale vorzutragen. Es ist mir ein Anliegen, die niederrheinischen Juden weniger als Gesamtheit aufzuzeigen, sondern Ihnen über individuelle Lebensläufe etwas von den charakteristisch jüdischen Lebensbedingungen in Erinnerung zu rufen.

Ende des 16. Jahrhunderts lassen sich Juden in Emmerich, Kleve und Wesel, aber auch an anderen Orten des Niederrheins dauerhaft nachweisen. 1616 ist der Zinnhändler Salomon, der erste Jude in Moers, aktenkundig. Die unruhigen Kriegszeiten erleichterten es ihnen, im Klevischen Fuß zu fassen. Nur die Stadt Duisburg erlaubte den Juden bis ins 18. Jahrhundert hinein keine Niederlassung innerhalb der Stadtmauern.

Besonders freundlich sind sie nirgendwo aufgenommen worden. 1602 versuchten die Weseler, die Juden wieder aus der Stadt zu verweisen. *weil diese stadt eine reformierte gemeinde ist ...so soll den Juden die biywohnung aufgekündigt werden.* Deutlicher noch wird die Stimmung in den Notizen Heinrich von Wesekens über ein jüdisches Begräbnis am 14.1.1600: der alte Jude David wurde vor der Stadtmauer begraben. Ihm folgte ein kleiner Trauerzug von elf Männern und sieben Frauen. *Wolt Gott, wir hetten nicht hir der Buben in der Statt. Sind Kundtschafter derTurcken, Verrhäter und Mörder deß Sohns Gottes, Dieb und Aussager* (= Aussauger) *der Christen.*

Die Juden erhielten in der Regel Geleitbriefe, die über 15 Jahre ihre Gültigkeit hatten im Gegensatz zu den mittelalterlichen Schutzbriefen über drei oder maximal sechs Jahre eine deutliche Verbesserung. 1629 gelang es ihnen, in Emmerich einen Begräbnisplatz zu erwerben, und zwar in den Gräben vor der Stadt, aber mit dem Recht, als Zugang eine Tür in die innere Stadtmauer zu brechen. Bei jedem Begräbnis kassierte die Stadt Emmerich übrigens einen ganzen Rheinischen Goldgulden! Steine aus dieser ersten Zeit – die ältesten erhaltenen jüdischen Grabsteine am Niederrhein – haben sich auf dem Nachfolgefriedhof des 19. Jahrhunderts erhalten.

Vielleicht haben Sie schon einmal den Xantener Judenfriedhof in der Nähe des Krankenhauses besucht, sicher der schönste in unserer Region. Die außergewöhnliche ringförmige Anlage, in der heutigen Form um 1700 begonnen, scheint auf eine viel frühere Begräbnisstätte zurückzugehen. Die ältesten Steine stehen monumental auf einer Hügelkuppe im inneren von zwei Kreisen. Die jüngeren Grabmäler wurden spiralförmig in einem zweiten Kreis chronologisch hintereinander hinzugefügt.

Als 1617 in Wesel eine jüdische Hochzeit gefeiert wurde, kamen über 200 Juden zum Fest. Der Weseler Chronist Arnold von Anrath berichtet weitschweifig über dieses Fest. Teile davon will ich Ihnen, allerdings in hochdeutscher Fassung, nicht vorenthalten, zeigt doch dieser Bericht deutlich die Fremdheit, mit der jüdische Zeremonien betrachtet wurden: Das Zusammengeben oder die Trauung ist außerhalb der Stadt unter blauem Himmel auf der Festung beim Rondell am Fischtor geschehen, wobei ein seltsames Fest gefeiert wurde, was man bei alten Juden bisher nicht gesehen hatte. Drei Tage vor der Trauung war im Haus ein Tanzen und sonderbares Springen, ja ein Heulen und Singen zu vernehmen, daß es jedermann verwunderte. Die Braut wurde ins Haus gebracht. Sie durfte vom Bräutigam bis zur Trauung fortan nicht mehr erblickt werden. Die anwesenden Frauen haben der Braut dann, eine nach der anderen, feierlich die Haare gekämmt und sie verhüllt, als Zeichen dafür, daß sie sich nach der Trauung nur noch ihrem Ehemann so zeigen dürfe. Braut und Bräutigam fasteten bis zur Trauung. Nach der Eheschließung gingen sie mit ihren nächsten Verwandten, hier waren es 17 Personen, in das Haus und verspeisten zusammen das sogenannte ‚Brauthuhn'. Dazu durfte nur Bier gereicht werden. Nachdem der Bräutigam seiner Liebsten zugetrunken hatte, überreichte er in Anwesenheit dreier Rabbiner in einem Beutel die Brautgeschenke, in diesem Fall 14 goldene Ringe und eine hübsche Summe Geld. Jedes Stuck wurde einzeln noticrt. Die Hochzeitssteuer, die der Brautvater zu entrichten hatte, betrug sage und schreibe 400 Rtlr. Die Braut verehrte dem Bräutigam einen schönen Kragen, dieser wiederum schlang ihr einen goldenen Gürtel um den Leib. Und so ging es weiter. Schließlich zog man mit Kreide einen Stern um den Platz des Brautpaares. Dem Bräutigam wurde ein Geschirr gereicht, mit dem er nach einem Seil zu werfen hatte. Verfehlte er das Seil, so durfte er seine Frau die folgenden vier Wochen lang weder sehen, geschweige denn bei ihr schlafen. Im Falle des Weseler Hochzeitspaares ging der Wurf folgendermaßen aus: *aber der hatte das Mahl getroffen, welches ihm gegluckt und daß Beyschlaffen erhaltten.*

Die Mehrzahl der Juden hielt sich mit kleineren Geldwechselgeschäften und mit dem Viehhandel mühsam über Wasser und fristete ein ärmliches Leben. Als 1654 ein hoher Tribut von der klevischen Judenschaft für den Bau der Festung Kölln bei Berlin gefordert wurde, verfaßten die Juden eine Bittschrift nach Berlin: Die 30 Familien im Klevischen könnten in den unruhigen Kriegszeiten *Fast nit das liebe Brod* gewinnen und würden außerdem bei den städtischen Lasten wie Einquartierung, Steuer und Abgaben übermäßig in Anspruch genommen. Und man höre und staune: Der Tribut wurde um die Hälfte reduziert, weil wohl wirklich nichts mehr zu holen war.

Einigen Familien aber gelang der große Aufstieg. Da die Kriegsbeute im spanisch-niederländischen und dann im Dreißigjährigen

Krieg meist durch die Hände der Juden ging, die ankauften und dann weiterverkauften, fielen bei diesem Warenumschlag enorme Gewinne an. In Köln etwa war es die Familie Oppenheim, am Niederrhein vor allem die Familie Gomperz, zuerst in Emmerich ansässig, die sagenhaften Reichtum aufhäufte. Vergleichbar mit Thomas Manns „Buddenbrooks" gelangen den Gomperz vier Generationen lang faszinierende Karrieren und Bankerotte. Eng an den Aufstieg des brandenburgischen Herrscherhauses gebunden, waren sie zwar von fürstlicher Gunst völlig abhängig, aber doch selbstbewußt genug, ihren Einfluß zugunsten der Judenschaft einzusetzen. So verdankten ihnen die klevischen Juden Erleichterungen des so erniedrigenden Leibzolls (jeder Jude mußte beim Überschreiten einer Landesgrenze – wie ein Stück Vieh – Abgaben pro Kopf leisten).

Elias Gomperz, Sohn des von den Juden als heilig verehrten Landesrabbiners Mordechai, besaß eines der größten Wechselhäuser Brandenburg-Preußens. Er organisierte für den Großen Kurfürsten nicht nur die Heeresfourage, sondern auch die Instandsetzung der Festungen, d. h. er war, auch finanziell, verantwortlich für die Belieferung der Truppen mit Nahrung, Munition, Kleidung, Transportmitteln, und ganz wichtig: für die Auszahlung des Solds, für die Bereitstellung von Holz, Stein, Ziegeln usw., für die Fortifikation. Außerdem schoß er dem Kurfürsten für seinen persönlichen Bedarf nennenswerte Summen vor und finanzierte auch den Religionsrecess 1677 zwischen Protestanten und Katholiken am Niederrhein. Wie sein Emmericher Zeitgenosse Wassenberg – vielleicht etwas vollmundig? – niederschrieb, machte Elias Gomperz seine Geschäfte nicht nur in Europa, sprich Wien, Rom und Konstantinopel, sondern auch in Asien, vor allem in Jerusalem und Antiochia und sogar in Afrika, nämlich in den Städten Alexandria und Memphis.

Abbildung 53: Der Grabstein der Mirjam Gomperz auf dem Emmericher Friedhof.

Der Emmericher hatte seine Wohnung in die Residenz Kleve verlegt. Sein Haus soll einem Königspalast geglichen haben, wohl ausgestattet mit den erlesensten Möbeln. In seinem Empfangszimmer waren sogar goldene Ledertapeten an den Wänden.

Endlich kann ich Ihnen auch einmal etwas von einer herausragenden jüdischen Frau erzählen: Elias Gomperz besaß in Sara Mirjam eine ebenbürtige Frau, die die einmalige gesellschaftliche Stellung ihres Mannes souverän, aber voller Liebenswürdigkeit repräsentieren

Abbildung 54: Siegel der klevischen Judenschaft. Abdruck vom 15.3. 1770, Ø 3 cm (StAW A1/127,17 fol. 2).

konnte. Sie wurde aber auch wegen ihrer eigenen Bildung, ihres Witzes und Verstandes hoch geachtet. Mirjam Gomperz soll sich – an den damals so beliebten – religiösen Disputationen erfolgreich beteiligt und sich nicht gescheut haben, öffentlich eine Lanze für das Judentum als die herausragende Religon zu brechen. Das Memorbuch widmete ihr folgenden ungewöhnlichen Nachruf: *sie lehrte Erkenntnis, in Diskussion und Disputation klug zu antworten, unseren Glauben zu stärken wider alle Großen der Welt und dies mit Geist und Takt; mit ihrem liebenswürdigen Wort wußte sie dem König und seinen Ministern zu entgegnen und wohl zu gefallen.* Tatsächlich ist bekannt, daß sich zur Hochzeit ihres Sohnes Kosman als Ehrengäste nicht nur der Statthalter von Kleve, Fürst Johann Moritz von Nassau-Siegen, sondern auch der spätere König Friedrich I. von Preußen im Gomperzschen Haus einfanden.

Die Söhne des Elias Gomperz und der Sara Mirjam, Jakob und Levi, führten nicht nur seine Bankgeschäfte erfolgreich weiter, sondern waren, wie bereits zuvor der Vater, auch die unangefochtenen Vorsteher der seit 1650 zusammengefaßten klevischen Judenschaft. Dieser sogenannte Schtadlan hatte auf Geheiß des Kurfürsten vor allem die von der Gemeinschaft als Ganzes geforderten Steuern bei den einzelnen Familien je nach ihrem Vermögen einzufordern, aber auch als Vertrauensmann und Vermittler mit dem Landesherrn einerseits und den Städten andererseits über die Ansetzung, das Geleit und die Schutzgelder zu verhandeln.

Auch in Wesel etablierte sich um 1700 ein Bankgeschäft, das von Ruben Gomperz geleitet wurde. Es war – wie die Stammhäuser in Kleve und Emmerich – europaweit bekannt und sehr erfolgreich. In zahlreiche finanzielle Transaktionen der Brandenburger verwickelt, hatte Ruben am österreichischen Hof mächtige Feinde. Vom eigenen Verwandten Jakob Gumpel denunziert, geriet er mehrfach unschuldig ins Gefängnis. Er saß in Diez und in Bonn, schließlich sogar auf der Weseler Festung und dann im gefürchteten Spandau, immer mit der Drohung im Rücken, an Österreich ausgeliefert zu werden. Nach vielen Jahren war er zwar persönlich rehabilitiert, doch gesundheitlich zerrüttet. Ruben, dem die Weseler Juden viel verdankten – er hatte unter anderem die erste Synagoge in Wesel erbaut, ähnlich wie Elias Gomperz in Kleve und dessen Sohn Salman in Emmerich –, verließ verbittert Wesel und verbrachte seinen Lebensabend in Berlin. Damit war seinem Feind Jakob Gumpel im Clevischen das Feld überlassen.

Es macht Spaß, aus dem Leben dieser außergewöhnlichen Persönlichkeiten zu erzählen. Doch sind diese Karrieren natürlich nicht stellvertretend für die Juden am Niederrhein. Auch reichte ihr Einfluß mitunter nicht einmal aus, um nahe Verwandte zu protegieren.

So gelang es beispielsweise dem Schwiegersohn des Ruben Gomperz nicht, in Wesel eine Seidenfabrik zu betreiben. Er erhielt nicht die benötigten Privilegien und mußte nach wenigen Jahren wieder aufgeben. Ein weiteres Beispiel dafür ist Rubens Neffe Kosman Leinen, der durch Vermittlung seines Onkels zwar einen Geleitbrief für Hamm in der Tasche hatte, aber dennoch von der Stadt abgewiesen wurde, weil sie keine Juden mehr aufnehmen wollte. Als er sich schließlich nach Soest wandte, stieß er auch dort auf erbitterten Widerstand, der in der Demolierung seines Hauses gipfelte. Ruben gelang es endlich, Kosman einen Geleitbrief für Wesel zu verschaffen, wo er sich schlußendlich niederlassen konnte.

Wie mag es da erst den weniger betuchten Familien ergangen sein? 1675 war die Zahl der offiziell in Kleve-Mark aufenthaltsberechtigten jüdischen Familien auf 150, in Jülich-Berg auf 295, in der Grafschaft Moers auf sechs (davon drei in der Stadt Moers) begrenzt worden. Dieselben Zahlen galten noch 1730. Ein Wachstum der Gemeinde war somit nicht möglich, die Gründung einer eigenen Familie nur den Erstgeborenen möglich.

Von Herz Zaudy etwa sind die Schwierigkeiten überliefert, die seine Ansetzung in Wesel bereitete. Er konnte seine Konzession nicht bekommen, die er so dringend zur Heirat benötigte. So schrieb er geradezu flammende Anträge an den preußischen König und schilderte mitleiderregend die Folgen der immer wieder verzögerten Heiratlizenz und malte die Blamage aus, die bereits angesagte Hochzeit abblasen zu müssen. Seine Nachfahren bewahrten noch im 20. Jahrhundert seine „Stempel- und Portoauslagen“ für die Heiratskonzession auf wie auch den Lieferschein der königlichen Porzellanmanufaktur in Berlin vom Jahr 1786 über zwei Zentner und 26 Pfund Porzellan, von deren Bezug unter anderem die Heiratserlaubnis für Juden abhängig gemacht wurde. Herz Zaudys Vater übrigens – dies ist die andere Seite der Medaille – schrieb 1761 als Vorsteher der klevischen Judenschaft an den Emmericher Magistrat, daß sich unvergleitete Juden einzuschleichen versuchen, was gegen die Verordnungen verstoße und dem Allgemeinwohl wie auch den Schutzjuden schade. Der Magistrat möge daher das Nötige unternehmen, damit nicht *allerhand gantz geringe Leute denen anderen nacher zu Lasten falle.* Wie überall: wer im Besitz von Vorrechten ist, wahrt sie eifersüchtig.

Nur in Ausnahmefällen durften Juden Haus- und Grundbesitz erwerben. Vom palastähnlichen Haus der Gomperz in Kleve habe ich Ihnen bereits erzählt. Auch das Haus des Ruben Elias Gomperz in der Weseler Rheinstraße war so repräsentativ ausgestattet, daß es noch 1713 dem General Freiherr von der Heyden als Domizil diente – ob Rubens Witwe von der „Ehre“ allerdings sehr erfreut war, ist nicht überliefert. Doch waren das seltene Ausnahmen. 1693 etwa hatte in Wesel der *magistratus mit Befremdung vernohmen, daß die juden häuser hieselbst käufflich an sich bringen sich unterstehen.* Sie hatten sich deswegen zu verantworten und mußten den Grundbestiz wieder verkaufen.

Zum Verdienen ihres Lebensunterhaltes standen den Juden nur wenige Berufe zur Verfügung. Viele Juden sind erfolgreiche Ärzte gewesen. Übrigens nahm die 1655 vom Großen Kurfürsten begründete Universität Duisburg als einzige rheinische Universität Juden auf. Ansonsten war für jüdische Studenten ein Studium nur noch in Leyden und Padua möglich. Im 18. Jahrhundert hatten fast alle jüdischen Ärzte des Rheinlandes in Duisburg studiert. Den Anfang machte Philipp Levy aus Trier, der 1727 sein medizinisches Studium in Duisburg erfolgreich beendete.

An Handwerken war den Juden nur das Malen, Glasmalen, Brillenschleifen und Petschaftstechen erlaubt. Sie durften nur mit ausländischem Vieh handeln. Die üblichen Handelsgüter waren ihnen untersagt, allein der Verkauf von Juwelen, Uhren, wertvollen Stoffen, Möbeln usw. gestattet. Auch dies war ein heikles Geschäft, weil man immer wieder auf Diebesgut traf und der Jude in solchen Fällen neben dem Ärger nur unter großen Schwierigkeiten sein Kapital zurückbekam – so etwa geschehen bei dem Pfandleiher Jacob Jonas im Jahr 1700, als man in seinem Lager ein gestohlenes silbernes Teefläschchen entdeckte. – So blieb das Pfandleihgeschäft weiterhin die Haupterwerbsquelle. Doch werden auch hier immer weitere Einschränkungen durchgesetzt. 1699 beschließt der Weseler Rat, daß die Juden bei Kleidermachern weder die Kleider noch das zugeschnittene Tuch als Pfand nehmen dürfen. Auch der Zinsfuß wurde reglementiert und lag zwischen sechs und zwölf Prozent, also durchaus im Bereich des heute üblichen „Wuchers“.

1714 fiel in Brandenburg-Preußen endlich die spätmittelalterliche Kleiderordnung fort, nach der Juden ihr Oberkleid mit einem gelben Ring, Jüdinnen ihre Mütze mit zwei blauen Streifen kennzeichnen mußten. Gegen sehr viel Geld hatte der sparsame Soldatenkönig in die Befreiung eingewilligt. Ansonsten war der preußische Staat im 18. Jahrhundert den Juden gegenüber sehr restriktiv, schöpfte sie vor allem finanziell ab, wo er nur konnte.

Da wundert es schon, daß die Juden am Niederrhein das Ende des Siebenjährigen Krieges den Hubertusburger Frieden, 1763 in dem vom Alten Fritzen befohlenen Jubelfest besonders enthusiastisch feierten. Doch ist es ja häufig das Bestreben von minder Privilegierten, sich durch allzu große Willfährigkeit hervorzutun. In vielen Städten wurden Gedichte publiziert und Festgottesdienste in den geschmückten Synagogen abgehalten. In Emmerich zog am 13. März 1763 sogar die gesamte Gemeinde zur Synagoge, um dort im strahlenden Licht der Wachskerzen – gewöhnlich verwendete man nur Öllämpchen – den Dank an Gott und König auf besonders feinsinnige Art auszusprechen. Man hatte aus der Thora einen Vers ausgewählt, dessen Zeilenanfänge den Namen „Friedrich“ bildeten (Akrostichon), während jede Zeile auf das Wort „Friede“ ausklang. Natürlich waren abends die Häuser in der Stadt festlich illuminiert. Besondere Mühe aber hatte sich Levi Josephs mit seinem Haus in der

Steinstraße gegeben. Auf der einen Seite des Hauses war der preußische Adler angebracht, geschmückt mit dem hebräischen Vers aus dem 1. Buch der Könige, 31: „Mein Herr, der König, lebe in Ewigkeit". Auf der anderen Seite sahen die staunenden Emmericher gar den Namenszug des Königs, versehen mit dem hebräischen Spruch aus dem Buch der Richter 6, 129: „Der Herr ist mir Dir, Du streitbarer Held". Das war aber noch nicht alles. Vor dem Haus stand – dem Geschmack der Zeit entsprechend – ein Ehrenbogen, der eine Krone trug, verziert mit folgendem Reim:

„Hab ich viel im Krieg gelitten
jetzund ist es alles gut
dann ich bin und bleib
ein Königlich Pruissische Schutz-Jud"

Juden, die keine Geleitbriefe und kein Ansetzungsrecht ergattern konnten, mußten schutzlos über Land ziehen. Gegen Ende des 18. Jahrhunderts fristete in Kurköln etwa ein Drittel der Judenschaft ihr Dasein ohne Aufenthaltsgenehmigung. Viele von ihnen verarmten; und es ist geradezu auffällig, daß sich in den Räuberbanden jener Zeit viele deklassierte und pauperisierte Juden befanden. Bekannt ist vor allem die Moselbande des Schinderhannes oder die Neusser Bande des Mathias Weber, besser bekannt unter dem Namen „Der Fetzer", der am Niederrhein und gerade in der Bönninghardt sein Unwesen trieb. Das „Ausbaldowern" übernahmen häufig Juden, die als Hausierer oder fahrende Händler auf ihren Touren über Land die lohnenden Ziele bestens kannten. Auch unter den Hehlern waren viele Juden, die geschickt ihre weitverstreute Verwandtschaft für diese dunklen Zwecke einspannten. Nach einem geglückten Raubüberfall im Februar 1800 schaffte etwa der Fetzer sein Diebesgut zu den Juden Bielefeld und Bendorf nach Deutz.

So kann man feststellen, daß gerade bei den Outcasts, den außerhalb der Gesellschaft Stehenden, den Räubern und Dieben, die Abgrenzungen verschwammen, die ansonsten zwischen Juden und Christen bestanden. Die Bandenmitglieder, ob jüdisch oder christlich, lernten voneinander nicht nur diebestechnische Fingerfertigkeiten, sondern auch religiöse Gebräuche und Rituale, es bildete sich sogar eine eigene Ganovensprache heraus, das sogenannte „Rottwelsch" (welsch = ausländisch, Rotte = Bande), die viele jüdische Begriffe enthielt wie das eben verwendete „Ausbaldowern".

Wenn auch bereits in den 1780er Jahren einige drückende Judenverordnungen aufgehoben wurden (z. B. der Verzicht auf den Porzellanankauf, Zulassung zu öffentlichen Lehrämtern in Künsten und Wissenschaften, Erlaubnis, die eigenen Güter landwirtschaftlich zu bearbeiten usw.), so brachte doch erst die Franzosenzeit entscheidende Veränderungen. Als das linke Rheinufer 1794 französisch wurde, erhielten auch die dort ansässigen Juden die gleichen Bürgerrechte wie die anderen, was endlich die Freizügigkeit und die freie Berufswahl einschloß. Die rechtsrheinischen Juden kamen erst

1806 durch den Anschluß an das Großherzogtum Berg in diesen Genuß.

Mit der formalen bürgerlichen Gleichstellung der Juden bin ich beinahme ans Ende meines Vortrags gelangt. Bis zur vollständigen politischen Emanzipation sollte es noch ein halbes Jahrhundert dauern. Die Judenemanzipation wurde erst in der Verfassung des Norddeutschen Bundes 1866 verankert.

Wie jüdische Weseler – ich hoffe, Sie bemerken den Unterschied zu dem bisher gebrauchten Ausdruck: Weseler Juden – ihre neuerworbenen Bürgerrechte zu Beginn des 19. Jahrhunderts mit Leben füllten, möchte ich Ihnen abschließend an drei Beispielen demonstrieren:

Daß Juden zu Citoyens wurden, bedeutete natürlich auch den Einzug zum Militär. Napoleons Feldzüge bedurften riesiger Heere. Zum Entsetzen der Eltern wurde 1809 auch der Schlossergeselle Zacharias Zaudy, Sohn des angesehenen Judenvorstehers in Wesel, eingezogen und hatte sich in Aachen zu melden. Sein Bruder begleitete ihn und versuchte, den kränklichen Zacharias wenigstens in einem Straßburger oder Metzer Regiment unterzubringen. Da für die Ausrüstung selbstverständlich die Familie aufkommen mußte, ließ er für Zacharias Hose und Uniformrock anfertigen und kaufte auch einen riesigen Säbel. Nun, Zacharias erlebte viel im Krieg. Er lag bei der Marine in Cherbourg, war in Marseille und Toulon und jahrelang in Spanien. Als besondere Auszeichnung durfte er 1810 als delegierter Sergeant der prunkvollen Trauungszeremonie von Kaiser Napoleon mit Marie Louise von Österreich beiwohnen. Nach seiner Entlassung aus dem französischen Kriegsdienst meldete er sich, von seinen Verletzungen aus Spanien noch nicht genesen, bei den bergisch-preußischen Truppen. Jetzt nahmen nämlich auch die Preußen jüdische Soldaten, die man bislang schlicht als wehrdienstuntauglich betrachtet hatte. 1815 schließlich gehörte er zu den wenigen Überlebenden der mörderischen Schlacht bei Waterloo. Die silberne Taschenuhr, die er damals trug, ließ eine Kugel abprallen und rettete so sein Leben. Außer dieser Uhr hinterließ er später seiner Familie unter anderem vier spanische Golddoublonen in einem Silberdöschen mit maurischer Emailarbeit, fünf Orden aus seinem französischen und preußischen Kriegsdienst, einen großen Brillanten, getragen als Hemdknopf, sowie ... 29 seidene Westen und fünf unversorgte Töchter. Das deutet schon an, daß der weit herumgekommene Mann über das kleinstädtische Schlossermilieu herausgewachsen war. Eher ein Lebemann denn ein Handwerker war er doch im Weseler Bürgertum angesehen, wie folgende Details nahelegen:

- Der silberne Jägerpokal, den die Weseler Kriegsteilnehmer zum Gedenken an die Befreiungskriege stifteten, trägt ganz oben den Namen Zaudy.
- Zum Ball des Festungskommandanten wurden – eingedenk der neuen Freiheit der Juden – auch Zacharias Zaudy und seine

junge Frau Jenny eingeladen, die zu diesem herausragenden Ereignis mit einer grünen Robe samt kostbarer Haube ausstaffiert wurde.

– Daß der Generalleutnant von der Goltz in Wesel, sein intimster Freund, ob seiner Freizügigkeit gegenüber Bedürftigen, den häufig kolportierten Satz „Der Jude Zaudy ist der beste Christ in Wesel" ausrief, dürfte seine Familie mit zwiespältigen Gefühlen vernommen haben, schmolz doch sein Vermögen auf diese Weise rapide.

Auch sein Bruder Israel Gotthard führte ein bemerkenswertes Leben. Als 20jähriger Privatgelehrter war er am Prozeß gegen die Schillschen Offiziere 1809 in Wesel beteiligt. Offenbar verfaßte er die vielgerühmte Verteidigungsrede der von Napoleon bereits vor Prozeßbeginn zum Tode verurteilten jungen Preußen. Nach der Erschießung der Offiziere nahm er sich – mit größerem Erfolg – weiterer Opfer der französischen Justiz an. Seine Erwartung, wegen dieser Verdienste in den preußischen Staatsdienst übernommen zu werden, schien sich jedoch nicht zu erfüllen. Da half auch die von Bruder Zacharias großmütig abgetretene Anstellungsberechtigung wenig, die dieser sich in den Befreiungskriegen erworben hatte. Erst nachdem 1819 das erste Edikt über die bürgerliche Stellung der Juden im Preußischen Staat erlassen worden war, wurde Israel Gotthardt als königlicher Inländer und Staatsbürger angenommen und erhielt seine begehrte Anstellung. Obwohl er, wie er an den Fürsten Hardenberg schrieb, *in jener critschen Zeit nicht als Christ, nicht als Jude, sondern als Mensch dem Menschen beigestanden hat*, sah man in ihm bis 1819 nur den Juden, dem man keinen Präzedenzfall – oder im Jargon der damaligen Beamtensprache – keine „Exemplifikation" zugestehen wollte.

Ganz anders erging es dagegen Israel Meyer, dem vom Kronprinz persönlich eine „Exemplifikation" zugestanden wurde. 1738 ist Israel Meyer als 12jähriger Knabe nach Wesel gekommen – und genau 100 Jahre später ist er dort begraben worden. Der alte Mann

Abbildung 55: Israel Meyer, gezeichnet von Alfred Simon (Bildarchiv des StAW).

mit seinen Krücken, seinem Napoleon-Hut und seinem stets qualmenden Pfeifchen war schon zu Lebzeiten eine so volkstümliche Erscheinung geworden, daß man seine Silhouette am Nikolaustag in Kuchenteig formte und vergnüglich verzehrte. Sein größtes Mißgeschick soll der Überlieferung nach gewesen sein, daß er bei seinem täglichen Spaziergang am Pulverschuppen beim Festungswall wegen der Explosionsgefahr seine Pfeife aus dem Mund nehmen mußte. Da er auf seinen Krücken nur langsam vorankam, ging ihm die Pfeife zu seinem Kummer regelmäßig aus. 1835, an Israels 109. Geburtstag, weilte der preußische Kronprinz auf der Weseler Festung und ließ sich das uralte Geburtstagskind vorführen. Gefragt, was er sich denn zum Geburtstag wünsche, fiel dem passionierten Raucher sein Problem mit dem Pulverschuppen ein. Noch am selben Tag – so der Originalton einer Zeitungsnotiz von 1887 – *stolzierte Israel wieder auf dem Festungswall langsam und gravitätisch dem Pulverschuppen zu und blies aus seinem Pfeifchen, welches nun einen Deckel hatte, doppelt krause Rauchwolken vor sich hin. Kein eisernes, unerbittliches „Pfeife weg!" donnerte ihm mehr entgegen. Stumm und still, wie ein Lamm, stand die Schildwache da, während der siegreiche Raucher schelmisch und triumphierend seines Weges zog*. Drei Jahre konnte sich Israel Meyer seines Triumphes freuen. Als er 112jährig starb, hielt auf Bitten seiner Familie und des jüdischen Gemeindevorstandes – und das finde ich bemerkenswert – der evangelische Pfarrer Lambrechts die Grabrede. Ein schönes Beispiel für die beginnende Integration der jüdischen Deutschen am Niederrhein, die gerade einmal ein Jahrhundert währen sollte.

Über diese Zeit der Etablierung des jüdischen Deutschtums, über den zunehmenden Antisemitismus gerade am Niederrhein seit der Buschoff-Affäre in Xanten und schließlich über die Vertreibung und Ermordnung der jüdischen Niederrheiner in der NS-Zeit würde ich Ihnen gerne in einem Anschlußvortrag berichten.

Literaturnachweis:

Fritz Baer, Das Protokollbuch der Landjudenschaft des Herzogtums Kleve, 1. Teil (= Veröffentlichungen der Akademie für die Wissenschaft des Judentums, Historische Sektion, Bd. 1) Berlin 1922.

Klaus Bambauer und Hermann Kleinholz, Geusen und Spanier am Niederrhein. Die Ereignisse der Jahre 1586 und 1632 nach den zeitgenössischen Chroniken der Weseler Bürger Arnold von Anrath und Heinrich Weseken (= Studien und Quellen zur Geschichte von Wesel 14), Wesel 1992.

Klaus Bambauer, Bericht von der Taufe einer Jüdin im Jahre 1615 und von einer jüdischen Hochzeit im Jahre 1617 in Wesel, in: Monatshefte für Evangelische Kirchengeschichte des Rheinlandes 1994, S. 93-98.

Michael Brocke und Hartmut Mirbach, Grenzsteine des Lebens. Auf jüdischen Friedhöfen am Niederrhein. Duisburg 1988.

Michael Brocke, Cläre Pelzer und Herbert Schüürmann, Juden in Emmerich (= Emmericher Forschungen 12), Emmerich 1993.

Der erste Kreuzzug 1096 und seine Folgen. Die Verfolgung von Juden im Rheinland. Hrsg. von der Evangelischen Kirche im Rheinland (Schriften des Archivs der Evangelischen Kirche im Rheinland 9), Düsseldorf 1996.

Max Grünfeld, Die Feldzüge Napoleons nach Aufzeichnungen jüdischer Teilnehmer und Augenzeugen. Wien und Leipzig 1913.

J. Haitsma, Christiaan Salomon Duijtsch. Zijn laatste levensjaren. Kampen 1988.

David Kaufmann und Max Freudenthal, Die Familie Gomperz. Frankfurt/Main 1907.

Monumenta Judaica. 2000 Jahre Geschichte und Kultur der Juden am Rhein. Katalog und Handbuch der Ausstellung Köln, 1963/64, herausgegeben von Konrad Schilling.

Fritz Nienhaus, Die Juden im ehemaligen Herzogtum Cleve unter brandenburgisch-preußischer Verwaltung. Dissertation Münster 1914.

Jutta Prieur (Hrsg.), Auf den Spuren der Juden in Wesel (= Studien und Quellen zur Geschichte von Wesel 11), Wesel 1988.

Jutta Prieur, „Nicht als Christ, nicht als Jude, sondern als Mensch dem Menschen beigestanden" oder: Wer verteidigte die Schillschen Offiziere in Wesel, in: Jutta Prieur (Hrsg.), Wesel. Beiträge zur Stadtgeschichte II, S. 156-175 (= Studien und Quellen zur Geschichte von Wesel 15), Wesel 1993.

Güter von Roden und Rita Vogedes, Geschichte der Duisburger Juden. 2 Teile (Duisburger Forschungen 34), Duisburg 1986.

Walter Stempel, Über Israel Meyer (gestorben 1838) und den bisher ältesten Porträt-Druck aus Wesel, in: Mitteilungen der Historischen Vereinigung Wesel e.V. Nr. 76, Dezember 1995.

Selma Stern, Der preußische Staat und die Juden. 1. Teil, Die Zeit des Großen Kurfürsten und Friedrichs I., 2. Abteilung: Akten. Berlin 1925.

Falk Wiesemann (Bearb.), Zur Geschichte und Kultur der Juden im Rheinland. Nachdruck Düsseldorf 1985.

Gibt es „Niederrheiner"? Historische Gründe für das Fehlen eines niederrheinischen Identitätsbewußtseins.

Von Claus Bussmann

Einleitung

Worum genau geht es, wenn die Frage heißt: Gibt es Niederrheiner? Zunächst einmal kann man festhalten, worum es nicht geht: Es geht weder um Politik noch um Wirtschaft, auch nicht um Territorien oder um den Rhein; das alles sind objektiv feststellbare und teilweise sogar meßbare Sachverhalte; bei der Frage, ob es Niederrheiner gibt, geht es nicht einmal in einem allgemeinen Sinne um die Bevölkerung am Niederrhein. Es geht um die Frage, ob sich die Menschen, die am Niederrhein wohnen, oder zumindest eine größere Teilmenge von ihnen, als Niederrheiner empfinden oder bestimmen; es geht um das Bewußtsein, Niederrheiner zu sein. Das ist etwas sehr Subjektives und weniger leicht greifbar als objektive Tatbestände. Nicht umsonst ist die sogenannte Mentalitätsgeschichte unter den Historikern ziemlich umstritten.

Um zu veranschaulichen, wie schwierig es ist, etwas Genaues über Mentalitäten/Denkweisen/Bewußtseinsinhalte auszusagen, trage ich Ihnen ein paar Sätze vor, die alle einen ähnlichen Wortlaut haben und einen Zusammenhang zwischen einem Einzelnen und dem Niederrhein herstellen, aber doch ziemlich Verschiedenes aussagen:

Ich komme vom Niederrhein.
Ich komme zwar vom Niederrhein, aber ...
Ich bin am Niederrhein geboren.
Ich bin eine Niederrheinerin/ein Niederrheiner.
Ich bin ein katholischer Christ vom Niederrhein.
Ich wohne am Niederrhein.
Ich bin aus Kempen am Niederrhein.
Ich bin gern am Niederrhein.

Nur einer dieser Sätze drückt das aus, worum es heute abend geht, der Satz: Ich bin eine Niederrheinerin/ein Niederrheiner. Nur in diesem Satz äußert sich ein niederrheinisches Identitätsbewußtsein, das man als regionales Heimatgefühl, als innere Zustimmung zur Zusammengehörigkeit von Mensch und Region bestimmen kann.

Nun behauptet der Untertitel meines Beitrages, dieses niederrheinische Identitätsbewußtsein „im strengen Sinne" gäbe es gar nicht. Deshalb lautet die erste Frage, die zu behandeln ist:

1. Trifft es zu, daß es kein niederrheinisches Identitätsbewußtsein gibt?

Daran schließen sich die beiden nächsten Fragen an:
2. Wie kommt es, daß dieses Bewußtsein nicht oder kaum existiert?
3. Ist es schlimm, wenn es kein niederrheinisches Identitätsbewußtsein gibt, – anders gefragt – soll man sich bemühen, es zu schaffen?

Erwarten Sie bitte keine neuen Forschungsergebnisse. Ich versuche, die Informationen zum Thema, teils aus der Literatur, teils aus den vorangehenden Beiträgen zu bündeln und auf die Frage des Themas zuzuspitzen.

1. Trifft es zu, daß es kein niederrheinisches Identitätsbewußtsein gibt?

Eine politische Parole aus den achtziger Jahren soll uns helfen, noch näher an das Problem heranzukommen. „Wir in Nordrheinwestfalen" wurde propagiert, auf Aufklebern und Plakaten verbreitet; damit sollte etwas Gemeinsames geschaffen oder betont werden, das als für die Bewohner dieses erst 1946 entstandenen Landes als nützlich angesehen wurde. Daß irgend jemand diesen Gedanken weiterentwickelt und etwa gesagt hätte: „Ich bin Nordrheinwestfale", ist mir nicht bekannt geworden. Damit wird deutlich, daß es für ein Identitätsbewußtsein nicht ausreicht, wenn es etwas regional Gemeinsames gibt; der Einzelne mußt sich auch damit identifizieren, es muß zum Selbstverständnis seiner Person gehören. Das vielleicht einfachste Beispiel für diesen Sachverhalt liefert uns Bayern. Der Satz „Ich bin eine Bayerin/ein Bayer" verbindet nicht nur Menschen aus München und Passau, es hilft ihnen auch, sich in ihrer Welt zurechtzufinden, und manche würden sogar so weit gehen zu sagen, daß sie stolz darauf sind, eine Bayerin/ein Bayer zu sein.

Und jetzt kommt die These: In diesem Sinne einer individuell gewollten Integration in einen Raum politischer, landschaftlicher, historisch gewachsener Einheit, als Bestandteil des persönlichen Selbstbewußtseins sagt niemand zwischen Kleve und Neuss, Straelen und Duisburg: Ich bin eine Niederrheinerin/ein Niederrheiner, wenn man einmal von der geringen Abweichung aus dem Jahre 1985 absieht[1].

Nun müßte ich, um das zu belegen, eine Befragung der Bewohner dieses Raumes durchführen, aber das sprengt den Rahmen meiner Möglichkeiten. Ich beschränke mich auf persönliche Beobachtungen und eine Durchsicht der umfänglichen Niederrheinliteratur[2]. Meine persönlichen Beobachtungen beginnen im Jahre 1984, als ich nach Kempen zog, näherhin nach St. Hubert. Da ich bis dahin fast ausschließlich in großen Städten gelebt hatte, fiel mir als erstes der ungeheuer starke Lokalpatriotismus auf, häufig verbunden mit einer scharfen Abgrenzung gegenüber dem Nachbarort. Die identitätsstiftende Kraft von St. Hubert steht außer Frage: „Ich bin eene Hüppertsche". Aber das könnte sich ja nur auf die breite, sogenannte einfache Bevölkerung beziehen. Aber wo ich den Blick auf größere Zusammenhänge vorfand, kamen historische Einheiten heraus, nicht der Niederrhein. „Da verlief die Grenze zu Geldern", wurde ich informiert, ohne damals überhaupt zu wissen, daß diese spätestens 1794 aufgehört hatte zu existieren.

Solche Erlebnisse haben mich dazu veranlaßt, immer wieder in Gesprächen oder bei Vorträgen nach den Spuren eines „Niederrheinbewußtseins" zu suchen; vergeblich.

Jetzt muß aber der Einwand kommen: Hanns Dieter Hüsch. Zumindest glaubt Hüsch, den typischen Niederrheiner identifizieren zu können, und rechnet sich selbst ja auch dazu: Das heißt: „Ich weiß nichts, kann aber alles erklären, und meine Philosophie, das ist die genaue Unkenntnis von allen Dingen"[3]; oder: „Aber am Niederrhein ist man in Gedanken immer wo anders"[4]; oder: „Nun ist ja hinreichend bekannt, daß wir Niederrheiner schwer zufriedenzustellen sind"[5]; aber das alles sind Beschreibungen von außen, nicht Identitätsäußerungen. Und in dieser Allgemeinheit kann ich mich des Eindrucks nicht erwehren, daß Hüsch den Niederrheiner zum Symbol des Allgemeinmenschlichen macht. Und wenn es schließlich bei ihm heißt:

„Neulich hat mir ein Freund gesagt
Ein Dortmunder in Saarbrücken hat mir gesagt
Wir Niederrheiner hätten eigentlich genau besehen
Nur zwei große Themen im Leben
Nämlich Essen und Sterben"[6],

dann wird das besonders klar, und es ist nur konsequent, dann ein Buch zu schreiben mit dem Titel: „Überall ist Niederrhein."

Zutreffend ist sicher die Beobachtung, daß Hüsch mit seinen Liedern und Gedichten viele Leute auf den Niederrhein, seine Bewohner und seine Schönheiten aufmerksam gemacht hat. Zugespitzt: Er hat das Defizit an Niederrheinbewußtsein entdeckt und trägt dazu bei, es zu überwinden. Damit würde er – in einem allerdings noch nicht deutlich bestimmten Sinn – mit den Initiatoren des „Kulturraum Niederrhein e.V." an einem Strick ziehen.

Ich weite den Blick aus und zitiere aus einigen Reisebeschreibungen bzw. Analysen des 19. Jahrhunderts:

1. „Wenn auch von Natur aus nicht zu Höhenflügen neigend, entwickelt der Niederrheiner doch in seiner Phantasie eine Vorliebe für Wehmut, Herzeleid, heldisches Abschiednehmen und Sterben"[7].
2. „Die Leute haben wie mich dünkt etwas Träges, halb Ordentliches, halb Nachläßiges an sich"[8].
3. (speziell zu Geldern)
   „Daher kostet es im Leben außerordentliche Mühe, das hiesige Volk zum Übergange aus einer Gewohnheit zu einer besseren

zu veranlassen. Man liebt die Beibehaltung des Herkömmlichen bis zu starrem Eigensinn, und man haßt die Verbesserung, weil sie eine Neuerung ist ..."[9].
4. „Der Gelderländer ist neugierig mit den Augen, nicht mit dem Munde"[10].

Das ist wiederum sehr allgemein und hört sich an wie das, was überall Großstädter über Kleinstädter und Kleinstädter über die Leute auf dem Lande erzählen.

Aber auch in der Niederrheinliteratur der letzten 25 Jahre – z. T. sehr schöne (bis kostbare) Bücher mit historischen und aktuellen Informationen, die den Niederrhein sofort als liebenswert und kulturell hoch entwickelt erscheinen lassen – finden sich nur wenig präzise Auskünfte, was die Beschreibung des Niederrheiners angeht, von einem Niederrheinbewußtsein ganz zu schweigen. Ein paar Beispiele:

1. „Der Niederrhein hat es in sich. Er ist selten das, was man sich von ihm wünscht oder als was er, in der Absicht, ihn attraktiv zu machen, nahegebracht wird. Spröde und in seiner nutzenden Geformtheit wenn schon nicht archaisch, so doch streng, enträt er des Lieblichen ganz. Heiter ist er so gut wie gar nicht, auch nicht im Charakter der Mehrzahl seiner Bewohner, die zwar keineswegs ohne Witz, aber doch zugleich auch nicht von Natur leichtgesinnt sind: Vom sogenannten rheinischen Humor ist, bis auf die offiziöse Betriebsamkeit der tollen Tage, der Niederrhein gottseidank verschont geblieben"[11].
2. „Die Lebensgewohnheiten, Sitten und Bräuche der Menschen am Niederrhein unterscheiden sich noch bis in unser Jahrhundert deutlich von denen am Mittelrhein oder in den Niederlanden, in Westfalen oder im Bergischen Land"[12].

Dabei gibt es durchaus Hinweise, wie der manchmal sogenannte Volkscharakter des Niederrheiners entstanden sein soll. „Rhein und Maas haben maßgeblich mitgebaut an dem Land des unteren Niederrheins, dem Land zwischen Rhein und Maas. Darum sind auch die Menschen, die hier wohnen, wir Niederrheiner, einer Art und eines Wesens"[13]. Ein etwas breiterer Ansatz: „Wie haben die geographischen und politischen Verhältnisse den Volkscharakter geprägt?"[14]. Oder: „Die Weite der Landschaft mit ihren Wiesen und Wäldern, den kleinen Seen und Kolken, Heide und Hügeln hat den Menschen dieser Region geprägt"[15].

Nun soll ja nicht in Abrede gestellt werden, daß es einen Zusammenhang zwischen Mensch und Landschaft gibt; ein Wüstenbewohner geht anders mit Wasser um als ein Anwohner des Bodensees. Aber ob das ausreicht, um einen Volkscharakter zu erzeugen oder, noch weitergehend, den Raum, in dem jemand lebt, zu einem Teil des eigenen Selbstverständnisses zu machen, muß doch eher bezweifelt werden. Ist also die Niederrheinerin/der Niederrheiner ein Mythos, vergleichbar dem niederrheinischen Nebel, im objektiven wie im subjektiven Sinne? Alles, was ich bisher ausgeführt habe, spricht dafür, daß es so ist.

2. Wie kommt es, daß der Niederrhein keine identitätsstiftende Kraft entfaltet hat?

Jetzt stelle ich Ihnen eine Reihe von Argumenten vor, die schon teilweise in den vorangegangenen Beiträgen dieses Bandes erwähnt worden sind.

Das e r s t e soll nur der Vollständigkeit halber erwähnt werden; es ist das g e n e t i s c h e Argument und vom Fliegergeneral Harras in Carl Zuckmayers umstrittenen Stück „Des Teufels General“ formuliert:

> „Da war ein römischer Feldhauptmann, ein schwarzer Kerl, braun wie ne Olive, der hat einem blonden Mädchen Latein beigebracht. Und dann kam ein jüdischer Gewürzhändler in die Familie, das war ein ernster Mensch, der ist noch vor der Heirat Christ geworden und hat die katholische Haustradition begründet. Und dann kam ein griechischer Arzt hinzu oder ein keltischer Legionär, ein Graubündner Landsknecht, ein schwedischer Reiter, ein Soldat Napoleons, ein desertierter Kosak, ein Schwarzwälder Flößer, ein wandernder Müllersbursch vom Elsaß, ein dicker Schiffer aus Holland, ein Magyar, ein Pandur, ein Offizier aus Wien, ein französischer Schauspieler, ein böhmischer Musikant ...“[16].

Man wird nicht übersehen dürfen, daß einzelne der genannten Einwanderer in einzelnen Familien am Niederrhein nachzuweisen sind, aber aufs Ganze scheint es eher übertrieben, aus dieser Region einen melting pot of people zu machen.

Als z w e i t e s Argument muß das g e o g r a p h i s c h e zumindest genannt werden; denn obgleich die geographischen Gegebenheiten völlig klar sind, gibt es recht verschiedene Bestimmungen des geographischen Raumes Niederrhein. Ich zitiere:

A. „Der Niederrhein – das ist der Raum nördlich von Köln bis zur niederländischen Grenze bei Kleve und Emmerich“[17].

B. „Niederrhein I: Von der Nordeifel über die Aachener Landschaft zur Niederrheinischen Börde“[18].

C. „Dabei wird unter diesem Raum etwa das Gebiet von Godesberg bis Emmerich, nach Westen bis zur Köln-Lütticher Bistumsgrenze, im Osten nur bis zu den Hängen des Bergischen Landes verstanden, im wesentlichen also die Territorien von Kurköln, Jülich, Kleve und dem westlichen Teil von Berg“[19].

D. „Der Niederrhein – die Stadt Duisburg und die Kreise Wesel und Kleve – ...“[20].

Die Unterschiede liegen auf der Hand. Vielleicht wird man sagen dürfen, daß eine ausfransende, wenig scharfe Grenzziehung eine Identifizierung mit dem Raum jedenfalls nicht erleichtert.

Jetzt möchte ich zu den seriösen Argumenten kommen, die in den Beiträgen von Scheler, Stöve und Tervooren schon angesprochen worden sind. Man kann sie unter dem Oberbegriff „Politische Argumente" zusammenfassen, aber verschiedene Aspekte unterscheiden:

Der territoriale Aspekt

Bis zum Jahre 1815 hat sich am Niederrhein kein zusammenhängendes Groß-Territorium entwickeln können; die Schlacht bei Worringen (1288) und der Vertrag von Venlo (1543) sind die markantesten Symbole dieses Scheiterns. Die weitere Entwicklung hat durch die Aufteilung des Herzogtums Kleve diesen Prozeß noch gefördert, und die kleineren Territorien wie Moers, Anholt oder die kirchlichen Kleinbesitze wie die Abtei Kamp genossen – zeitlich verschieden – politische Eigenständigkeit. Und als 1815 der gesamte Raum preußisch wurde, entstand eben nur verwaltungsmäßig eine Einheit, die Rheinprovinz, aber politisch gehörte man nun zu einem Großterritorium, dessen Schwerpunkt im Osten lag. Und wenn Helmut Tervooren betont, daß wechselnde politische Herrschaften wechselndes Sprachverhalten nach sich ziehen, dann ist leicht verständlich, daß ein politisch zersplitterter Raum kein gemeinsames Bewußtsein entstehen läßt.

Der religionspolitische und – damit verbunden – der konfessionelle Aspekt

Der Augsburger Religionsfriede hatte mit seiner Kurzformel „cuius regio eius et religio", zu deutsch: „Das Bekenntnis des Herrschers ist für das Territorium ausschlaggebend", die Rechtssicherheit im Reich wiederhergestellt. Das hatte aber u. a. zur Folge, daß eine territorial zersplitterte Region wie der Niederrhein nun neben unterschiedlichen Herrschaften auch unterschiedliche Religionspolitiken kennenlernte: die am spanischen Vorbild orientierte katholische (Geldern), die am niederländischen Vorbild orientierte reformierte (Moers), die reichsrechtlich noch gar nicht zugelassen war, und, zumindest bis in die sechziger Jahre, den mittleren Weg (via media) im Herzogtum Kleve, der zwar letztendlich scheiterte, aber doch, wegen der schwachen Regierungen in der folgenden Zeit, den Ständen mehr Mitwirkungsmöglichkeiten bot und bis ins 17. Jahrhundert nachwirkte, indem ein landesherrliches Kirchenregiment im strengen Sinne nicht zustande kam.

Mehr aber noch als die unterschiedliche Religionspolitik hat die allgemeine Konfessionalisierung aller Lebensbereiche seit der zweiten Hälfte des 16. Jahrhunderts (Gegenreformation/katholische Erneuerung) dazu beigetragen, daß sich am Niederrhein kein Territorien und Konfessionen übergreifendes Regionalbewußtsein entfaltete. Was sich auf politischer Ebene 1608/09 mit der Gründung der protestantischen Union bzw. der katholischen Liga abzeichnete, wurde auf ideologischer Ebene mit Hilfe der Katechismen bewerkstelligt; profiliert wurden vor allem die Bestandteile der jeweiligen Konfession, die sich von den anderen abhoben: In katholischen Gegenden die Marienverehrung, die barocke Ausgestaltung der Gotteshäuser und der Liturgie, die Wallfahrten; im Luthertum, das allerdings im niederrheinischen Raum nicht stark vertreten war, die individuelle Frömmigkeit, in der calvinischen Gemeinde die strenge Ordnung des Gemeindelebens, die Konzentration auf das Wort und – damit verbunden – die Ablehnung von Bildern und Zeremonien, die Arbeit als Gottesdienst und die Suche nach sicheren Zeichen für die göttliche Vorauswahl.

Und wenn man sich vergegenwärtigt, daß für die Mehrheit der Bevölkerung die einzige Quelle geistiger Betätigung das war, was vom Pfarrer und von den Kirchengemeinden ausging, dann kann man den nachhaltigen Einfluß des konfessionellen Denkens kaum zu hoch veranschlagen. Für die Teile der Bevölkerung jedoch, die Anschluß an die „höhere Bildung" hatten, galt: ein Katholik besucht die nächstgelegene katholische Universität, das war Köln, ein Anhänger Calvins dagegen die nächstgelegene reformierte, hier also die eigens zu diesem Zweck 1655 gegründete klevische Landesuniversität in Duisburg, in deren Gründungsurkunde ausdrücklich festgelegt war, daß sie zur Ehre Gottes und zur Ausbreitung der wahren christlichen evangelischen Religion dienen solle.

Zwar könnte man für jeden Satz, den ich jetzt formuliert habe, auch Gegenbeispiele finden, und es hat im 18. Jahrhundert auch nicht an Anzeichen dafür gefehlt, daß religionspolitisch nach dem Ende des Dreißigjährigen Krieges eine neue Entwicklung möglich sein könnte; so stiftete der preußische König Friedrich-Wilhelm I., als er 1714 das neu erworbene Oberquartier Geldern besuchte, dessen Bewohner ja katholisch waren, der Mutter Gottes zu Kevelaer eine dicke Kerze und – das war entscheidend – bestätigte seinen neuen Untertanen ausdrücklich die Bestimmung des Utrechter Friedens, wonach sie ihre katholische Konfession beibehalten dürfen; aber richtig durchsetzen konnte sich dieser Neuansatz am Niederrhein deshalb nicht, weil nach 1815, als der gesamte niederrheinische Raum territorial vereint wurde, eine neue Konfessionalisierung stattfand, die unter den beiden Begriffen „Kölner Wirren" (1837-41) und „Kulturkampf" (1871-87) bekannt sind. Es ging hierbei zwar um völlig andere Probleme als in den Jahrhunderten zuvor, aber die Wirkung war in breiten Schichten der Bevölkerung die gleiche: Die Konfession entfaltete eine weitaus stärkere Bindekraft als das gemeinsame Dach der preußischen Rheinprovinz oder seiner Unterabteilung Niederrhein. (Eine grafische Darstellung der Reichstagswahlen am Ende der Weimarer Republik im Niederrheinraum hat, was die Anteile der Zentrumswähler angeht, verblüffende Ähnlichkeit mit einer territorial-konfessionellen Karte des 17. Jahrhunderts.) Abweichend von den Handbüchern zur deutschen Geschichte, wo das konfessionelle Zeitalter bestenfalls bis 1648 dauert, möchte ich behaupten, daß am Niederrhein das konfessionelle Zeitalter bis 1945 gedauert hat, jedenfalls unter der Fragestellung, warum sich kein übergreifendes niederrheinisches Identitätsbewußtsein entwickelt hat.

3. Ist es schlimm, daß es kein niederrheinisches Identitätsbewußtsein gibt – anders gefragt – soll man sich bemühen, es zu schaffen?

Jetzt verlasse ich den Raum historischer Betrachtung und wende mich regional-politischen Überlegungen zu. Es steht außer Frage, daß in den letzten Jahren bzw. Jahrzehnten der Niederrhein wachsende Aufmerksamkeit gefunden hat. Das gilt nicht nur bezüglich des Trends, daß viele Stadtbewohner „aufs Land" ziehen, wodurch die Bevölkerungsstruktur niederrheinischer Dörfer und Kleinstädte verändert worden ist, das gilt auch für regionale Wirtschaftspolitik und besonders deutlich für den Niederrheintourismus, ganz besonders das Radwandern. Das gilt schließlich auch für das Thema Niederrhein in den Medien; die gegenwärtige Reihe ist nur ein Beitrag unter vielen; H. D. Hüsch wurde schon erwähnt, die NRZ bringt seit einiger Zeit wöchentlich eine ganze Seite zum Thema Niederrhein, es gibt eine Welle Niederrhein usw. Nun kann das alles stattfinden auch ohne ein regionales Niederrheinbewußtsein. Aber regionalpolitisch könnte man auf die Idee kommen, daß es – etwa bei der Herstellung einer Radwanderkarte oder eines Verkehrsverbundes – nützlich wäre, wenn die Bewohner der Region Niederrhein nicht nur technisch und wirtschaftlich zusammenarbeiten – das kann man auch mit einer Firma aus Kanada oder Korea –, sondern auch ein gemeinsames Bewußtsein für das Leben und Sich-wohl-fühlen in dieser Region entwickelten. Und soviel wird man sagen dürfen: Die Bedingungen für das Entstehen einer niederrheinischen Identität sind heute besser als in den letzten 400 Jahren. Ich nenne drei Gründe, die ins Auge fallen:

1. Das bis 1945 wirksame Element des konfessionellen Denkens hat an Prägekraft eingebüßt. Das wiederum hängt mit zwei anderen Ursachen zusammen:
2. Die Bevölkerung des Niederrheins hat durch Flüchtlingsintegration, Gastarbeiter und Zuzug aus anderen Regionen eine sehr viel größere Vielgestaltigkeit bekommen.
3. Die Gesamtbevölkerung ist durch verschiedene Entwicklungen im Bereich der Infrastruktur sehr viel mobiler geworden.

Das muß nun alles nicht für jeden einzelnen Bewohner gelten und schon gar nicht das Bewußtsein jedes Einzelnen bestimmen, aber es gilt für eine zahlenmäßig schwer faßbare, aber beachtliche Gruppe der Bewohner des Niederrheins. Diese Entwicklungen hängen auch damit zusammen, daß die traditionelle, bis heute auch noch lebendige Identifizierung mit dem Städtchen, dem Dorf oder dem Flecken an Stellenwert eingebüßt hat, auf der anderen Seite die neue, von vielen Politikern favorisierte und geforderte Identifikation mit Europa dagegen noch blaß ist oder sogar Ängste erzeugt.

In dieser Lage bietet sich das Konzept eines „Europa der Regionen" geradezu als geniale Lösung an; es geht von der traditionellen Denkweise aus, daß es für jeden Menschen gut ist, sich irgendwo zu Hause zu fühlen und sich mit diesem Raum zu identifizieren; in diesem Sinne wäre es also schlimm, wenn es kein Niederrheinbewußtsein gäbe; es könnte an die älteren, aber verblassenden Modelle anknüpfen und diese bündeln, es könnte verschüttete Gemeinsamkeiten sprachlicher Art im gesamten, die Niederlande und das flämische Belgien einschließenden Rhein-Maas-Raum aktivieren und damit ein europäisch-offenes Niederrheinbewußtsein erzeugen.

Dies letztere scheint mir besonders wichtig; denn ein Niederrheinbewußtsein, das sich von Lokalpatriotismus und Kirchturmdenken nur durch die geographische Größe unterscheidet, erscheint mir überflüssig; wenn es dagegen die Weite der niederrheinischen Landschaft, die Vielgestaltigkeit seiner historischen Entwicklung und die bunte Zusammensetzung seiner heutigen Bewohner als Einladung zu offenem Denken, zu kritischer Auseinandersetzung und zu Integration statt Abgrenzung versteht, dann wird es für die Region Niederrhein äußerst nützlich sein. Aber ich erinnere an den Anfang: Ein Identitätsbewußtsein ist etwas höchst Subjektives: Es läßt sich nicht erzwingen, nicht herbeireden oder organisieren; es muß von den Bewohnern selbst als erstrebenswert angesehen werden.

Anmerkungen:

1 W. Köhler, Landesbewußtsein als Sehnsucht, in: Vierzig Jahre. Historische Entwicklungen und Perspektiven des Landes Nordrhein-Westfalen, hg. v. P. Hüttenberger, Düsseldorf 1986, S.185.

2 Man vergleiche außer der in den folgenden Anmerkungen zitierten Literatur etwa: Irmgard Hantsche, Von der Vielstaatlichkeit zur territorialen Einheit. Die Veränderung der politischen Landkarte am Niederrhein um 1800, in: Xantener Vorträge zur Geschichte des Niederrheins 1994-1995, hrsg. v. D. Geuenich, Duisburg 1995, S.131-164; Veit Veltzke, Brandenburg, Preußen und der Niederrhein 1609-1918, in: Xantener Vorträge zur Geschichte des Niederrheins 1994-1995, hrsg. v. D. Geuenich, Duisburg 1995, S.165-193; Der Niederrhein zwischen Mittelalter und Neuzeit, Referate der 4. Niederrhein-Tagung des Arbeitskreises niederrheinischer Kommunalarchivare, hg. von J.F.G. Goeters / Jutta Prieur, Wesel 1986; Friedrich Gorissen, Land am Niederrhein. Eine Heimatkunde für das Grenzland zwischen Maas und Ruhr, Kleve 1949; Wolfgang Schmidt, Tage am Niederrhein oder – die Geschwindigkeit nimmt zu, Anrath 1983; Günter von Roden, Im Wandel der Geschichte, Duisburg 1968; Gottfried P. Rauschnick, Mit Zugschiff und Postkutsche von Utrecht nach Koblenz, bearbeitet von E.-E. Keil, Duisburg 1988; Georg Forster, Ansichten vom Niederrhein, bearbeitet und eingeleitet von E.-E. Keil, Duisburg 1986; Justus Gruner, Niederrheinreise, hg. u. eingel. von G. Elbin, Duisburg 1985.

3 Tach zusammen. Geschichten von Hanns Dieter Hüsch und Niederrhein-Bilder von Norbert Schinner, Duisburg 1993, S.102.

4 Hanns Dieter Hüsch, Das schwarze Schaf vom Niederrhein, München [3]1983, S.9.
5 Hüsch (wie Anm.3), S.38.
6 Hüsch (wie Anm.3), S.71.
7 Leben am Niederrhein. Text W. Cuypers, Fotos G. Dreißig, Duisburg 1981, S.18.
8 Sophie von La Roche, Niederrheinisches Tagebuch, hg. von G. Elbin, Duisburg 1985, S.42 (geschrieben 1786).
9 So lebten sie am Niederrhein. Texte und Bilder von Zeitgenossen, hrsg. von Willy Leson, Köln 1980, S.44.
10 Cuypers (wie Anm.7), S.21.
11 Wans/Mirbach, Alltag am Niederrhein, Kevelaer 1983, S.15.
12 Leson (wie Anm.9), Klappentext.
13 Franz Heckmanns, Land und Leute zwischen Rhein und Maas im Wandel, in: 40 Jahre Verein Linker Niederrhein, v. A. Mock, Krefeld 1968, S.102.
14 Leson (wie Anm.9), S.7.
15 Unser Niederrhein. Anekdoten, Erzählungen, Geschichten und Gedichte, Duisburg [5]1988, S.11.
16 Zitiert bei Cuypers (wie Anm.7), S.17.
17 Cuypers (wie Anm.7), S.10.
18 So der Titel des Buches von Manfred Veit, Heroldsberg 1980.
19 Raymund Kottje, Zur Bedeutung der Stifte für Schulen und Bildung in den mittelalterlichen Städten des Niederrheins, in: Stift und Stadt am Niederrhein, hg. v. E. Meuthen, Kleve 1984, S.109.
20 Zukunftsgewinnung für den Niederrhein, hrsg. von der Niederrheinischen Industrie- und Handelskammer (Bd. 67 der Schriftenreihe der Niederrheinischen IHK), Duisburg 1993, S.3.

Claus **Bussmann** (geb. 1938 in Gladbeck/Westfalen) ist apl. Professor für die Geschichte des Christentums an der Gerhard-Mercator-Universität GH Duisburg. Er studierte Philosophie, katholische Theologie und Geschichte in Münster, München, Würzburg, Bochum und Köln. Zum Dr. theol. promovierte er 1971 mit einer Arbeit zum Verhältnis des Paulus zum hellenistischen Judentum, den Dr. phil. erwarb er 1986 mit einer Arbeit über die deutschen Protestanten in Paraguay.

Dieter **Geuenich** (geb. 1943 in Honnef/Rhein) ist seit 1988 Professor für Geschichte des Mittelalters an der Gerhard-Mercator-Universität GH Duisburg. Er studierte in Bonn und Münster, promovierte in Münster 1972 zum Dr. phil. und habilitierte sich 1981 in Freiburg/Breisgau im Fachgebiet ‚Mittlere und Neuere Geschichte und Geschichtliche Landeskunde'. 1983-1987 war er Professor für Geschichte des Mittelalters in Freiburg, 1987/88 Gastdozent am Deutschen Historischen Institut in Rom.

Irmgard **Hantsche** (geb. 1936 in Grünberg/Schlesien) ist Professorin für neuere Geschichte an der Gerhard-Mercator-Universität GH Duisburg. Nach einer dreijährigen Tätigkeit als Volksschullehrerin studierte sie an den Universitäten Köln und Aberdeen die Fächer Geschichte, Anglistik und Philosophie und legte das Staatsexamen für Gymnasien ab. Promotion und Habilitation erfolgten im Fach Geschichte. Ihre Hauptarbeitsgebiete sind die Geschichte der frühen Neuzeit (mit einem Schwerpunkt in der rheinischen Landesgeschichte), die historische Kartographie und die Didaktik der Geschichte (mit dem Schwerpunkt Medien im Geschichtsunterricht).

Jutta **Prieur** (geb. 1953 in Duisburg) leitet das Archiv der Stadt Wesel seit 1982. Sie studierte 1971-1980 Germanistik, Pädagogik, Philosophie, Geschichte und Historische Hilfswissenschaften an der Universität Köln und promovierte 1980 über ‚Das Kölner Dominikanerinnenkloster St. Gertrud am Neumarkt'. Am Staatsarchiv Detmold und am Institut für Archivwissenschaften Marburg absolvierte sie ihre archivarische Ausbildung 1980-1982. Für ihre Forschungen zur rheinischen Landesgeschichte (u.a. zu den religiösen Bewegungen im Spätmittelalter und zur Geschichte des Herzogtums Kleve) erhielt sie 1990 das Albert-Steyer-Stipendium. Schwerpunkte ihrer Arbeit in den letzten Jahren waren die Herausgabe der ‚Geschichte der Stadt Wesel' (1991) sowie die Ausstellungen ‚Die Hanse an Rhein, IJssel und Lippe' (1991), ‚In Schutt und Asche – Wesel 1945' (1995) und ‚Humanismus als Reform am Niederrhein' (1996).

Dieter **Scheler** (geb. 1940 in Würzburg) ist als Akademischer Oberrat an der Universität Bochum tätig. Er studierte in Würzburg und Wien und promovierte mit einer Textedition zur hochmittelalterlichen Kirchenkritik in Frankreich. Sein Forschungsschwerpunkt liegt auf der Wirtschafts- und Sozialgeschichte des späten Mittelalters. Er hat zahlreiche Arbeiten zur Gewerbegeschichte der Grafschaft Mark und des mittelalterlichen Ruhrgebietes, zur Geschichte des „Platten Landes“ am Niederrhein (Xanten, Kalkar, Wesel), zur Geschichte des Adels und zur Geschichte des öffentlichen Zeremoniells (Xantener Viktorstracht, Prozessionen im Spätmittelalter, Goldene Rose des Herzogs von Kleve) vorgelegt.

Eckehart **Stöve** (geb. 1941 in Winterbach/Bad Kreuznach) ist seit 1984 Professor für evangelische Kirchen- und Dogmengeschichte an der Gerhard-Mercator-Universität GH Duisburg. Er promovierte 1972 an der Universität Heidelberg über Paul Tillich. Anschließend war er Wiss. Assistent bei Martin Schmidt und Gottfried Seebaß und habilitierte sich 1981 in Heidelberg über die Genese der Kirchengeschichte als wissenschaftlich-theologische Disziplin. Danach war er Privatdozent für Kirchengeschichte in Heidelberg, 1982/83 Gastdozent am Deutschen Historischen Institut in Rom. Sein Forschungsschwerpunkt liegt auf der Kirchengeschichte der frühen Neuzeit.

Helmut **Tervooren** (geb. 1935 in Neukirchen-Vluyn) ist seit 1984 Professor für deutsche Literatur des Hoch- und Spätmittelalters an der Gerhard-Mercator-Universität GH Duisburg. Er promovierte 1966 in Bonn zum Dr. phil. Neben seinen Büchern unter anderem über ‚Einzelstrophe oder Strophenbildung? Untersuchungen zur Lyrik der Jenaer Handschrift‘ (1967) ‚Reinmarstudien‘ (1991) und ‚Sangspruchdichtung‘ (1995) verfaßte er zahlreiche Aufsätze zur hochhöfischen Lyrik, zu kodikologischen, textkritischen Problemen und zur Sprach- und Literaturgeschichte des maasländisch-niederrheinischen Raumes. Er ist (Mit-)Herausgeber der Lieder Heinrichs von Morungen (1975), ‚Des Minnesangs Frühling‘ (1977, Kommentare 1981), ‚Gedichte und Interpretationen. Mittelalter‘ (1993) sowie der Zeitschrift für deutsche Philologie.

Klaus **van Eickels** (geb. 1963 in Kevelaer) ist wissenschaftlicher Assistent an der Otto-Friedrich-Universität Bamberg (Lehrstuhl für mittelalterliche Geschichte unter Einbeziehung der Landesgeschichte). Er studierte Geschichte und Latein in Düsseldorf, München und Aix-en-Provence und promovierte 1993 in Düsseldorf mit einer Dissertation über die Deutschordensballei Koblenz und ihre wirtschaftliche Entwicklung im Spätmittelalter. Sein derzeitiges Arbeitsgebiet ist die englisch-französische Geschichte des 12. bis 14. Jahrhunderts.

Ruprecht **Ziegler** (geb. 1945 in Waiern/Kärnten) ist seit 1995 Professor für Alte Geschichte an der Gerhard-Mercator-Universität GH Duisburg. Er studierte in Köln und Düsseldorf und wurde 1976 an der Universität Düsseldorf zum Dr. phil. promoviert. 1990 habilitierte er sich ebenda mit der Arbeit ‚Kaiser, Heer und städtisches Geld‘. Seine Forschungsschwerpunkte sind die antike Wirtschafts- und Geldgeschichte, die antike Religionsgeschichte sowie die Geschichte der römischen Provinzen.

Umschlagbild siehe Abbildung 27
Abb. 1: Wölbungssteine der Durchfahrt durch das römische Nordtor in Köln mit der ältesten Stadtinschrift.
Abb. 2: Gallienus, Antoninian 257/58 n. Chr., Münzstätte Köln?; Elmer Tafel 1,6.
Abb. 3: Postumus, Antoninian, Münzstätte Köln; Kölner Münzkabinett 42, 1986, 491.
Abb. 4: Postumus, Aureus, Münzstätte Köln?; Elmer Tafel 5,15.
Abb. 5: Tetricus I. für Divus Victorinus, Antoninian, Trier? 271 n. Chr.; Elmer Tafel 11,18.
Abb. 6: Tetricus I. und Tetricus Caesar, Aureus, Trier? 271 n. Chr.; Elmer Tafel 12,18.
Abb. 7: Mosaikinschrift des Tribunus Praetorianorum Victorinus aus Trier: Corpus Inscriptionum Latinarum XIII 3679 (Landesmuseum Trier).
Abb. 8: Postumus, Aureus, Münzstätte Köln?; Elmer Tafel 4,11.
Abb. 9: Victorinus, Bronzeabschlag von einem Aureusstempel; Kölner Münzkabinett 42, 1986, 582.
Abb. 10: Postumus, Aureus, Münzstätte Köln?; Elmer Tafel 5,19.
Abb. 11: Verwilderter Doppelsesterz, überprägt auf einem Sesterz des Traian (98-117 n. Chr.): P. Bastien, Le Monnayage de Bronze de Postume, Wetteren 1967, 386 i.
Abb. 12: Verwilderter Doppelsesterz, überprägt auf einem Sesterz der Faustina d. Ä., Frau des Antoninus Pius (138-161 n. Chr.): HCC IV Tafel 27,133.
Abb. 13: Postumus, Sesterz; Elmer Tafel 4,3.
Abb. 14: Postumus, Doppelsesterz; Revue Numismatique 1961, Tafel 9,54.
Abb. 15: Postumus, Sesterz, mit eingravierter Strahlenkrone: P. Bastien a.O. 100 c1.
Abb. 16: Postumus, Sesterz, mit eingehauener Strahlenkrone: Kölner Münzkabinett 42, 1986, 529.
Abb. 17: J. Goossens, Die Gliederung des Südniederfränkischen; aus: Rheinische Vierteljahrsblätter 30 (1965), S.79-94, Karte Nr. 2.
Abb. 18: Geldern ± 1350 (nach Beekman, Geschiedk. Atlas van Nederland).
Abb. 19: Getreideltes Schiff (Detail aus dem sogenannten Kleinen Ursula-Zyklus, Köln 1450-60, Rheinisches Bildarchiv Köln); aus: N. Ohler, Reisen im Mittelalter, München [2]1988, S. 55.
Abb. 20: Längs- und Querschnitt des 1972 bei Krefeld gehobenen spätmittelalterlichen Lastkahns; aus: Ethnologie Française N.S. 11, 1981, S. 51.
Abb. 21: Miniatur im Codex Bald. Trev., 1. Hälfte des 14. Jahrhunderts, LHA Koblenz; aus: K. Schwarz, Die Typenentwicklung des Rheinschiffs bis zum 19. Jahrhundert, Köln 1928, Tafel II, Abb. 5.

Abb. 22: Detail aus dem Kölner Stadtprospekt des Andreas Woensam von 1531; ebd., Tafel II, Abb. 7.
Abb. 23: Mittelrheinische Zollstellen und ihre Inhaber im 13. Jahrhundert; aus: K. van Eickels, Die Deutschordensballei Koblenz und ihre wirtschaftliche Entwicklung im Spätmittelalter, Marburg 1995, S. 163.
Abb. 24: Zollprivilegien der Deutschordensballei Koblenz am Niederrhein und in Flandern/Brabant; ebd., S. 153.
Abb. 25: 1224 Aug.: Gerhard, Gf. v. Geldern u. Zutphen, verleiht dem Deutschen Orden das Recht, jährlich ein mit 100 Fässern Wein aus eigenem Anbau beladenes Schiff an seinen Rheinzöllen vorbeizuführen. – Or.: LHA Koblenz, Best. 55 A 2, Nr. 3.
Abb. 26: Detail aus dem Kölner Stadtprospekt des Andreas Woensam von 1531; aus: M. Matheus, Hafenkrane. Zur Geschichte einer mittelalterlichen Maschine am Rhein und seinen Nebenflüssen von Straßburg bis Düsseldorf, Trier 1985, S. 106.
Abb. 27: Miniatur in einem Fragment eines lateinischen Gebetsbuches; Bayerische Staatsbibliothek München, Clm 23638, f. 11, Simon Benning 1438-1561 zugeschrieben; ebd., S. 107.
Abb. 28: Die vereinigten Herzogtümer im 16. Jahrhundert Entwurf Dieter Weber nach Geschichtlicher Handatlas der deutschen Länder am Rhein, 1950. Aus: Land im Mittelpunkt der Mächte: Die Herzogtümer Jülich, Kleve, Berg. Ausstellung Städtisches Museum Haus Koekkoek Kleve, 15.09. bis 11.11.1984; Stadtmuseum Düsseldorf, 25.11.1984 bis 24.02.1985, Kleve ³1985, Kartenanhang.
Abb. 29: Die Städte der vereinigten Herzogtümer. Entwurf Klaus Flink; ebd.
Abb. 30: Brautwerbebild des vierundzwanzigjährigen Herzogs für Franz I. zur Vorbereitung der Ehe mit dessen Nichte Jeanne d'Albret. Düsseldorf, Stadtmuseum (Katalog Nr. F 2); ebd., S. 16.
Abb. 31: Bildnis des greisen und kranken fünfundsiebzigjährigen Herzogs von dem Düsseldorfer Hofmaler Johann Malthein; ebd., S. 417.
Abb. 32: Die herzogliche Familie 1570, Glasfenster, ursprünglich aus einer Kirche des Erkelenzer Landes, später in der Kapelle des Berliner Stadtschlosses (verschollen). S. 140; ebd., Abb. 7/8.
Abb. 33: Die komplizierte Erbfolge nach dem Tode von Johann Wilhelm 1609, Düsseldorf, Stadtmuseum (Katalog Nr. H 1); ebd., S. 139.
Abb. 34: Stammtafel der herzoglichen Familie; Entwurf Bernhard Grabisch; ebd., Kartenanhang.
Abb. 35: Deutschlandkarte des Erhard Etzlaub von 1501; aus: Karl Langosch (Hg.): Johannes Cochlaeus: *Brevis Germanie*

descriptio (1512) (Ausgewählte Quellen zur Geschichte der Neuzeit, Band 1), Darmstadt 1960.
Abb. 36: Ebd., Ausschnitt.
Abb. 37: Die sechs Herzöge aus dem Hause Kleve-Mark vor der Residenz Kleve, Städtisches Museum Haus Koekkoek Kleve. – vgl. Land im Mittelpunkt der Mächte: Die Herzogtümer Jülich, Kleve, Berg. Ausstellung Städtisches Museum Haus Koekkoek Kleve, 15.09. bis 11.11.1984; Stadtmuseum Düsseldorf, 25.11.1984 bis 24.02.1985, Kleve ^{3}1985, S. 468.
Abb. 38: Stadtansicht von Antwerpen, *Unio pro conservatione rei publice*, Antwerpen 1515; Leuven, Katholike Universiteit, Centrale Bibliotheek, Inv. no. 2B 252. – vgl. Jan van der Stock (Hg.): Antwerp: Story of a Metropolis 16th-17th century, Antwerp Hessenhuis 25 June – 10 October 1993, Gent 1993, S. 157.
Abb. 39: Häuser der kastilischen und genuesischen Kaufleute in Brügge, Kupferstich aus A. Sanderus: *Flandria Illustrata* (1641); aus: Walter Prevenier / Wim Blockmans: Die burgundischen Niederlande (= Acta Humaniora), Weinheim 1986, S. 103.
Abb. 40: Willem Joseph Laquy, Die Huldigung des Königs Friedrich Wilhelm II. von Preußen in Kleve 1786; Städtisches Museum Haus Koekkoek in Kleve.
Abb. 41: Territorien am Niederrhein um die Mitte des 16. Jahrhunderts; Entwurf I. Hantsche.
Abb. 42: Titelblatt einer in Wesel gedruckten Zeitung, 1572; aus: J. Prieur (Hg.), Geschichte der Stadt Wesel, Bd. 1, Düsseldorf 1991, S. 181.
Abb. 43: Prunkpokale der Stadt Wesel; ebd. S. 194.
Abb. 44: Menno Simons. Bildsammlung des Stadtarchivs Krefeld.
Abb. 45: Stadterweiterungen von Krefeld im 17. und 18. Jahrhundert; aus: Buschbell, Geschichte der Stadt Krefeld, Krefeld 1953, S. 236.
Abb. 46: Mennonitenkirche in Krefeld. Bildsammlung des Stadtarchivs Krefeld.
Abb. 47: Staatsgebiete am Niederrhein 1789, Entwurf I. Hantsche.
Abb. 48: Kolonistenhaus in der Duisburger Koloniestraße, 1952. Bildsammlung des Stadtarchivs Duisburg.
Abb. 49: Die Gocher Heide um 1735; aus: Mott, Pfälzer am Niederrhein, Goch und Kalkar 1989, S. 24.
Abb. 50: Pfalzdorf im 19. Jahrhundert; aus: Mott, Pfälzer am Niederrhein, Goch und Kalkar 1989, S. 27.
Abb. 51: Die Juden Samuel und Selichman werden Bürger Wesels; StAW A1/38,5 fol. 33.
Abb. 52: Der jüdische Geldleiher am Rechenbrett. Augsburg 1531; aus: Katalog Monumenta Judaica, Köln 1964, Abb. TB 14 = Katalog Nr. B 208.

Abb. 53: Der Grabstein der Mirjam Gomperz auf dem Emmericher Friedhof; aus: Michael Brocke / Cläre Pfleger / Herbert Schüürmann, Juden in Emmerich (= Emmericher Forschungen 12), Emmerich 1993, S. 419. Die Bildvorlage wurde freundlicherweise von Prof. Michael Brocke zur Verfügung gestellt.

Abb. 54: Siegel der klevischen Judenschaft. Abdruck vom 15.3.1770, Ø 3 cm; StAW A1/127,17 fol. 2.

Abb. 55: Israel Meyer, gezeichnet von Alfred Simon; Bildarchiv des StAW.